형법각칙[IV]
-국가

이주원

Criminal Law Special Part IV

박영사

서 문

형법각칙 해설서를 출간하는 일은 해묵은 숙제이다. 코로나 19 팬데믹 기간을 거쳐 2022년 초 형법총칙을 내놓은 이래 곧바로 시리즈 작업을 구상하였으나 준비부터 첫 번째 출간까지 4년이나 걸렸다. 우선 『형법각칙[Ⅳ] – 국가』를 첫 번째로 내고, 곧이어 후속작업을 통해 두 번째로 『형법각칙[Ⅲ] – 사회』, 세 번째로 『형법각칙[Ⅰ] – 개인(생명·신체·자유·명예·사생활의 평온)』, 네 번째로 『형법각칙[Ⅱ] – 재산죄』를 올해 안에 순차적으로 출간할 예정이다. 형법각칙의 편제는 국가, 사회, 개인적 법익에 대한 죄의 순서로 되어 있고 시리즈의 출간 시기도 그리 예정하고 있으나, 시리즈의 일련 번호 – [Ⅰ][Ⅱ][Ⅲ][Ⅳ] – 만큼은 헌법 제10조 등의 헌법 가치와 기본권 규정에 부합하도록 합헌적 편제에 따르기로 했다.

집필 방침은 저자의 다른 저서인 형법총론, 형사소송법의 그것과 동일하다. 쉽고 정확한 이해를 위해 본문 내용 중 키워드는 고딕체로 강조하고, 주요판례는 음영표시로 부각하였다. 중요사항은 적극 도표화하고, 기본부터 심화 및 정리까지 간결하고 세심하며 체계적으로 쉽게 전달하고자 애썼다. 나아가 단순한 전달에만 그치지 않는다는 소명을 다하기 위해 분석과 평가, 비판을 나름대로 덧붙이고자 노력했다.

판례는 정확한 소개에 비중을 두어 큰 따옴표로 원문을 그대로 직접 인용함을 원칙으로 하되, 내용을 훼손하지 않는 한도에서 끊어 읽기, 핵심추출, 술어 축약 등 약간 다듬었다. 최신 판례는 2025. 12. 31.까지 선고된 헌법재판소 결정 및 대법원 판례(2025. 12. 15.자 판례공보 포함)를 반영했다.

무엇보다 그 동안 참아주고 기다려 주던 독자 여러분께 감사드린다. 조속히 후속작업을 마치기까지 조금만 더 양해와 성원을 부탁드린다. 절치부심(切齒腐心), 완수를 위해 최선을 다하고자 한다. 이 책의 출간에 큰 도움을 주신 안종만 회장님, 조성호 이사님, 특히 편집과 교정에 많은 수고를 아끼지 않으신 김선민 이사님. 그리고 박영사 여러분께도 깊이 감사드린다.

2026. 1. 2.

저자 드림

차 례

제 4 편 국가적 법익에 대한 죄

제 1 장 국가의 존립과 권위에 대한 죄

제 2 장 국가의 기능에 대한 죄

제 4 편

국가적 법익에 대한 죄

제 1 장 국가의 존립과 권위에 대한 죄

형법상 국가의 존립과 권위에 대한 죄로는, '국가의 **존립과 헌법질서**를 보호하는 범죄'와 '국가의 **권위**를 보호하는 범죄'가 규정되어 있다. 전자에는 i) '내란의 죄', ii) '외환의 죄'가 있고, 후자에는 i) '국기에 관한 죄', ii) '국교에 관한 죄'가 있다.

제 1 절 내란의 죄

Ⅰ. 총설

1. 의의 및 보호법익

1) 뜻 내란의 죄는 '국토를 참절'(=영토내란)하거나 '국헌을 문란'(=헌법내란)할 목적으로 폭동을 일으키거나 사람을 살해하는 범죄이다. 내란의 죄는 외환의 죄와 함께, 국가의 존립과 안전을 보호하는 국가보호형법 또는 **정치형법**에 속하는 범죄이다. 다만, 국가존립을 침해하는 범죄 중 내란죄는 국가 내부로부터, 외환죄는 국가 외부로부터 침해라는 점에 차이가 있다.

내란의 죄는 '국토참절'(즉, '대한민국 영토의 전부 또는 일부에서 국가권력을 배제') 또는 '국헌문란'의 목적이 있어야 성립하는 **목적범**이다. 또한 다수인이 폭동함으로써 성립하는 '필요적 공범'으로 **집합범**이다. 집합한 다수인은 그 목적 달성을 위해 어느 정도 조직화되어 있어야 한다(소요죄와 구별).

2) **보호법익** 내란죄는 '대한민국 영토의 전부 또는 일부에서 국가권력을 배제'하거나(=영토내란) '국헌을 문란하게 할'(=헌법내란) 목적으로 폭동을 일으키는 범죄로서, 그 보호법익이 '국가의 존립과 헌법질서를 포함한 **국가의 내적 안전**'이고, 보호정도는 '추상적 위험범'이다. 내란목적살인죄는 그 보호법익이 '국가의 내적 안전 및 사람의 생명'이고, 생명의 보호정도는 '침해범'이다.

2. 구성요건 체계

내란의 죄에는 내란죄와 내란목적살인죄가 있다. 독립된 구성요건이다. 미수범과 예비·음모·선동·선전도 처벌한다. 특별법으로는 **국가보안법**(제3조)이 있다.[1)] 군인의 내란행위는 군형법상 **반란죄**(제5조)로 가중처벌된다.[2)] 형법상 내란의 죄, 외환의 죄와 군형법상 반란의 죄, 이적의 죄는 '헌정질서 파괴범죄'가 되고, 공소시효의 적용이 배제된다(헌정범죄시효법2·3).

범죄군	개별 구성요건
내란의 죄 (국가의 내적 안전)	내란죄(87)
	내란목적살인죄(88)
	※ 미수범 처벌(89): 제87조, 제88조 ※ 예비·음모·선동·선전(90): 제87조, 제88조 ※ 국헌문란의 정의(91)

1) [국가보안법(제3조)] 즉 반국가단체를 구성하거나 이에 가입한 경우 이는 내란예비·음모에 해당하지만, 국가보안법 제3조는 이를 본범으로 처벌한다. 이는 형법에 우선하여 적용된다. 그러나 내란에 나아간 경우 내란죄 자체에는 형법이 적용된다(국가보안법에는 별도의 내란죄 규정이 없기 때문).

2) [군형법상 반란죄(제5조)] 제5조(반란) 작당(作黨)하여 병기를 휴대하고 반란을 일으킨 사람은 다음 각 호의 구분에 따라 처벌한다.
  1. 수괴(首魁): 사형
  2. 반란 모의에 참여하거나 반란을 지휘하거나 그 밖에 반란에서 중요한 임무에 종사한 사람과 반란시 살상, 파괴 또는 약탈 행위를 한 사람: 사형, 무기 또는 7년 이상의 징역이나 금고
  3. 반란에 부화뇌동(附和雷同)하거나 단순히 폭동에만 관여한 사람: 7년 이하의 징역이나 금고
  ※ 군인의 경우 반란죄가 내란죄에 우선하여 적용된다.

Ⅱ. 내란의 죄

1. 내란죄

> **제87조(내란)** 대한민국 영토의 전부 또는 일부에서 국가권력을 배제하거나 국헌을 문란하게 할 목적으로 폭동을 일으킨 자는 다음 각 호의 구분에 따라 처벌한다.
> 1. 우두머리는 사형, 무기징역 또는 무기금고에 처한다.
> 2. 모의에 참여하거나 지휘하거나 그 밖의 중요한 임무에 종사한 자는 사형, 무기 또는 5년 이상의 징역이나 금고에 처한다. 살상, 파괴 또는 약탈 행위를 실행한 자도 같다.
> 3. 부화수행(附和隨行)하거나 단순히 폭동에만 관여한 자는 5년 이하의 징역이나 금고에 처한다.
>
> **제91조(국헌문란의 정의)** 본장에서 국헌을 문란할 목적이라 함은 다음 각호의 1에 해당함을 말한다.
> 1. 헌법 또는 법률에 정한 절차에 의하지 아니하고 헌법 또는 법률의 기능을 소멸시키는 것
> 2. 헌법에 의하여 설치된 국가기관을 강압에 의하여 전복 또는 그 권능행사를 불가능하게 하는 것

내란죄는 '대한민국 영토의 전부 또는 일부에서 국가권력을 배제'(국토참절) 하거나 '국헌을 문란하게 할'(국헌문란) 목적으로 폭동을 일으키는 죄이다. '국토참절 목적의 폭동'을 **영토내란**, '국헌문란 목적의 폭동'을 **헌법내란**이라 한다.

보호법익은 '국가의 내적 안전'이고, 보호정도는 '추상적 위험범'이다. 구체적 위험범으로 해석할 아무런 실정법적 근거가 없기 때문이다. 따라서 폭동을 일으키면 본죄가 성립하고 국가의 존립과 안전에 대한 구체적 위험까지 발생할 필요는 없다. 내란죄는 **목적범**이며, 필요적 공범 중 **집합범**이다.

(1) 주체: 조직화된 다수인

주체에는 제한이 없다. 상당수의 조직화된 다수인이라야 한다. 형법상 그 역할에 따라 ㉠ 우두머리(수괴), ㉡ 모의참여자 · 지휘자 · 중요임무종사자, ㉢ 부화수행자 · 단순폭동관여자로 구분되고, 처벌에 차등이 있다.

1) 우두머리 우두머리란 폭동을 조직 · 통솔하는 최고지휘자를 말한다. 반드시 1인일 필요가 없고, 폭동의 현장에 있을 필요도 없다.

2) 모의참여자 · 지휘자 · 중요임무종사자 모의참여자란 '우두머리를 보좌하여' 내란의 계획에 참여한 자를 말한다('우두머리를 보좌하지 않고' 단순히 자신들이 담당할 폭동만을 모의한 자는 해당하지 않음). 지휘자란 폭동가담자의 전부 또는 일부를 지휘하는 자를 말한다. 폭동개시 이전 또는 폭동 중에 지휘한 자를 모두 포함하며('폭동이 종료된 이후'의 지휘자는 포함되지 않음), 반드시 폭동현장에 있을 필요가 없

다. **중요임무종사자**란 '모의참여자 · 지휘자 이외의 자'로서 내란에 관하여 중요한 책임 있는 지위에 있는 자를 말한다. 예컨대, 폭동현장에서 살상 · 파괴 · 약탈행위를 실행한 자뿐 아니라, 내란에 참가할 중요인사의 포섭 · 설득을 담당하는 등 내란의 중요임무를 담당한 자들이다.

3) 부화수행자 · 단순폭동관여자 부화수행자 · 단순관여자란 막연히 폭동에 참가하여 폭동의 세력을 확장 · 증대시킨 자를 말한다. 예컨대, 기계적 노무에 종사한 자, 단순한 투석 · 손괴행위를 실행한 자들이다.

(2) 목적: 국토참절 또는 국헌문란의 목적

1) 영토내란: 국토참절 목적 '대한민국 영토의 전부 또는 일부에서 국가권력을 배제할 목적', 즉 국토참절의 목적이다. 이는 대한민국 영토의 전부 또는 일부에서 불법지배를 통해 대한민국의 통치권(즉 영토고권)을 배제할 목적, 즉 '영토내란의 목적'을 의미한다. 예컨대, 대한민국의 영토를 외국에 양도하는 것, 대한민국의 국가적 통일성을 배제하는 것 또는 대한민국 영토의 일부를 분리하는 것 등이 이에 해당한다.

2) 헌법내란: 국헌문란 목적 '국헌을 문란하게 할 목적', 즉 국헌문란의 목적이다. 이는 우리 헌법의 기본질서를 침해할 목적, 즉 '헌법내란의 목적'을 의미한다. **형법 제91조**(국헌문란의 정의)는 국헌문란을 정의하고 있다. 즉, ① "헌법 또는 법률에 정한 절차에 의하지 아니하고 **헌법 또는 법률의 기능을 소멸**시키는 것", ② "헌법에 의하여 설치된 국가기관을 강압에 의하여 **전복** 또는 그 **권능행사를 불가능하게** 하는 것"을 말한다(91). 여기서 '(강압에 의해) 그 권능행사를 불가능하게 하는 것'이란 "그 기관을 제도적으로 영구히 폐지하는 경우만을 가리키는 것은 아니고, **사실상 상당기간 기능을 제대로 할 수 없게** 만드는 것을 포함한다"(대판 1997.4.17. 96도3376 전합). 예컨대, '대통령제도 자체를 폐지하고 그 권한을 정지시키는 것'이 이에 해당한다. 반면, "특정한 정부(정권)의 타도"(위 96도3376 전합), "국가기관인 자연인(대통령 등)만을 살해하거나 그 계승을 기대하는 것"(대판 1980.5.20. 80도306 전합)은 이에 해당하지 않는다(헌법질서의 교란일 뿐 '헌법기관 자체의 전복'이나 '권능행사의 불가능'이 아님). "국헌문란의 목적 여부는 외부적으로 드러난 행위와 그 행위에 이르게 된 경위 및 그 행위의 결과 등을 종합하여 판단해야 한다"(위 96도3376 전합).

3) 목적의 직접성 본죄의 내란 목적은 "직접적임을 요하나, 확정적 인식

을 요하지 않고 미필적 인식이 있으면 족하다"(위 80도306 전합; 대판 1992.3.31. 90도2033 전합). 즉 '목적의 직접성'이 요구된다(예: 집단적 폭동이 있더라도 내란목지 달성의 직접 수단이 아니라면, 본죄는 성립하지 않고, 소요죄를 구성할 뿐). 목적범에서 "목적의 달성 여부는 그 기수와 무관하다"(위 96도3376 전합).

(3) 행위: 폭동

1) 폭동의 뜻 폭동이란 "살상, 파괴, 약탈, 단순 폭동 등 여러 가지 폭력행위가 혼합된 것"을 말하고, 적어도 "그 정도가 '한 지방의 평온을 해할 정도'의 위력이 있음을 요한다"(대판 2015.1.22. 2014도10978 전합). 여기서 살상 · 파괴 · 약탈은 폭동의 내용으로 형법에 명시되어 있다(87ii). 또한 "폭동의 내용으로서의 폭행 · 협박은 '일체의' 유형력 행사나 해악의 고지로서 최광의의 폭행 · 협박을 의미하고, 적어도 '한 지방'의 평온을 해할 정도의 위력이 있음을 요한다"(위 96도3376 전합).[1] 여기서 '한 지방'은 '그 지방, 그 지역 또는 그 일대'를 의미하는 것으로 이해된다.

2) 기수시기 폭행 · 협박 등이 적어도 '한 지방(=그 지역)의 평온을 해할 정도'에 이른 때에 기수가 되고, 그 정도에 이르지 못한 때에는 미수가 된다(통설). 즉, "다수인이 한 지방의 평온을 해할 정도의 폭동을 하였을 때 이미 기수가 되고, 이는 상태범이다"(위 96도3376 전합).[2] 한편, 내란죄의 종료시점과 관련하여, "비상계엄에 의한 일련의 내란행위는 비상계엄이 해제된 시점에 종료된다"(예: "5 · 18 내란 과정으로서의 비상계엄 전국확대를 포함한 일련의 내란행위는 그 해제 시점인 1981.1.24. 종료된다." 위 96도3376 전합).[3] 목적의 달성 여부는 기수의 성립에 영향이 없다.

---

1) [폭동] "내란죄의 구성요건인 폭동의 내용으로서의 폭행 또는 협박은 일체의 유형력의 행사나 외포심을 생기게 하는 해악의 고지를 의미하는 최광의의 폭행 · 협박을 말하는 것으로서, 이를 준비하거나 보조하는 행위를 전체적으로 파악한 개념이며, 그 정도가 한 지방의 평온을 해할 정도의 위력이 있음을 요한다. 따라서 비상계엄의 전국확대조치는 (중략) 내란죄의 구성요건인 폭동의 내용으로서의 협박행위가 되므로 이는 내란죄의 폭동에 해당하고, 당시 우리나라 전국의 평온을 해하는 정도에 이르렀다"(위 96도3376 전합).

2) [기수] "다수인이 결합하여 위와 같은 목적으로 한 지방의 평온을 해할 정도의 폭행 · 협박행위를 하면 기수가 되고, 그 목적의 달성 여부는 이와 무관한 것으로 해석되므로, 다수인이 한 지방의 평온을 해할 정도의 폭동을 하였을 때 이미 내란의 구성요건은 완전히 충족된다고 할 것이어서 상태범으로 봄이 상당하다"(위 96도3376 전합).

3) [비상계엄에 의한 내란죄의 종료시점] "5 · 18 내란 과정으로서의 비상계엄의 전국확대는 일종의 협박행위로서 내란죄의 구성요건인 폭동에 해당하므로, 그 비상계엄 자체가 해제되지 아니하는 한, 전국계엄에서 지역계엄으로 변경되었더라도, 그 최초의 협박이 계속되고 있는 것이어서, (중략) 위 비상계엄의 전국확대로 인한 폭동행위와 함께 단일한 내란행위를 이룬다고 봄이 상당하므로, 위 비상계엄의 전국확대를 포함한 일련의 내란행위는 위 비상계엄이 해제된

(4) 공범

1) 필요적 공범 "일련의 폭동행위 전부에 대해 모의하거나 관여한 바가 없더라도, 내란집단의 구성원으로서 개개의 행위에 부분적으로라도 기여한 이상, 폭동행위 전부에 대해 내란죄의 책임을 진다"(위 96도3376 전합).

2) 총칙상 공범규정의 적용 여부 첫째, 내부자 상호간에는 임의적 공범(공동정범, 교사·방조범)에 관한 '총칙상 공범규정'이 적용되지 않는다. 각칙상 각자가 수행한 역할에 따라 '정범'으로 차등 처벌된다. 둘째, 외부가담자의 경우에는 견해 대립이 있다. 공동정범 규정은 적용될 수 없으나(공동정범이라면 이미 내부자에 해당), 교사·방조범은 집단 외부에서도 가능하다고 본다.

3) 간접정범 "내란죄도 '국헌문란의 목적'을 가진 자가 '그러한 목적이 없는 자'(도구)를 이용하여 이를 실행할 수 있다(=간접정범)"(위 96도3376 전합).

(5) 죄수

"국헌문란의 목적으로 행해진 일련의 폭동행위는 단일한 내란죄의 구성요건을 충족하는 것으로서 단순일죄이다"(위 96도3376 전합). 내란의 실행과정에서 **폭동행위에 수반**하여 살인·상해·방화 등의 행위가 있는 경우에는 살인죄·상해죄·방화죄 등은 내란 목적을 달성하기 위한 수단에 불과하므로, **내란죄에 흡수**된다. 그러나 폭동에 수반된 것이 아니라 **폭동과 별개로 의도적으로 실행**된 경우에는 **별죄를 구성**한다. 판례도 같다(위 96도3376 전합).[1)]

2. 내란목적살인죄

第88條(내란목적의 살인) 대한민국 영토의 전부 또는 일부에서 국가권력을 배제하거나 국헌을 문란하게 할 목적으로 사람을 살해한 자는 사형, 무기징역 또는 무기금고에 처한다.

1981. 1. 24.에 비로소 종료되었다고 보아야 한다"(위 96도3376 전합).

1) [별죄 성립] "내란죄는 '폭동'을 그 수단으로 하나, 내란목적살인죄는 '살인'을 그 수단으로 하는 점에서 두 죄는 엄격히 구별된다. 내란의 실행과정에서 폭동행위에 수반하여 개별적으로 발생한 살인행위는 내란행위의 한 구성요소를 이루는 것이므로 내란행위에 흡수되어 내란목적살인의 별죄를 구성하지 않는다. 그러나 특정인 또는 일정한 범위내의 한정된 집단에 대한 살해가 내란의 와중에 폭동에 수반하여 일어난 것이 아니라 그것 자체가 의도적으로 실행된 경우에는 이러한 살인행위는 내란에 흡수될 수 없고 내란목적살인의 별죄를 구성한다"(위 96도3376 전합). 광주재진입 작전의 수행으로 인한 피해자들의 살해행위는 내란목적살인의 별죄를 구성한다고 한 사례이다.

내란목적살인죄는 국토참절 또는 국헌문란의 목적으로 사람을 살해하는 죄이다. 보호법익은 '국가의 내적 안전 및 사람의 생명'이고, 생명의 보호정도는 '침해범'이다. 살인죄의 가중유형으로 부진정목적범이다. 미수범은 처벌한다(89).

내란죄와 내란목적살인죄의 죄수관계에 대해, 판례는 폭동에 수반하여 살인이 행해진 경우에는 내란죄에 흡수되지만, 폭동과 별개로 살인이 행해진 경우에는 내란목적살인의 별죄를 구성한다(위 96도3376 전합)고 한다.

3. 내란예비 · 음모 · 선동 · 선전죄

제90조(예비, 음모, 선동, 선전) ① 제87조 또는 제88조의 죄를 범할 목적으로 예비 또는 음모한 자는 3년 이상의 유기징역이나 유기금고에 처한다. 단, 그 목적한 죄의 실행에 이르기 전에 자수한 때에는 그 형을 감경 또는 면제한다. ② 제87조 또는 제88조의 죄를 범할 것을 선동 또는 선전한 자도 전항의 형과 같다.

본죄는 내란죄 또는 내란목적살인죄를 범할 목적으로 예비 · 음모 · 선동 · 선전하는 죄이다.

1) 예비 · 음모　첫째, 예비란 실행의 착수 이전 단계에서 범죄의 실행을 목적으로 한 **외부적 준비행위**를 말한다. 둘째, 음모란 2인 이상 사이에 성립한 **범죄실행의 합의**를 말한다. 내란음모죄의 경우 "객관적으로 범죄실행을 위한 '합의'라는 것이 명백히 인정되고, 그러한 합의에 '**실질적 위험성**'이 인정되어야 한다"(대판 2015.1.22. 2014도10978 전합).[1] 셋째, 내란을 예비 · 음모한 자가 '실행에 이르기 전에' 자수한 때에는 필요적으로 그 형을 감경 또는 면제한다(90②). 실행의 착수 이후 자수한 때에는 단지 형법 제52조(임의적 감면)가 적용될 뿐이다.

2) 선동 · 선전　첫째, 내란선동이란 "내란이 실행되는 것을 목표로 하여 피선동자들에게 내란행위를 결의 · 실행하도록 **충동하고 격려**하는 일체의 행위를

1) [내란음모] "내란음모가 성립하였다고 하기 위해서는 개별 범죄행위에 관한 세부적인 합의가 있을 필요는 없으나, 공격의 대상과 목표가 설정되어 있고, 그 밖의 실행계획에 있어서 주요 사항의 윤곽을 공통적으로 인식할 정도의 합의가 있어야 한다. 내란음모죄에 해당하는 합의가 있다고 하기 위해서는 단순히 내란에 관한 범죄결심을 외부에 표시 · 전달하는 것만으로는 부족하고 객관적으로 내란범죄의 실행을 위한 합의라는 것이 명백히 인정되고, 그러한 합의에 실질적인 위험성이 인정되어야 한다"(위 2014도10978 전합).

이는 특정 정당 소속의 국회의원 및 지역위원장 등이, 이른바 조직원들과 회합을 통하여 회합 참석자 130여 명과 '한반도에서 전쟁이 발발하는 등 유사시에 상부 명령이 내려지면 바로 전국 각 권역에서 국가기간시설 파괴 등 폭동할 것'을 통모한 사안에서, 1회적인 토론의 정도를 넘어 '내란범죄 실행의 합의'를 하였다고 할 수 없다는 이유로 내란음모죄의 성립을 부정한 사례이다.

말한다"(위 2014도10978 전합). "선동으로 말미암아 피선동자들에게 반드시 범죄의 결의가 발생할 것을 요건으로 하지 않는다. 내란에 이를 정도의 '폭력적 행위'를 선동하는 것이라야 하고, '피선동자에게 내란 결의를 유발하거나 증대시킬 위험성'이 인정되어야 한다"(위 2014도10978 전합).[1] 즉 판례는, 피선동자가 단지 '내란행위 결의의 위험성'만 있으면 충분하고 '내란행위로 나아갈 개연성 또는 실질적 위험성'은 요건이 아니라고 한다. 그러나 2인 이상의 합의도 필요 없는 선동은 내란음모의 전단계 행위인데도 내란음모와 동일한 법정형으로 규정된 점 등을 감안하면, 내란음모와 마찬가지로 '실질적 위험성'을 요건으로 함이 타당하다고 본다.[2] 둘째, 내란선전이란 불특정 다수인에게 내란의 취지를 이해시키고 알리는 행위를 말한다.

---

1) [내란선동] "내란선동죄는 내란이 실행되는 것을 목표로 선동함으로써 성립하는 독립한 범죄이고, 선동으로 말미암아 피선동자들에게 반드시 범죄의 결의가 발생할 것을 요건으로 하지 않는다. 즉 내란선동은 주로 내란행위의 외부적 준비행위에도 이르지 않은 단계에서 이루어지지만, 다수인의 심리상태에 영향을 주는 방법으로 내란의 실행욕구를 유발 또는 증대시킴으로써 집단적인 내란의 결의와 실행으로 이어지게 할 수 있는 파급력이 큰 행위이다. 따라서 내란을 목표로 선동하는 행위는 그 자체로 내란예비·음모에 준하는 불법성이 있다고 보아 내란예비·음모와 동일한 법정형으로 처벌되는 것이다. (중략) 내란을 실행시킬 목표를 가지고 있다 하여도 단순히 특정한 정치적 사상이나 추상적인 원리를 옹호하거나 교시하는 것만으로는 내란선동이 될 수 없고, 그 내용이 내란에 이를 수 있을 정도의 폭력적인 행위를 선동하는 것이어야 하고, 나아가 피선동자의 구성 및 성향, 선동자와 피선동자의 관계 등에 비추어 피선동자에게 내란 결의를 유발하거나 증대시킬 위험성이 인정되어야만 내란선동으로 볼 수 있다. 다만 선동행위는 선동자에 의하여 일방적으로 행해지고, 그 이후 선동에 따른 범죄의 결의 여부 및 그 내용은 선동자의 지배영역을 벗어나 피선동자에 의하여 결정될 수 있으며, 내란선동을 처벌하는 근거가 선동행위 자체의 위험성과 불법성에 있다는 점 등을 전제하면, 선동에 따라 피선동자가 내란의 실행행위로 나아갈 개연성이 있다고 인정되어야만 내란선동의 위험성이 있는 것으로 볼 수 없다"(위 2014도10978 전합).

이는 앞서 내란음모죄의 성립을 부정한 사안에서, 각 회합참석자들에게 가까운 장래에 구체적인 내란의 결의를 유발하거나 증대시킬 위험이 충분하다는 이유로 그 자체로 내란선동행위에 해당하여 내란선동죄의 성립을 인정한 사례이다.

2) [내란선동: '실질적 위험성' 여부] "내란선동은 대개 내란음모의 전 단계에 위치하는 것으로서 내란음모보다 내란의 직접적인 실현가능성이 높지 아니함에도 형법은 내란선동죄를 내란음모죄와 동일한 법정형으로 규정하고 있는 점에서, 구성요건을 객관적인 기준에 의하여 더욱 엄격하게 해석·적용할 필요가 있다. 따라서 내란선동죄에서도 내란음모죄와 마찬가지로 객관적으로 보아 개략적으로 특정된 선동이라는 것이 명백히 인정되고, 이러한 선동에 따라 '피선동자가 내란으로 나아갈 실질적인 위험성'이 인정되는 경우에 한하여 범죄가 성립한다고 보아야 한다"(위 2014도10978 전합의 반대의견 참조).

제 2 절 외환의 죄

Ⅰ. 총설

1. 의의 및 보호법익

1) 뜻 외환의 죄는 외환을 유치하거나 대한민국에 항적하거나 적국에 이익을 제공하여 국가의 존립과 안전을 위태롭게 하는 범죄이다. 외환의 죄는 동맹국에 대한 행위에도 적용된다(104). 외국인의 국외범에 대해서도 보호주의에 따라 우리 형법이 적용된다(5ii).

2) 보호법익 외환의 죄는 그 보호법익이 **국가의 외적 안전**이고, 보호정도는 추상적 위험범이다(내란의 죄 참조).

2. 구성요건 체계

외환의 죄는 외환유치죄, 여적죄, 이적죄, 간첩죄 및 전시군수계약불이행죄로 구분된다. 이적죄의 기본 구성요건은 일반이적죄이고, 모병이적죄 · 시설제공이적죄 · 시설파괴이적죄 · 물건제공이적죄는 그 가중유형이다. 미수범과 예비 · 음모 · 선동 · 선전도 처벌한다.

<table>
<tr><th>범죄군</th><th colspan="2">개별 구성요건</th></tr>
<tr><td rowspan="7">외환의 죄
(국가의 외적 안전)</td><td colspan="2">외환유치죄(92)</td></tr>
<tr><td colspan="2">여적죄(936)</td></tr>
<tr><td rowspan="2">이
적
죄</td><td>기본: 일반이적죄(99)</td></tr>
<tr><td>가중: 모병이적죄(94), 시설제공이적죄(95)
시설파괴이적죄(96), 물건제공이적죄(97)</td></tr>
<tr><td colspan="2">간첩죄(98)</td></tr>
<tr><td colspan="2">전시군수계약불이행죄(103)</td></tr>
<tr><td colspan="2">※ 미수범 처벌(101): 제92조 내지 제99조
※ 예비 · 음모 · 선동 · 선전(90): 제92 내지 제99조</td></tr>
</table>

Ⅱ. 외환유치죄 · 여적죄 · 이적죄

1. 외환유치죄

> 第92조(외환유치) 외국과 통모하여 대한민국에 대하여 전단을 열게 하거나 외국인과 통모하여 대한민국에 항적한 자는 사형 또는 무기징역에 처한다.

외환유치죄는 외국과 통모하여 대한민국에 대하여 전단을 열게 하거나, 외국인과 통모하여 대한민국에 항적하는 죄이다. 미수범은 처벌한다(100).

1) 외국과 통모하여 대한민국에 대해 전단 첫째, '외국'이란 '대한민국 이외의 국가'로서 반드시 국제법상 승인된 국가일 필요는 없다. 다만 여적죄(적국)와의 관계상 '적국'은 제외된다. 둘째, '통모'란 외국의 정부기관과 의사연락 · 모의하는 것, 즉 '의사연락에 의한 합의'를 말한다. 셋째, '전단을 연다'는 것은 전투행위를 개시하는 일체의 행위를 말한다. 이때 전단(戰端)이란 '전쟁의 단서'를 의미하며, 전쟁은 국제법상 · 사실상의 전쟁을 불문하므로, 선전포고 없는 외국 군대의 전투개시 · 영토진입 등도 이에 해당한다.

2) 외국인과 통모하여 대한민국에 항적 '외국인'이란 외국을 대표하는 정부기관 이외의 외국인 개인과 사적 단체를 말한다. '대한민국에 항적한다'는 것은 외국을 위하여 외국의 군무에 종사하면서 대한민국에 적대행위를 하는 것을 말한다. 군사업무에 종사하는 이상 전투업무 · 비전투업무를 불문한다.

2. 여적죄

> 第93조(여적) 적국과 합세하여 대한민국에 항적한 자는 사형에 처한다.
> 第102조(준적국) 제93조 내지 전조의 죄에 있어서는 대한민국에 적대하는 외국 또는 외국인의 단체는 적국으로 간주한다.

여적죄는 적국과 합세하여 대한민국에 항적하는 죄이다. 외국이 아닌 '적국', 통모가 아닌 '합세'를 요건으로 한다는 점에서, 외환유치죄와 구별된다. 미수범은 처벌한다(100).

1) 적국과 준적국 첫째, '적국'이란 대한민국과 교전상태에 있는 외국으로서, 국제법상 선전포고 여부를 묻지 않는다. 즉 국제법상 · 사실상의 전쟁을 불문한다. 둘째, '준적국'도 포함된다. 즉 '대한민국에 적대하는 외국 또는 외국인

의 단체'도 적국으로 간주된다(102).

2) 합세하여 항적 첫째, '적국과 합세한다'는 것은 적국과 힘을 합치는 것을 말한다. 자신이 적국에 가담·협력하든 적국이 자신에 가담·협력하든 상관없다. 전투업무·비전투업무를 불문한다. 둘째, '항적'이란 적국을 위하여 군무에 종사하면서 대한민국에 적대행위를 하는 것을 말한다.

3) 절대적 사형 형법에서 절대적 법정형으로 '사형만'을 규정해 놓은 유일한 범죄이다.

3. 이적죄

> **제94조(모병이적)** ① 적국을 위하여 모병한 자는 사형 또는 무기징역에 처한다.
> ② 전항의 모병에 응한 자는 무기 또는 5년 이상의 징역에 처한다.
> **제95조(시설제공이적)** ① 군대, 요새, 진영 또는 군용에 공하는 선박이나 항공기 기타 장소, 설비 또는 건조물을 적국에 제공한 자는 사형 또는 무기징역에 처한다.
> ② 병기 또는 탄약 기타 군용에 공하는 물건을 적국에 제공한 자도 전항의 형과 같다.
> **제96조(시설파괴이적)** 적국을 위하여 전조에 기재한 군용시설 기타 물건을 파괴하거나 사용할 수 없게 한 자는 사형 또는 무기징역에 처한다.
> **제97조(물건제공이적)** 군용에 공하지 아니하는 병기, 탄약 또는 전투용에 공할 수 있는 물건을 적국에 제공한 자는 무기 또는 5년 이상의 징역에 처한다.
> **제99조(일반이적)** 전7조에 기재한 이외에 대한민국의 군사상 이익을 해하거나 적국에 군사상 이익을 공여한 자는 무기 또는 3년 이상의 징역에 처한다.
> **제102조(준적국)** 제93조 내지 전조의 죄에 있어서는 대한민국에 적대하는 외국 또는 외국인의 단체는 적국으로 간주한다.

이적죄는 이적의사(利敵意思)에 의해 적국을 군사적으로 이롭게 하는 죄이다. 이적죄에는 모병이적죄(94), 시설제공이적죄(95), 시설파괴이적죄(96), 물건제공이적죄(97), 그리고 일반이적죄(99)가 있다. 일반이적죄는 '전7조에 기재한 이외에'라고 규정하여 모병이적죄 등에 대해 보충관계에 있다. 모두 미수범을 처벌한다(100). 준적국도 적국으로 간주한다(102).

Ⅲ. 간첩죄

1. 간첩죄

> **제98조(간첩)** ① 적국을 위하여 간첩하거나 적국의 간첩을 방조한 자는 사형, 무기 또는 7년 이상의 징역에 처한다.
> ② 군사상의 기밀을 적국에 누설한 자도 전항의 형과 같다.
> **제98조(미수범)** 전8조의 미수범은 처벌한다.
> **제102조(준적국)** 제93조 내지 전조의 죄에 있어서는 대한민국에 적대하는 외국 또는 외국인의 단체는 적국으로 간주한다.

간첩죄는, 적국을 위하여 간첩하거나 적국의 간첩을 방조하거나(제1항), 또는 군사상의 기밀을 적국에 누설하는(제2항) 죄이다. 보호법익은 '국가의 외적 안전'이고, 보호정도는 추상적 위험범이다. 간첩죄에는 3유형(간첩·간첩방조·군사상기밀누설)이 있고, 적국을 위한 이적의사(利敵意思)가 필요하다. 특별법으로 국가보안법이 있다.[1)]

(1) 적국을 위한 간첩

'적국을 위하여 간첩한다'는 것은 적국을 위하여 **국가기밀**을 탐지·수집하는 것을 말한다. 주체에는 제한이 없다.

1) **객체: 국가기밀** 간첩죄의 객체는 '국가기밀'이다.

i) [뜻] 국가기밀은 '타국에 비밀로 해야 할 실질적 이익이 있는 사실'로서 '제한된 범위의 사람에게만 알려져 있는 것'을 말한다. 이는 '**실질적 국가기밀 개념**'(통설)으로, ㉠ 요비닉성, ㉡ 비공지성, ㉢ 실질비성(실질가치)이 그 요건이다. 즉, 국가기밀이란, "[㉠] (군사기밀뿐만 아니라) 정치·경제·사회·문화 등 각 방면에 관하여 반국가단체에 대하여 **비밀로** 하거나 **확인되지 아니함이 대한민국의 이익이** 되는 모든 사실·물건 또는 지식으로서(=요비닉성), [㉡] 그것들이 국내에서의 적법한 절차 등을 거쳐 이미 일반인에게 널리 알려진 **공지**의 사실·물건 또는 지식에 **속하지 아니한** 것이어야 하고(=비공지성. 공지의 사실은 제외), [㉢] 또 그 내용이 누설되는 경우 국가의 안전에 위험을 초래할 우려가 있어 **기밀로 보호할 실질가치**를 갖춘 것(=실질비성)"을 말한다(대판 1997.7.16. 97도985 전합). 국가기

---

1) [국가보안법] 국가보안법은 간첩행위 및 국가기밀을 탐지·수집·누설·전달·중개한 행위를 처벌하며, 특히 군사상기밀 또는 국가안전에 대한 중대한 불이익을 회피하기 위해 한정된 사람에게만 지득이 허용되고 적국 또는 반국가단체에 비밀로 하여야 할 사실·물건 또는 지식인 경우에는 사형 또는 무기징역으로 가중처벌한다(동법4①ii).

밀 여부는 실질적·객관적으로 판단한다. 단순히 국가기관의 '기밀 표시'나 '기밀 의사' 여부는 중요하지 않다.

따라서 국가정책상 타국에 알려지지 아니함이 대한민국의 이익이 되는 모든 기밀은 전부 포함되고, 그 기밀이 '사소한 것'이라도, '국외에 존재'하더라도 무방하다. 즉 "그 기밀이 **사소한 것**이라도, 누설될 경우 반국가단체에는 이익이 되고 대한민국에는 불이익을 초래할 위험성이 명백하다면, 이에 해당한다"(위 97도985 전합). "그 기밀사항이 **국외에 존재**(예: 우리 국민의 해외교포사회에 대한 정보)하여도 위 국가기밀에 포함된다"(대판 1988.11.8. 88도1630).

ii) ['**공지의 사실**'과 **모자이크이론**(=기밀 아님)] 반면, ㉠ '**공지의 사실**'은 국가기밀에 포함되지 않는다(위 97도985 전합). 이때 "공지된 것인지 여부는 신문, 방송 등 여러 사정을 종합하여, 적국 또는 그 지령을 받은 자가 더 이상 탐지·수집이나 확인·확증의 필요가 있었는지 여부에 따라 판단한다"(대판 1997.11.20. 97도2021 전합). 나아가, ㉡ 이른바 '**모자이크이론**'도 기밀로 인정되지 않는다(위 97도985 전합). 모자이크이론이란 "개별적인 사실은 기밀이 아닌 공지의 사실이지만, 이를 종합하면 전체로서 결합하여 새로운 중요사실을 판단할 수 있는 정보가 될 경우에는, 국가기밀이 될 수 있다"는 이론이나, 이미 적국에 대해 기밀로 해야 할 실질적 이익이 없고, 행위자에게 기밀성에 대한 고의 또한 인정할 수 없으므로, 이를 부정함이 타당하다(통설·판례).[1)]

2) 행위: 적국을 위하여 간첩 i) ['**적국**'을 '**위하여**'] 첫째, '적국'의 개념은 여적죄에서와 같다. 따라서 '준적국', 즉 '대한민국에 적대하는 외국 또는 외국인의 단체'도 적국으로 간주된다(102). 국제법상 국가뿐만 아니라 사실상 국가에 준하는 단체로 포함된다. 따라서 **북한**도 준적국에 해당한다. 즉 북한은 간첩죄에서 '적국에 준하는 것'으로 본다(대판 1983.3.22. 82도3036).[2)] '북한을 위한 간첩'은 '적국을 위한 간첩'이라는 것이다. 한편, '적국' 개념 대신 '외국' 개념으로 대체

---

1) [사례: 공지의 사실 여부] "국내 총선 관련 정당 및 총선과 관련하여 재야 단체들의 입장, 14대 국회의원선거결과, 3당합당, 대통령후보들의 성향, 김영삼 대통령에 대한 평가 등에 관한 내용"(위 97도2021 전합), "국내정세와 재야 운동단체들의 활동, 범민련 남측본부 인사들의 구속 및 재판과정 등에 관한 내용"(위 97도985 전합) 등은 '공지의 사실'이다.
그러나 "재야단체 '민족통일 전국연합'의 구성과 그 구성단체들의 구체적인 주장, 재야인사들의 구체적 동향, 민족자주 평화통일 중앙회의 의장들의 이름, 범민족연합의 95년 사업계획(안) 등에 관한 내용(위 97도2021 전합) 등은 '공지의 사실'이 아니다.

2) [북한(=준적국)] " 북한괴뢰집단은 우리 헌법상 반국가적인 불법단체로서 국가로 볼 수 없으나, <u>간첩죄의 적용</u>에 있어서는 이를 <u>국가에 준하여 취급</u>하여야 한다"(위 82도3036).

해야 한다는 입법론이 있다.

둘째, 적국을 '위하여'란 적국의 '이익을 위하여'를 뜻한다. 또한 간첩은 적국을 위한 것이므로, 적국과 **의사연락**이 필요하며, 의사연락 없는 **편면적 간첩**은 성립하지 않는다(대판 1975.9.23. 75도1773. 단, 간첩예비죄의 여지 있음).

ii) [**간첩**(=국가기밀의 탐지·수집)] 간첩이란 국가기밀의 **탐지·수집**을 말하고, 그 누설은 포함되지 않는다. 제98조가 '간첩'(①)과 '누설'(②)을 명백히 구별하고 있기 때문이다. 판례도 같다. 즉, "간첩은 (적국에 제보하기 위하여 은밀한 방법으로 우리나라의 군사상은 물론 정치, 경제, 사회, 문화, 사상 등 기밀에 속한 사항 또는 도서, 물건을) 탐지·수집하는 것을 말하고, (이를 타인에게) 보고·누설하는 행위는 '간첩의 사후행위'로서 간첩행위 자체라고 할 수 없다"(대판 2011.1.20. 2008재도11 전합). 탐지란 국가기밀을 '알아내는 것', 수집이란 '모으는 것', 누설이란 적국에 '알리는 것'을 말한다.

3) 간첩죄: 실행의 착수와 기수시기 i) [**간첩죄의 착수시기**] 판례는 "국내에 잠입 또는 입국하였을 때"라는 주관설의 입장이다. 즉 "간첩의 목적으로 국내에 **침투 상륙한 때**"(대판 1984.9.11. 84도1381)라고 한다.[1] 그러나 통설은 국가기밀의 탐지·수집 행위를 개시한 때로 본다. 국내잠입만으로는 국가보안법상 잠입죄(동법6①)에 불과하므로, 통설이 타당하다. ii) [**간첩죄의 기수시기**] 통설·판례에 따르면, "간첩행위는 기밀에 속한 사항 또는 도서, 물건을 **탐지·수집한 때**에 기수가 된다"(위 2008재도11 전합). 따라서 이미 탐지·수집한 기밀을 적국에 누설하는 행위는 간첩의 사후행위에 불과하다.

(2) 간첩방조

'적국의 간첩을 방조한다'는 것은 "적국의 간첩임을 알면서 간첩행위를 원조하여 용이하게 하는 행위"를 말한다(대판 1994.3.11. 93도3145). 간첩방조죄는 총칙상 방조범의 행위유형을 **독립된 범죄**로 규정한 것으로, 정범인 간첩죄와 동일한 법정형으로 처벌한다. 따라서 "총칙상 공범규정이 적용되지 않고 **종범감경**(32)을 할 수 없다"(대판 1986.9.23. 86도1429).

1) 행위: 적국의 간첩을 방조 간첩방조란 국가기밀의 탐지·수집행위를

---

1) [착수시기] "간첩의 목적으로 외국 또는 북한에서 국내에 침투 또는 월남하는 경우에는 기밀탐지가 가능한 <u>국내에 침투 상륙</u>함으로써 간첩죄의 실행의 착수가 있다"(84도1381).

그러나, "외국에서 우리나라로 귀국함에 있어 반국가단체의 구성원으로부터 국내에서의 동지포섭 및 지하당조직과 같은 지령만 받았을 뿐, <u>국가기밀을 탐지보고하라는 지령을 전혀 받은 바 없다면</u>, <u>귀국행위가 바로 간첩죄의 착수가 된다고 할 수 없다</u>"(대판 1968.7.30. 68도754).

돕는 일체의 행위를 의미한다. 방조의 방법에는 제한이 없다. 그러나 방조행위와 정범의 실행행위 사이에 **인과관계**가 요구된다(인과적 기회증대설).

구체적으로, i) 간첩방조 '부정'사례로, ㉠ 단순히 간첩에게 숙식을 제공한 행위(대판 1986.2.25. 85도2533), ㉡ 단순히 안부편지를 전달한 행위(대판 1966.7.12. 66도470), ㉢ 무전기의 매립에 망을 보아준 행위(대판 1983.4.26. 83도416), ㉣ 국가기밀을 탐지·수집할 의사 없는 간첩을 숨겨준 행위(대판 1979.10.10. 75도1003) 등만으로는 간첩방조가 되지 않는다.

반면, ii) 간첩방조 '긍정'사례로, ㉠ 입국한 간첩과 접선방법을 합의한 행위(대판 1971.2.25. 70도2417), ㉡ 남파한 대남공작원을 상륙시킨 행위(대판 1961.1.27. 4293형상807), ㉢ 남파한 대남공작원으로 하여금 합법적인 신분을 가장케 한 행위(대판 1970.10.30. 70도1870) 등은 간첩방조에 해당한다.

2) 간첩방조죄: 실행의 착수와 기수시기 간첩방조죄의 착수시기는 방조행위를 개시한 때이고, 기수시기는 방조행위를 종료한 때이다. 방조행위 자체가 미수에 그친 경우 간첩방조죄의 미수범이 성립한다.

(3) 군사상기밀 누설

'군사상기밀을 적국에 누설한다'는 것은 군사상기밀임을 알면서 이를 적국에게 알리는 것을 말한다.

1) 주체: '직무상' 군사기밀을 지득한자 판례는 **진정신분범**으로 해석한다. 즉 본죄의 주체는 '**직무상 군사기밀을 지득한 자**'에 한정된다는 것이다. 따라서 "직무에 관하여 군사상 기밀을 지득한 자가 이를 적국에 누설한 경우에는 본죄에 해당하고, '**직무와 관계없이**' 지득한 군사상 기밀을 적국에 누설한 경우에는 일반이적죄(99)에 해당한다"(대판 1982.11.23. 82도2201)고 한다.

2) 객체: 군사상기밀 군사기밀보호법에 따르면, '군사기밀'이란, "일반인에게 알려지지 아니한 것으로서, 그 내용이 누설되는 경우 국가안전보장에 명백한 위험을 초래할 우려가 있는 군관련 문서·도화·전자기록 등 특수매체기록 또는 물건으로서, '**군사기밀**'이라는 뜻이 표시 또는 고지되거나 보호에 필요한 조치가 행하여진 것과 그 내용을 말한다"(동법2). 판례는, "군사기밀의 지정이 적법절차에 의해 해제되었거나 국방부장관에 의해 공개되지 않는 한 (비록 군내부에서 그 사항이 평문으로 문서수발이 되었다거나, 군사기밀사항이 장비제작사의 장비설명 팜플렛, 상업견적서요구공문에 기재되어 배포되었더라도) 군사기밀로서의 성질을 그대로 가지고 있

다"(대판 2000.1.28. 99도4022)고 한다.

3) **행위: 적국에 누설** 적국의 국가기관이나 간첩 등에게 군사기밀을 알리는 것을 말한다. 누설의 방법에는 제한이 없다.

4) **군사상기밀누설죄: 실행의 착수와 기수시기** 군사기밀누설죄의 착수시기는 적국에 누설행위를 개시한 때이고, 기수시기는 상대방이 군사기밀을 지득한 때이다.

Ⅳ. 기타 범죄

1. 이적 예비 · 음모 · 선동 · 선전죄

> **제101조(예비, 음모, 선동, 선전)** ① 제92조 내지 제99조의 죄를 범할 목적으로 예비 또는 음모한 자는 2년 이상의 유기징역에 처한다. 단 그 목적한 죄의 실행에 이르기 전에 자수한 때에는 그 형을 감경 또는 면제한다.
> ② 제92조 내지 제99조의 죄를 선동 또는 선전한 자도 전항의 형과 같다.

이적 예비·음모·선동·선전죄는 모병이적죄·시설제공이적죄·시설파괴이적죄·물건제공이적죄 또는 일반이적죄 및 간첩죄를 범할 목적으로 예비·음모하거나(제1항), 선동·선전하는(제2항) 죄이다. 다만, 예비·음모한 자가 그 목적한 죄의 실행에 이르기 전에 자수한 때에는 필요적으로 그 형을 감경 또는 면제한다(101①단서).

2. 전시군수계약불이행죄

> **제102조(전시군수계약불이행)** ① 전쟁 또는 사변에 있어서 정당한 이유없이 정부에 대한 군수품 또는 군용공작물에 관한 계약을 이행하지 아니한 자는 10년 이하의 징역에 처한다.
> ② 전항의 계약이행을 방해한 자도 전항의 형과 같다.

전시군수계약불이행죄는 전쟁 또는 사변에 있어서 정당한 이유 없이 정부에 대한 군수품 또는 군용공작물에 관한 계약을 이행하지 아니하거나(제1항), 계약이행을 방해하는(제2항) 범죄이다. 제1항의 계약불이행죄는 **진정부작위범**이다.

제 3 절 국기에 관한 죄

Ⅰ. 총설

1. 의의 및 보호법익

1) 뜻 　국기에 관한 죄는 국기 · 국장을 모독하거나 비방하는 범죄이다.

2) 보호법익 　보호법익은 **국가의 권위**, 보호정도는 추상적 위험범이다. 외국인의 국외범에 대해서도 보호주의에 따라 우리 형법이 적용된다(5iii).

2. 구성요건 체계

국기에 관한 죄에는 국기 · 국장모독죄와 국기 · 국장비방죄가 있다.

범죄군	개별 구성요건
국기에 관한 죄 (국가의 권위)	국기 · 국장모독죄(105)
	국기 · 국장비방죄(106)

Ⅱ. 국기에 관한 죄

1. 국기 · 국장모독죄

> **第105條(국기, 국장의 모독)** 대한민국을 모욕할 목적으로 국기 또는 국장을 손상, 제거 또는 오욕한 자는 5년 이하의 징역이나 금고, 10년 이하의 자격정지 또는 700만원 이하의 벌금에 처한다.

대한민국을 모욕할 목적으로 국기 또는 국장을 손상, 제거 또는 오욕하는 죄이다.[1] 목적범이며, 모욕죄와 손괴죄의 결합범이다.

국기란 국가의 권위를 상징하기 위해 일정한 형식에 따라 제작된 기를 말한다. 국가의 정체성을 표현하는 국가의 대표적 상징물로서, 우리나라의 국기는 '태극기(太極旗)'이다. 국장(國章)이란 국가를 상징하는 국기 이외의 일체의 휘장을

1) [국기모독죄: 합헌] "국기모독죄는 국기를 존중, 보호함으로써 국가의 권위와 체면을 지키고, 국민들이 국기에 대해 가지는 존중의 감정을 보호하려는 목적에서 입법된 것이다. 표현의 자유의 본질적 내용을 침해한다고 할 수 없다"(헌재 2019.12.27. 2016헌바96).

말한다(예: 나라문장, 대사관 · 공관의 휘장 등).

'손상'이란 손괴와 같이 국기 · 국장의 전부 또는 일부를 물질적으로 훼손하는 것을 말하고, '제거'란 국기 · 국장 자체를 손상하지 않고 이를 철거 · 차폐(遮蔽)하는 것을 말한다(예: 게양된 국기를 내리거나 물건으로 가려서 보이지 않게 하는 것). '오욕'이란 국기 · 국장을 불결하게 하는 일체의 행위를 말한다(예: 국기에 오물을 끼얹거나, 침을 뱉는 것).

2. 국기 · 국장비방죄

> 제106조(국기, 국장의 비방) 전조의 목적으로 국기 또는 국장을 비방한 자는 1년 이하의 징역이나 금고, 5년 이하의 자격정지 또는 200만원 이하의 벌금에 처한다.

대한민국을 모욕할 목적으로 국기 또는 국장을 비방하는 죄이다. 목적범이며, 행위태양이 비방인 것을 제외하면 국기 · 국장모독죄와 같다.

'비방'이란 언어나 거동, 문장이나 그림에 의하여 모욕의 의사를 표현하는 것을 말한다.[1] 공연성 요건은 규정되어 있지 않지만, 국가의 권위와 체면을 손상시킬 정도에 이르기 위해서는 공연성이 필요하다(통설).

제 4 절 국교에 관한 죄

Ⅰ. 총설

1. 의의 및 보호법익

1) 뜻 국교에 관한 죄는 국교, 즉 외국과의 평화로운 국제관계를 침해하거나 위태롭게 하는 범죄이다.

2) 보호법익 보호법익은 '외국의 이익'과 '국가의 권위 또는 우리나라의 대외적 지위' 양자 모두이고(다수설), 보호정도는 추상적 위험범이다.

---

1) [비방 아님] "성경의 교리상 국기에 대해 절을 해서는 안 되나, 국기를 존중하는 의미에서 가슴에 손을 얹고 주목하는 방법으로 경의를 표할 수 있다고 말한 것"은 국기의 비방에 해당하지 않는다(대판 1975.5.13. 74도2183).

2. 구성요건 체계

국교에 관한 죄는 3유형으로 구분된다. 외교관계에 관한 죄, 외국과의 평화관계에 관한 죄, 외환죄적 성격의 죄이다.

범죄군	개별 구성요건
외교관계	외국원수폭행등죄(107)
	외국사절폭행등죄(108)
	외국국기 · 국장모독죄(109)
	※ 반의사불벌죄(110)
외국과의 평화관계	외국에 대한 사전죄(111) ※ 미수범 처벌(111②), 예비 · 음모(111③)
	중립명령위반죄(112)
외환죄적 성격	외교상기밀누설죄(113)

Ⅱ. 외교관계에 관한 죄

1. 외국원수에 대한 폭행 등 죄

제107조(외국원수에 대한 폭행 등) ① 대한민국에 체재하는 외국의 원수에 대하여 폭행 또는 협박을 가한 자는 7년 이하의 징역이나 금고에 처한다.
② 전항의 외국원수에 대하여 모욕을 가하거나 명예를 훼손한 자는 5년 이하의 징역이나 금고에 처한다.

대한민국에 체재하는 외국원수에 대하여 폭행 · 협박, 모욕 또는 명예훼손을 하는 죄이다. 행위객체가 '대한민국에 체재하는 외국원수'라는 점에서 일반인에 대한 폭행죄 · 협박죄 · 모욕죄 또는 명예훼손죄의 가중유형이다. 반의사불벌죄이다. 즉 그 외국정부의 명시한 의사에 반하여 공소를 제기할 수 없다(110).

2. 외국사절에 대한 폭행 등 죄

제108조(외국 사절에 대한 폭행 등) ① 대한민국에 파견된 외국사절에 대하여 폭행 또는 협박을 가한 자는 5년 이하의 징역이나 금고에 처한다.
② 전항의 외국사절에 대하여 모욕을 가하거나 명예를 훼손한 자는 3년 이하의 징역이나 금고에 처한다.

대한민국에 파견된 외국사절에 대하여 폭행·협박, 모욕 또는 명예훼손을 하는 죄이다. 행위객체가 '대한민국에 파견된 외국사절'이라는 점을 제외하면, 외국원수에 대한 폭행 등 죄와 같다. 반의사불벌죄이다(110).

3. 외국국기·국장모독죄

> **제109조(외국의 국기, 국장의 모독)** 외국을 모욕할 목적으로 그 나라의 공용에 공하는 국기 또는 국장을 손상, 제거 또는 오욕한 자는 2년 이하의 징역이나 금고 또는 300만원 이하의 벌금에 처한다.

외국을 모욕할 목적으로 그 나라의 공용에 공하는 국기·국장을 손상·제거·오욕하는 죄이다. 행위객체가 '공용에 공하는 외국의 국기·국장'이라는 점에서, 앞서 국기·국장모독죄와 구별된다. '공용에 공한다'는 것은 그 나라의 공적기관이나 공무소에서 사용되는 것을 말한다. 목적범이고, 반의사불벌죄이다(110).

Ⅲ. 평화관계에 관한 죄

1. 외국에 대한 사전죄

> **제111조(외국에 대한 사전)** ① 외국에 대하여 사전한 자는 1년 이상의 유기금고에 처한다.
> ② 전항의 미수범은 처벌한다.
> ③ 제1항의 죄를 범할 목적으로 예비 또는 음모한 자는 3년 이하의 금고 또는 500만원 이하의 벌금에 처한다. 단 그 목적한 죄의 실행에 이르기 전에 자수한 때에는 감경 또는 면제한다.

외국에 대하여 사전(私戰)하는 죄이다. 개인이 외국과 사이에 사적인 전투행위를 하게 되면, 외교관계를 악화시키고 국가의 존립과 안전을 위태롭게 할 위험이 있다. 보호법익은 국가의 존립과 안전이고, 보호정도는 추상적 위험범이다.

사전(私戰)이란 국가의 의사와 상관 없이 개인 또는 집단이 외국에 대해 '사적(私的)으로 전투행위'를 하는 것을 말한다. 사전이라고 하기 위해서는 어느 정도 규모의 무력에 의한 조직적인 공격이 있어야 한다. 사전의 상대방은 외국이므로, 외국의 국가권력이 아닌 외국의 일부집단이나 외국정부의 반군 등을 상대로 한 전투행위는 이에 해당하지 않는다.

미수범(111②)과 예비·음모(111③)는 처벌한다. 다만 사전예비·음모죄를 범한 후 그 실행에 이르기 전에 자수한 때에는 필요적으로 그 형을 감경 또는 면제한다(111③단서).

2. 중립명령위반죄

제112조(중립명령위반) 외국간의 교전에 있어서 중립에 관한 명령에 위반한 자는 3년 이하의 금고 또는 500만원 이하의 벌금에 처한다.

외국간의 교전에 있어서 중립명령을 위반하는 죄이다. 개인이 국가의 중립선언을 위반하게 되면, 국가의 중립선언을 무의미하게 하고 외교관계를 악화시키며 이로 인해 국가의 존립과 안전을 위태롭게 할 위험이 있다. 구성요건의 핵심내용은 행정부의 중립명령에 위임되어 있는데, 대표적인 **백지형법**에 속한다.

'외국 간의 교전'이란 우리나라가 참가하지 않은 전쟁이 2개국 이상의 외국간에 행해지고 있는 상태를 말하고, '중립명령'이란 교전국 중 어느 편에도 가담하지 않고 국외중립을 지키도록 하는 행정부의 명령을 말한다.

Ⅳ. 외환죄적 성격의 죄

1. 외교상 기밀누설죄

제113조(외교상기밀의 누설) ① 외교상의 기밀을 누설한 자는 5년 이하의 징역 또는 1천만원 이하의 벌금에 처한다. ② 누설할 목적으로 외교상의 기밀을 탐지 또는 수집한 자도 전항의 형과 같다.

외교상의 기밀을 누설하거나(제1항), 누설할 목적으로 외교상의 기밀을 탐지 또는 수집하는(제2항) 죄이다. 국교에 관한 죄의 성격과 함께, 외환죄의 성격도 가지고 있는 범죄이다. 보호법익은 국가의 존립과 안전이고, 보호정도는 추상적 위험범이다. 제2항의 죄는 목적범이다.

'외교상의 기밀'이란 외국과의 관계에서 국가가 지켜야 할 기밀을 말한다. 즉 "외국과의 관계에서 국가가 보지(保持)해야 할 기밀로서, 외교정책상 외국에 대하여 비밀로 하거나 확인되지 아니함이 대한민국의 이익이 되는 모든 정보자료를 말한다"(대판 1995.12.5. 94도2379). 외국에 이미 널리 알려져 있는 사항은 '외교상의 기밀'에 해당하지 아니한다(위 94도2379).[1)]

---

1) [외교상기밀누설 아님] 외국언론에 이미 보도된 바 있는 우리 나라의 외교정책이나 활동에 관

제2항의 누설 목적의 외교상기밀의 탐지 · 수집은 제1항의 외교상기밀누설에 대한 예비행위를 독립하여 규정한 것이다. 누설이나 탐지 · 수집의 개념은 간첩죄에서와 같다. 외교상기밀은 국가기밀도 되므로, 적국을 위해 외교상기밀을 탐지 · 수집하면, 간첩죄(98)가 성립한다.

련된 사항들에 관하여, 정부가 이른바 보도지침의 형식으로 국내언론기관의 보도 여부 등을 통제하고 있다는 사실을 알리는 것은, 외교상의 기밀을 누설한 경우에 해당하지 않는다고 한 사례(위 94도2379).

제 2 장

국가의 기능에 대한 죄

형법상 국가의 기능에 대한 죄로는, '국가의 일반권력기능을 보호하는 범죄'와 '국가의 사법기능을 보호하는 범죄'가 규정되어 있다. 전자에는 i) '공무원의 직무에 관한 죄', ii) '공무방해의 죄'가 있고, 후자에는 iii) '도주와 범인은닉의 죄', iv) '위증과 증거인멸의 죄', v) '무고의 죄'가 있다.

제 1 절　공무원의 직무에 관한 죄

Ⅰ. 총설

1. 의의 및 보호법익

1) 의의　공무원의 직무에 관한 죄, 즉 직무범죄는 공무원의 **직무 위배·직권 남용과 뇌물 수수**를 내용으로 하는 범죄이다. 즉 직무위배죄, 직권남용죄, 뇌물죄의 3유형이 있다. 공무원이 범죄주체이므로 **신분범**이다.

2) **보호법익**　직무범죄는 기본적으로 공무원이 국가기관의 내부로부터 국가기능을 침해하는 것을 내용으로 하므로, 보호법익은 **국가의 기능**이다. 다만, 다양한 종류의 범죄가 규정되어 있기 때문에 개별 구성요건에 따라 보호법익의 중점이 조금씩 달라진다. 보호정도는 대개 추상적 위험범이다.

2. 구성요건 체계

형법의 직무범죄 체계는 직무위배죄, 권한남용죄, 뇌물죄로 구분된다. 증뢰죄는 공무원의 직무범죄가 아니지만, 공무원의 직무와 관련이 있으므로 함께 규정하고 있다.

범죄군		개별 구성요건
직무위배의 죄 (공무원의 의무위반)		직무유기죄(122)
		피의사실공표죄(126)
		공무상비밀누설죄(127)
직권남용의 죄 (공무원의 직권남용)		(일반)직권남용죄(123)
		불법체포·감금죄(124)
		폭행·가혹행위죄(125)
		선거방해죄(128)
뇌물죄 (국가기능의 공정성 침해)	수뢰의 죄	기본: 단순수뢰죄(129①)
		감경: 사전수뢰죄(129②)
		가중: 수뢰후부정처사죄(131①)
		부정처사후수뢰죄(131②)
		독립: 제3자뇌물공여죄(130)
		사후수뢰죄(131③)
		알선수뢰죄(132)
	증뢰의 죄	증뢰죄(133①) = 뇌물공여죄
		증뢰물전달죄(133②) = 제3자뇌물교부·취득죄

형법은 공무원이 직권을 남용하여 직무범죄 이외의 죄를 범한 때에는 2분의 1까지 가중처벌한다(135).

3. 공무원의 개념

공무원의 직무범죄는 공무원이 주체이므로 진정신분범이다. 제정형법 이전의 구 형법에서는 형법상 공무원 개념을 규정하였으나,[1] 현행 형법에는 별도의 개념 규정이 없다. 원칙적으로 공법상 공무원 개념에 따라 결정된다. 즉 "(형법상) '공무원'은 다른 특별한 법률 규정이 없는 한, 원칙적으로 (공무원에 관한 기본법

1) 구형법: "공무원이라 함은 관리(官吏), 공리(公吏), 법령에 의하여 공무에 종사하는 의원(議員), 위원(委員) 기타의 직원을 말한다."

인) 국가공무원법 · 지방공무원법에 따른 공무원으로 해석된다"(헌재 2012.12.27. 2011헌바117). 요컨대, 국가공무원법 · 지빙공무원법에 따른 공무원, 개별 법률에 규정된 '공무원 의제' 조항에 따라 공무원으로 간주되는 사람(예: 집행관, 공증인, 청원경찰, 한국은행 임직원 등)을 의미한다.

다만, 형법의 독자적 관점에서 다소 변형되고 있다. **단순노무종사자**(예: 환경미화원, 공원, 인부, 사환 등)는 직무범죄의 주체인 공무원의 범위에서 제외된다. 즉 "그 노무의 내용이 단순한 기계적 · 육체적인 것에 한정된 자"는 제외된다(대판 2002.11.22. 2000도4593). 단순한 기계적 · 육체적 노무는 직무범죄에 의한 형법적 보호가치가 있는 것이 아니기 때문이다. 이와 달리, ㉠ 국토방위에 종사하는 사병인 군인(대판 1969.9.23. 69도1214), ㉡ 우편법상 특수한 권한이 부여된 **우편집배원**(우편법4·5) 등은 정신적 · 지능적 판단이 필요하므로, 여기의 공무원에 해당한다. 문제는 소위 '공무담당 사인'이다.

[이른바 공무담당 사인(私人)] 문제는 국가공무원법 · 지방공무원법에 따른 공무원이 아니라 '공무원 의제' 조항에 따라 공무원으로 간주되는 사람도 아닌, 이른바 **'공무담당 사인**(私人)'의 경우 "법령에 기하여 '공무'에 종사한다는 이유로" 여기의 공무원에 해당한다고 볼 것인지 여부이다. 종래 판례는 "법령에 기하여 국가 또는 지방자치단체 및 이에 준하는 공법인의 사무(즉, '공무')에 종사하는 자인 경우에는, 관련 법률에서 공무원으로 간주하는 공무원 의제규정이 없는 경우에도 '공무원'에 해당한다"(대판 1997.6.13. 96도1703; 2002.11.22. 2000도4593; 2009.2.12. 2007도2733 등)고 판시하여, 확장된 개념으로 해석 · 적용하여 왔다.[1]

그러나 "국가공무원법 · 지방공무원법에 따른 공무원이 아님에도 법령에 기하여 공무에 종사한다는 이유로 '공무원 의제규정이 없는 사인(私人)'을 '공무원'에 포함된다고 해석하는 것은, 법률해석의 한계를 넘은 것(즉, 처벌의 필요성만을 지나치게 강조하여 범죄와형벌에 대한 규정이 없음에도 구성요건을 확대한 것)으로서 죄형법정주의에 위배된다"(헌재 2012.12.27. 2011헌바117. 제주특별자치도의 통합영향평가 심의위원회 '재해분과심의위원' 사건). 최근의 판례는 공무원 의제규정이 없는 지방자치단체 건축위원회 위원, 집행관사무소 사무원에 대해, 공무원 의제규정이 없는 점과 형벌법규의 엄격해석 원칙 등을 이유로 공무원에 해당하지 않는다고 판시함으로써(대판 2011.3.10. 2010도14394; 2012.7.26. 2012도5692) 이전보다는 엄격하게 '공무원'의 의미를 한정하고 있다.

---

1) 예컨대, 도시계획법 관련 법령에 따른 시 · 구 도시계획위원회의 위원(위 96도1703), 구 약사법 관련 법령에 따른 중앙약사심의위원회 소분과위원(위 2000도4593), 환경 · 교통 · 재해 등에 관한 영향평가법에 따른 지방교통영향심의위원회 위원(위 2007도2733) 등.

4. 직무범죄의 종류

1) 진정직무범죄 · 부진정직무범죄 i) '진정'직무범죄란 공무원만이 범할 수 있고 비공무원은 단독으로 범할 수 없는 범죄이다. **진정신분범**이다. 예컨대, 직무유기죄(122), 공무상비밀누설죄(127), 수뢰죄(129~132) 등이다. 한편, ii) '부진정'직무범죄란 비공무원도 범할 수 있지만 공무원이 범한 경우 형이 가중되는 범죄이다. **부진정신분범**이다. 예컨대, 불법체포 · 감금죄(124), 폭행 · 가혹행위죄(125) 등이다. iii) 제33조(공범과 신분) 적용에 차이가 있다.

2) 일반직무범죄 · 특수직무범죄 i) '일반'직무범죄란 모든 공무원이 주체인 범죄이다. 예컨대, 직무유기죄(122), 공무상비밀누설죄(127), 수뢰죄(129~132) 등이다. 한편, ii) '특수'직무범죄란 특수한 공무원만이 주체인 범죄이다. 예컨대, 불법체포 · 감금죄(124), 폭행 · 가혹행위죄(125) 등이다.

Ⅱ. 직무위배의 죄

1. 직무유기죄

> 제122조(직무유기) 공무원이 정당한 이유 없이 그 직무수행을 거부하거나 그 직무를 유기한 때에는 1년 이하의 징역이나 금고 또는 3년 이하의 자격정지에 처한다.

직무유기죄는 공무원이 정당한 이유 없이 그 직무수행을 거부하거나 그 직무를 유기하는 범죄이다. 보호법익은 (공무원의 성실의무가 아니라) '국가의 기능'이다.[1] 보호정도는 견해의 대립이 있으나, 판례는 '**구체적 위험범**'의 입장이다. 즉, "공무원이 추상적 충근의무를 태만히 하는 일체의 경우가 아니라, (직장의 무단이탈 · 직무의 의식적인 포기 등과 같이) '국가의 기능을 저해하고 국민에게 피해를 야기시킬 **구체적 위험성**'이 있고, 불법과 책임비난의 정도가 높은 법익침해의 경우에 한하여, 본죄가 성립한다"(대판 2007.7.12. 2006도1390). 즉, 단순한 직무유기적 행위만으로는 공무원법에 따른 징계처분이 가능할 뿐 본죄가 성립하는 것은 아니며, 공무원의 징계사유 가운데 '국가기능의 저해에 대한 구체적 위험성'이 있어야

---

1) "본죄는 기밀 그 자체를 보호하는 것이 아니라 공무원의 비밀엄수의무의 침해에 의하여 위험하게 되는 이익, 즉 비밀의 누설에 의하여 위협받는 국가의 기능을 보호하기 위한 것이다"(위 95도780).

비로소 본죄가 성립하는 것이다.[1] 따라서 "어떠한 **형태로든** 직무집행의 의사로 **직무를 수행**한 경우에는 그 직무집행의 내용이 위법하다는 점만으로 본죄가 성립하는 것은 아니다"(위 2006도1390).

직무유기죄는 "구체적으로 그 직무를 수행해야 할 작위의무 있는 자가 그 직무를 버린다는 인식하에 그 작위의무를 수행하지 아니하는, 이른바 **부진정부작위범**이다"(위 82도3065. '부작위에 의한 유기'). 그리고 "위법한 부작위상태가 계속되는 한 가벌적 위법상태가 계속 존재하는, **계속범**"이다(대판 1997.8.29. 97도675).

특별법으로 특가법·폭처법이 있다. 특가법은 특가법범죄의 수사 직무 공무원의 직무유기를 '특수직무유기'로 가중처벌하고(동법15), 폭처법은 폭처법범죄의 수사에 대한 '사법경찰관리의 직무유기'를 가중처벌한다(동법9).

(1) 주체: 공무원

주체는 공무원이다. 진정신분범이며, 공무원 가운데 '직무수행의 **구체적 의무**가 있는 자'만이 그 주체가 된다. 따라서 "'병가 중인 자(철도공무원)'는 구체적인 작위의무 내지 국가기능의 저해에 대한 구체적인 위험성이 없어 주체가 될 수 없다"(위 95도748). 앞서 설명과 같이 "그 노무의 내용이 단순한 기계적·육체적인 것에 한정되어 있는 자"도 제외된다(위 2000도4593).

(2) 행위: 직무수행의 거부 또는 직무유기

정당한 이유 없이 그 직무수행을 거부하거나 그 직무를 유기하는 것이다. 구체적 의무에 대해 직무수행 거부나 직무유기행위가 있어야 한다.

1) 직무의 뜻 직무란 공무원법상 **본래의 직무**로서, 직무집행의 의무가 있음을 전제로, 윤리적·추상적인 직무를 넘어선 **구체적인 직무**를 말한다.

첫째, '직무집행의 의무가 있음'을 전제로 한다. 예컨대, 사법경찰관리는 벌금미납자를 검거할 직무가 있다(대판 2011.9.8. 2009도13371. '사법경찰관리도 검사의 지휘를 받아 벌금미납자에 대한 노역장유치의 집행을 위해 형집행장의 집행등을 할 권한이 있다'). 그러나 직무에 속하지 않은 사항은 본죄가 문제되지 않는다. 예컨대, ㉠ 세관감시과 소속 감시선의 '운전사무에 종사하는 자'는, 단순한 노무자에 불과하여 관세포탈사범을 검거·신문할 직책이 없고(대판 1959.8.28. 4291형상482), ㉡ 군사법경찰

---

1) [연혁] 직무유기죄는 광복 이후 공직사회의 기강해이를 통제하기 위해 제정형법이 새로 신설한 범죄인데, 입법례로는 소련형법, 중국형법, 북한형법, 폴란드형법 등이 있을 뿐이다. 행정법상 징계와 관련하여 그 해석 및 적용에서 엄격성이 요구된다.

업무에 종사하지 않는 자(일반 군인)는, 군무이탈자를 체포·연행할 직무가 없다(대판 1976.10.12. 75도1895. 군사법경찰관리가 아닌 이상 군무이탈자를 동행 중 놓쳤다 해도 직무유기죄로 단정할 수 없다).

둘째, 윤리적·추상적인 직무를 넘어선 '**구체적인 직무**'를 말한다. 즉, 공무원이 맡은 바 직무를 그때에 수행하지 않으면 실효를 거둘 수 없는 구체적인 직무로서, **법령**에 근거하거나, **특별한 지시 또는 명령** 등에 의해 담당하는 구체적 의무를 말한다. 예컨대, '세무공무원'이 같은 계 근무직원의 책상서랍 속에서 양도소득세 과세자료전들이 은닉되어 있음을 발견하였다면, 그 직원으로 하여금 위 자료전을 조속히 처리함으로써 세원을 양성화하여 과세처분을 하도록 조치할 의무가 있고, 이는 구체적 직무에 해당한다(대판 1984.4.10. 83도1653). 그러나 공무원의 신분에서 유래하는 '추상적 의무'는 여기서의 직무에 해당하지 않는다. 예컨대, 공무원법상 청렴의무·복종의무·직장이탈의무 등은 이를 이행하지 않았다고 해도, 징계의 대상이 될 뿐 본죄가 성립하는 것은 아니다(예: 근무시간 중 수면, 상사의 일반적 지시에 위반 등).

셋째, '본래의 직무'에 한정된다. 따라서 "공무원인 신분관계로 부수적·파생적으로 발생하는 직무(예: 형소법상 고발의무. 형소234②)는 이에 포함되지 않는다"(대판 1962.5.2. 4294형상127). 예컨대, 약사 감시원이 무허가 약국 개설자를 적발하고 상사에 보고하여 그 지시에 따라 약국을 폐쇄토록 한 이상, 수사관서에 고발하지 아니한 경우에도 직무유기에 해당하지 않는다(대판 1969.2.4. 67도184).

2) 거부 '직무집행을 거부한 때'란 직무를 능동적으로 수행해야 할 구체적 의무가 있음에도 이를 수행하지 않는 것을 말한다. 직무수행의 거부는 '작위'로도 가능하다(작위의 예: 접수담당 공무원이 도착한 서류를 '반송'한 경우).

3) 유기 '직무를 유기한 때'란 직무에 관한 **의식적인 방임 내지 포기** 등 정당한 이유 없이 그 직무를 수행하지 아니하는 것을 말한다.[1] 즉 "(공무원이 법

---

1) [직무의 의식적 방임·포기] ㉠ (긍정사례) "세관감시과 소속 공무원으로서 항구에 정박 중인 외항선에 머무르면서 밀수여부의 감시, 방지 등 근무명령을 받았음에도 불구하고 감기가 들어 몸이 불편하다는 구실로 위 임무를 도중에 포기하고 집에 돌아와 자버린 행위는 위 임무를 포기하지 아니치 못할 정당한 사유가 있지 않은 이상 그 임무를 포기하고 직무를 유기한 것이다"(대판 1970.9.29. 70도1790). ㉡ (부정사례) "교육기관·교육행정기관·지방자치단체 또는 교육연구기관의 장이 징계의결을 집행하지 못할 법률상·사실상의 장애가 없는데도 징계의결서를 통보받은 날로부터 법정 시한이 지나도록 집행을 유보하는 모든 경우에 직무유기죄가 성립하는 것은 아니고, 그러한 유보가 직무에 관한 의식적인 방임이나 포기에 해당한다고 볼 수 있는 경우에 한하여 직무유기죄가 성립한다"(대판 2014.4.10. 2013도229).

령, 내규 등에 의한 추상적 성실의무를 태만히 하는 일체의 경우가 아니라) 직장의 무단이탈, 직무의 의식적인 포기 등과 같이 국가의 기능을 저해하고 국민에게 피해를 야기시킬 가능성(=구체적 위험성)이 있는 경우"를 말한다(위 2006도1390; 대판 2013.4.26. 2012도15257). 따라서 "㉠ 일단 직무집행의 의사로 자신의 **직무를 수행**한 경우에는 그 직무집행의 내용이 위법하다는 점만으로 직무유기라고 할 수 없고, ㉡ (단순히) 태만·분망 또는 착각 등으로 인하여 직무를 **성실히 수행하지 아니**한 경우, ㉢ 직무를 **형식적으로 또는 소홀히** 직무를 수행한 탓으로 적절한 직무수행에 이르지 못한 것에 불과한 경우에도 직무유기라고 할 수 없다"(위 2012도15257). 직무의 성질이 기속행위이든 재량행위이든 상관 없다. 유기는 '작위'로도 가능하다 (예: 수행해서는 안 될 직무상 의무가 있음에도 이를 '적극적으로 수행'한 경우).

4) 정당한 이유 없이 '정당한 이유 없이'란 법률의 규정에 따르지 않거나 일반적 업무규칙·관행을 벗어나 자의적으로 위법·불공정하게 처리하는 것을 말한다. 적법·공정한 직무집행을 확보하기 위한 구성요건 표지이다.

[판례사례: 직무유기 여부] i) [직무유기 **긍정**사례] 유죄 사례로는, ㉠ '경찰관'이 벌금미납자로 지명수배중인 甲을 3차례 만나고도, '그를 검거하여 검찰청에 신병을 인계하는 등 필요한 조치'를 취하지 않은 경우(대판 2011.9.8. 2009도13371), ㉡ '경찰관'이 불법체류자의 신병을 출입국관리사무소에 인계하지 않고 훈방하면서 이들의 인적사항조차 기재해 두지 아니한 경우(대판 2008.2.14. 2005도4202), ㉢ '경찰관'이 방치된 오토바이가 있다는 신고를 받고 이를 오토바이 상회 운영자에게 연락하여 수거해가도록 하고 그 대가로 돈까지 받은 경우(대판 2002.5.17. 2001도6170. '작위에 의한 유기'), ㉣ '차량번호판의 교부담당 직원'이 운행정지처분을 받은 자동차에 대해 번호판을 재교부한 경우(대판 1972.6.27. 72도969. '작위에 의한 유기'), ㉤ '농지사무 담당 군직원'이 관내 농지불법전용 사실을 알고도 이 사실을 외면하고 '군수로 하여금 원상회복을 명하거나 고발을 하는 등 적절한 조치'를 취하지 아니한 경우(대판 1993.12.24. 92도3334), ㉥ '학생군사교육단의 당직사관'이 술 마시고 내무반에서 화투놀이를 한 다음 애인과 함께 자고 난 뒤 당직근무의 인계·인수없이 퇴근한 경우(대판 1990.12.21. 90도2425), ㉦ '세무공무원'이 같은 계 근무직원의 책상서랍 속에서 양도소득세 과세자료전들이 은닉되어 있음을 발견하고도, 이를 양성화하여 과세처분되도록 조치하지 아니한 채, 단지 위 과세자료정리부를 등재하여 자기에게 넘겨달라고 촉구만 하고 이를 방치한 경우(대판 1984.4.10. 83도1653) 등은 '직무유기'에 해당한다.

반면, ii) [직무유기 **부정**사례] 무죄 사례로는, ㉠ '경찰관'이 경미한 범죄혐의사실을 인지하고 혐의자를 훈방조치하여 검사의 수사지휘를 받지 않은 경우(대판 1982.6.8.

82도117. 사법경찰관리가 직무집행의사로 위법사실을 조사하여 훈방하는 등 '어떤 형태로든지 그 직무집행행위를 하였음'), ㉡ '경찰서장'(치안책임자)이 직속부하가 깊은 밤중에 소재가 파악되지 않은 상황에서 술에 만취되어 총기를 무차별 난사하여 난동을 부린 미증유의 사태에 대해, 망연 자실하여 거의 정상적인 사고력을 잃은 정도라서, 특수범 진압조직으로 대처하지 않는 등 대응조치가 적절하지 못한 경우(대판 1983.1.18. 82도2624), ㉢ '교도소보안과 출정계장'이 호송교도관들에게 재소자의 호송업무를 지시한 후 그 수행에 대한 구체적인 확인·감독을 성실히 수행하지 못함으로 인하여 피호송자인 재소자들이 집단도주한 경우(대판 1991.6.11. 91도96), ㉣ '세관감시과 소속 감시반의 운전사무에 종사하는 자'가 관세포탈사범을 검거하지 않은 경우(대판 1959.8.28. 4291형상482), ㉤ (통고처분이나 고발을 할 권한이 없는) '세무공무원'이 그 권한자에게 '범칙사건 조사 결과에 따른 통고처분이나 고발조치를 건의하는 등의 조치'를 취하지 않은 경우(대판 1997.4.11. 96도2753), ㉥ '일직사관'이 침상에 누워 잠을 잤으나 유사시에 깨어 직무수행에 임할 수 있는 상황(상황실로부터 누운 침상까지는 2미터 정도의 거리로서 판자칸막이가 있음에 불과)이었던 경우(대판 1984.3.27. 83도3260), ㉦ '지방자치단체장'이 전국공무원노동조합이 주도한 파업에 참가한 소속 공무원들에 대해 관할 인사위원회에 징계의결요구를 하지 아니하고 가담 정도의 경중을 가려 자체 인사위원회에 징계의결요구를 하거나 훈계처분을 지시한 경우(대판 2007.7.12. 2006도1390) 등은 직무유기에 해당하지 않는다.

5) 기수시기　본죄의 미수는 처벌하지 않는다. 본죄의 기수시기는 직무수행거부와 직무유기로 국가기능을 저해하며 국민에게 피해를 야기할 구체적 위험이 있는 때이다. 한편, 본죄는 **계속범**이다.[1)] 즉 기수 이후에도 범죄행위가 계속되므로 종료 이전까지는 공범이 성립할 수 있다. 본죄의 종료시점은 직무를 수행하였거나 직무수행의 가능성이 소멸한 때이다. 수차에 걸친 직무유기행위는 포괄1죄가 된다.

물론 고의범이므로, '직무를 유기한다는 인식'이 있어야 한다.[2)]

---

1) [계속범] "직무유기죄는 … 작위의무를 수행하지 아니함으로써 구성요건에 해당하는 사실이 있었고, 그 후에도 계속하여 그 작위의무를 수행하지 아니하는 위법한 부작위상태가 계속되는 한 가벌적 위법상태는 계속 존재하며, 형법 제122조 후단은 이를 전체적으로 보아 1죄로 처벌하는 취지로 해석되므로, 이를 즉시범이라고 할 수 없다"(위 97도675).

2) [고의 없음] '전매공무원'이 외제담배를 긴급압수한 후 도주한 범칙자를 찾는 데 급급하여 미처 압수수색영장을 신청하지 못한 경우에는, 고의가 부정된다(대판 1982.9.28. 82도1633). 직무수행과 관련하여 태만, 분망, 착각 등 일신상 또는 객관적 사유로 인하여 부당한 결과를 초래한 것에 불과하기 때문이다.

(3) 공범

본죄는 진정신분범이므로 제33조 본문이 적용되어 비신분자도 본죄의 공동정범, 교사·방조범이 될 수 있다. 병가 중인 공무원은 주체가 될 수 없지만, 다른 공무원의 직무유기에 가담한 경우 본죄의 공동정범이 된다(위 95도748).

(4) 타죄관계

1) 작위범과의 관계 부작위범인 직무유기죄는 작위범과의 관계가 특히 문제된다. 요컨대, i) 하나의 행위가 '부작위범인 직무유기죄'와 '**작위범인 허위공문서작성죄 등**'(위계공무집행방해죄·범인도피죄·증거인멸죄 동일)의 구성요건을 **동시에 충족**하는 경우에는 '**작위범만 성립**'하고, '부작위범인 직무유기죄는 따로 성립하지 않는다'(흡수관계, 법조경합). 직무위배의 위법상태는 작위범의 행위 속에 포함되어 흡수되기 때문이다. ii) 다만, 부작위범인 **직무유기죄로만 기소**하는 경우에는 '**직무유기죄**'로 **처벌된다**(대판 1999.11.26. 99도1904).[1] 작위범의 범죄유형별로 고찰해 본다.

첫째, 허위공문서작성죄(작위범)와의 관계이다. ㉠ 공무원이 위법사실을 **은폐할 목적으로** 허위공문서를 작성한 경우에는 **허위공문서작성죄만 성립**한다. 즉, "공무원이 위법사실을 발견하고 적절한 조치를 취함이 없이 이를 적극적으로 **은폐할 목적**으로 허위공문서를 작성·행사한 경우에는 작위범인 허위공문서작성, 동행사죄만이 성립하고 부작위범인 직무유기죄는 따로 성립하지 아니한다"(대판 1999. 12.24. 99도2240). "직무위배의 위법상태는 허위공문서작성 당시부터 그 속에 포함"되어 흡수되기 때문이다.[2] 다만, ㉡ **특수직무유기죄**(특가법15)는 **별도로 성립**하고, 허위공문서작성죄와 사이에 '상상적 경합'이 된다(대판 1984.7.24. 84도705).[3] 양형상의 부당함을 해소하기 위함이다.

---

1) [직무유기죄로만 기소] "하나의 행위가 부작위범인 직무유기죄와 작위범인 범인도피죄의 구성요건을 동시에 충족하는 경우 공소제기권자는 재량에 의하여 작위범인 범인도피죄로 공소제기하지 않고 부작위범인 직무유기죄로만 공소제기할 수도 있다"(위 99도1904).

2) [판례사례: 작위범인 허위공서작성죄만 성립] '허위공문서작성죄만 성립'하고, 직무유기죄는 따로 성립하지 않는다고 한 사례로는, ㉠ 경찰관이 18명의 도박범행을 적발하고도 이를 묵인하여 달라는 부탁을 받고, 도박사실을 발견하지 못한 것처럼 근무일지를 허위로 작성하고 파출소장에게 보고한 경우(위 99도2240), ㉡ 공무원이 폐수배출시설 폐쇄명령 불이행사실을 은폐하는 데 행사할 목적으로, 출장복명서의 폐쇄명령 이행사항 확인란을 허위로 작성한 경우(대판 2004.3.26. 2002도5004) 등.

3) [특수직무유기죄와 허위공서작성죄] "산림법위반의 범죄수사에 종사하는 공무원이 특가법위반의 범죄사실을 인지하고도 필요한 조치를 취하지 아니하고, 그 범죄사실을 은폐하기 위하여

반면, ㉢ 허위공문서의 작성이 위법사실을 '은폐하기 위한 것이 아니라' 그 공무원이나 이해관계인에게 다른 이익을 제공하는 등의 방법으로 **새로운 위법상태를 창출**하는 경우, 또는 ㉢ 직무유기를 한 후 **그 사실을 은폐**하기 위해 허위공문서를 작성한 경우에는, 직무유기죄도 별도로 성립하고, 양죄는 '**실체적 경합**'이 된다. 예컨대, 공문서의 허위작성이 직접적으로 위법사실을 은폐하기 위한 것이 아니라, 허가신청에 대해 이를 허가해 주기 위한 것이라면, '직무유기죄'와 허위공문서작성 · 행사죄의 '실체적 경합'이 된다(대판 1993.12.24. 92도3334).[1]

둘째, 위계공무집행방해죄(작위범)에서도 '작위범'만 성립한다. 즉, 중간결재자가 위계로써 국장의 최종결재를 받은 경우 '**위계에 의한 공무집행방해죄**'만이 성립하고, 직무유기죄는 따로 성립하지 않는다(대판 1997.2.28. 96도2825).[2] 직무위배의 위법상태가 위계공무집행방해 속에 포함되어 흡수되기 때문이다.

셋째, 범인도피죄 · 증거인멸죄(작위범)에서도 같다. 경찰관이 범인을 도피시키거나 증거를 인멸한 경우 각각 '**범인도피죄**'(대판 1996.5.10. 96도51)[3]나 '**증거인멸죄**'(대판 2006.10.19. 2005도3909 전합)[4]**만**이 성립하고, 별도로 직무유기죄는 성립하지

그 직무에 관한 허위의 공문서를 작성행사하였다면, 특가법 제15조의 특수직무유기죄가 성립한다(이와 허위공문서작성죄는 상상적 경합)"(위 84도705).

※ 법정형비교: 직무유기(1년 이하의 징역 등. 형법122) < 허위공문서작성(7년 이하의 징역 등. 형법227) < 특수직무유기(1년 이상의 유기징역. 특가법15).

1) **[판례사례: 직무유기죄도 성립]** "군직원이 농지전용허가가 안 됨을 알면서도 허가가 타당하다는 취지의 (허위의) 현장출장복명서 및 심사의견서를 작성하여 결재권자에게 제출한 경우에, 그 허위작성이 농지일시전용허가 신청에 대해 이를 허가해 주기 위한 것이라면, 직접적으로 농지불법전용 사실을 은폐하기 위하여 한 것은 아니므로, 허위공문서작성죄와 직무유기죄는 실체적 경합이 된다"고 한 사례(위 92도3334).

2) **[위계공무집행방해죄만 성립]** "중간결재자가, 출원인이 어업허가를 받을 수 없는 자라는 사실을 알면서도 그 직무상의 의무에 따른 적절한 조치를 취하지 않고, 오히려 부하직원으로 하여금 어업허가 처리기안문을 작성하게 한 다음 스스로 중간결재를 하는 등 위계로써 상급자의 최종결재를 받았다면, 직무위배의 위법상태가 위계에 의한 공무집행방해행위 속에 포함되어 있는 것이므로, 이경우에는 작위범인 위계에 의한 공무집행방해죄만이 성립하고, 부작위범인 직무유기죄는 따로 성립하지 아니한다"(위 96도2825).

3) **[범인도피죄만 성립]** "경찰관이 검사로부터 범인을 검거하라는 지시를 받고서도 그 직무상의 의무에 따른 적절한 조치를 취하지 아니하고, 오히려 범인에게 전화로 도피하라고 권유하여 도피케 한 경우에는, 작위범인 범인도피죄만이 성립하고 부작위범인 직무유기죄는 따로 성립하지 아니한다"(위 96도51).

4) **[증거인멸죄만 성립]** "경찰관이 압수물을 그 직무상의 의무에 따라 수사계에 인계하고 검찰에 송치하여 범죄 혐의의 입증에 사용하도록 하는 등의 적절한 조치를 취하지 아니하고, 오히려 피압수자에게 돌려준 경우에는, 작위범인 증거인멸죄만이 성립하고 부작위범인 직무유기(거부)죄는 따로 성립하지 아니한다"(위 2005도3909 전합). '전매공무원'이 외제담배를 긴급압수한 후 도주한 범칙자를 찾는 데 급급하여 미처 압수수색영장을 신청하지 못한 경우(대판 1982.9.28. 82도1633),

않는다. 직무위배의 위법상태가 범인도피·증거인멸행위 속에 포함되어 흡수되기 때문이다.

2) **수뢰죄와의 관계** 공무원이 직무유기를 하고 그 직무유기의 결과 혜택을 받은 자로부터 대가를 지급받은 경우에는 '직무유기죄와 수뢰죄의 실체적 경합'이 된다(위 2001도6170). 한편, 공무원이 먼저 뇌물을 받은 후 그 대가로 직무수행을 유기한 때에는 수뢰후 부정처사의 과정에서 직무유기가 이루어진 것이므로 '수뢰후부정처사죄와 직무유기죄'가 별도로 성립하고, 이들 죄는 행위의 부분적 동일성에 의해 '상상적 경합'이 된다.

2. 피의사실공표죄

> **제126조(피의사실공표)** 검찰, 경찰 그 밖에 범죄수사에 관한 직무를 수행하는 자 또는 이를 감독하거나 보조하는 자가 그 직무를 수행하면서 알게 된 피의사실을 공소제기 전에 공표(公表)한 경우에는 3년 이하의 징역 또는 5년 이하의 자격정지에 처한다.

검찰, 경찰 그 밖에 범죄수사에 관한 직무를 수행하는 자 또는 이를 감독하거나 보조하는 자가, '직무를 수행하면서 알게 된 피의사실'을 공소제기 전에 공표(公表)하는 범죄이다. 보호법익은 국가의 범죄수사기능과 피의자의 인권이다. 보호정도는 추상적 위험범이다.

1) **주체** 검찰, 경찰 그 밖에 범죄수사에 관한 직무를 수행하는 자 또는 이를 감독하거나 보조하는 특수공무원이다. 진정신분범이자 특수직무범죄에 해당한다. 수사단계에서 구속영장을 발부한 법관도 그 주체가 된다.

2) **객체: 직무상 알게 된 피의사실** '직무를 수행하면서 알게 된 피의사실'이다(진실 여부는 문제되지 않는다). 따라서 '직무와 관련 없이 알게 된 사실'은 포함되지 않는다.

3) **행위: 공소제기 전 공표** 공소제기 전에 피의사실을 공표하는 것이다. 공표란 불특정 또는 다수인에게 그 내용을 알리는 것을 말한다. 명예훼손죄와는 달리 공연성은 요건이 아니므로, 특정한 1인에게 알린 경우에도 이로 인하여 불특정 또는 다수인이 알 수 있을 때에는 공표에 해당한다. 반면, 공소제기 후에 알리는 것은 이에 해당하지 않는다. 공표함으로써 곧바로 기수가 된다.

4) **위법성조각사유** 국가적 법익에 대한 죄이므로 피해자(=피의자)의 승낙은 위법성을 조각하지 않는다. 수사활동상 필요에 의한 공표라도 위법성이 조각

되지 않는다.[1] **중간수사결과 발표**는 헌법상 무죄추정의 원칙에 반하고 피의자의 인권과 명예에 대한 심각한 훼손이 되므로, 이러한 수사관행은 지양될 필요가 있다.

3. 공무상비밀누설죄

> **제127조(공무상비밀누설)** 공무원 또는 공무원이었던 자가 법령에 의한 직무상 비밀을 누설한 때에는 2년 이하의 징역이나 금고 또는 5년 이하의 자격정지에 처한다.

공무상비밀누설죄는 공무원 또는 공무원이었던 자가 법령에 의한 직무상 비밀을 누설하는 범죄이다. 보호법익은 공무상 비밀 그 자체가 아니라 '비밀의 누설에 의해 위협받는 국가기능'(대판 1996.5.10. 95도780)이다.[2] 보호정도는 추상적 위험범이다.

1) 주체 공무원 또는 공무원이었던 자이다. 즉 **퇴직공무원**도 주체가 된다.[3] 다만, 누설의 상대방은 처벌규정이 없다는 점에서 **편면적 대향범**에 해당한다. 따라서 "직무상 비밀을 누설받은 자에 대하여는 공범에 관한 형법총칙 규정이 적용될 수 없다"(대판 2011.4.28. 2009도3642).[4]

2) 객체: 법령에 의한 직무상 비밀 법령에 의한 직무상의 비밀이다. '법령에 의한 비밀'이란 법령상 비밀로 규정된 것에 한정된다는 견해가 일반적이지만(다수설), 판례는 '실질적으로 비밀로 보호할 가치'(=실질비성)가 있다면 법령의 규정 여부와 상관 없이 모두 비밀에 포함된다는 입장이다(대판 1996.5.10. 95도

---

1) **[위법성]** "수사기관의 피의사실 공표행위가 위법성을 조각하는지의 여부를 판단함에 있어서는 공표 목적의 공익성과 공표 내용의 공공성, 공표의 필요성, 공표된 피의사실의 객관성 및 정확성, 공표의 절차와 형식, 그 표현 방법, 피의사실의 공표로 인하여 생기는 피침해이익의 성질, 내용 등을 종합적으로 참작하여야 한다. 피해자의 진술 외에는 직접 증거가 없고 피의자가 피의사실을 강력히 부인하고 있어 보강수사가 필요한 상황이며, 피의사실의 내용이 국민들에게 급박히 알릴 현실적 필요성이 있다고 보기 어려움에도 불구하고, 검사가 마치 피의자의 범행이 확정된 듯한 표현을 사용하여 검찰청 내부절차를 밟지도 않고 각 언론사의 기자들을 상대로 언론에 의한 보도를 전제로 피의사실을 공표한 경우, 피의사실 공표행위의 위법성이 조각되지 않는다"(대판 2001.11.30. 2000다68474).

2) **[보호법익]** "본죄는 기밀 그 자체를 보호하는 것이 아니라 공무원의 비밀엄수의무의 침해에 의하여 위험하게 되는 이익, 즉 비밀의 누설에 의하여 위협받는 국가의 기능을 보호하기 위한 것이다"(위 95도780).

3) **[퇴직공무원]** 국가공무원법 제60조(비밀 엄수의 의무) 공무원은 재직 중은 물론 퇴직 후에도 직무상 알게 된 비밀을 엄수(嚴守)하여야 한다.

4) **[편면적 대향범]** "변호사사무실 직원이 법원공무원에게 부탁하여 수사 중인 사건의 체포영장 발부자 53명의 명단을 누설받은 경우 공무상비밀누설교사죄에 해당하지 않는다."

780).[1] 그러나 제127조의 문언 자체가 단순히 '직무상 비밀'이 아닌 '법령에 의한 직무상 비밀'로 좁게 규정되어 있으므로, 다수설의 입장이 타당하다. 물론 통상의 '비밀'이란, 일반적으로 알려져 있지 않은 사항(=비공지성)으로서, 외부에 알려지지 않는 것이 국가나 공공단체에 상당한 이익이 되는 것(=요비닉성)으로, "실질적으로 그것을 비밀로서 보호할 가치가 있는 것(=실질비성)"을 의미한다. 한편, '직무상 비밀'이란 자기의 직무와 관련하게 알게 된 비밀로서, 자기 또는 타인의 직무에 관한 비밀을 말한다.

3) 행위: 누설 누설이란 비밀사항을 아직 모르는 제3자에게 알리는 것을 말한다. 이미 알고 있는 사람에게 알리는 것은 누설이 아니다. 공연성을 요하지 않는다. 알리는 방법에는 제한이 없다. 부작위로도 가능하다(예: 서류열람을 묵인). 누설함으로써 바로 기수가 된다(추상적 위험범).

다만, 공무원이 '해당 직무집행과 관련 있는 다른 공무원에게' '직무집행의 일환'으로 비밀을 전달한 경우에는 누설에 해당하지 않는다(대판 2021.11.25. 2021도2486).[2] 전달받은 공무원이 그 직무집행과 무관한 제3자에게 누설할 것으로 예상되는 등 특별한 사정이 없는 한, 국가기능에 위험이 발생하리라고 볼 수 없기 때문이다.

법령상 비밀로 분류된 것이라도 비밀유지의 가치가 없는 공직내부의 부정·비리에 대해서는, 누설하더라도 정당행위로 위법성이 조각될 수 있다.

[판례사례: 공무상 비밀 여부] i) [공무상비밀 **긍정**사례] 유죄 사례로는, ㉠ '검찰의 고위 간부'가 특정 사건에 대한 수사가 계속 진행중인 상태에서 해당 사안에 관한 수사기관의 자료 확보 내역, 사안의 죄책 여하, 신병처리 의견, 수사책임자의 잠정적인 판단 등 수사팀의 내부 상황을 확인한 뒤 그 내용을 수사대상자 측에 전달한 경우(대판 2007.6.14. 2004도5561), ㉡ 검사의 수사지휘서의 기재 내용과 이에 관계된 수사상황(대판 2018.2.13. 2014도11441), ㉢ 미국과의 FTA 체결 협상을 위한 협상전략과 분야별 쟁점에 대한 대응방향을 담고 있는 문건(대판 2009.6.11. 2009도2669), ㉣ 대통령당

1) [판례: 법령에 의한 비밀] "(*반드시 법령에 의하여 비밀로 규정되었거나 비밀로 분류 명시된 사항에 한하지 아니하고, 정치·군사·외교·경제·사회적 필요에 따라 비밀로 된 사항은 물론*) 정부나 공무소 또는 국민이 객관적, 일반적인 입장에서 '외부에 알려지지 않는 것에 상당한 이익이 있는 사항'도 포함하는 것이나, 여기서 '비밀'이란 실질적으로 그것을 비밀로서 보호할 가치가 있는 것이어야 한다"(위 95도780).

2) [내부보고 사안(누설 아님)] '일선 법원 사법행정업무 담당자'(=형사수석부장판사)가 같은 법원 영장전담판사로부터 보고받은 법관 비위 정보를 그 직무수행의 일환으로 법원행정처에 보고한 것은 누설에 해당하지 않는다고 한 사례(위 2021도2486).

선인 소속 공무원이 중국에 파견할 특사단 추천 의원을 정리한 문건(대판 2018.4.26. 2018도2624), ⓜ 일반에게 공개되기 전의 도시계획시설 결정(대판 1982.6.22. 80도2822) 등은 공무상비밀에 해당한다.

반면, ii) [공무상비밀 **부정**사례] 무죄 사례로는, ㉠ 감사원 감사관이 공개한 기업의 비업무용 부동산 보유실태에 관한 감사원 보고서의 내용(대판 1996.5.10. 95도780), ㉡ 수사기관 공무원이 피의자에게 열람등사하게 한 수사기록의 내용이 피의사실, 피의자 및 피해자의 인적사항, 피해자의 상해 정도 또는 피의자의 신병처리 지휘내용 등에 불과한 경우(대판 2003.6.13. 2001도1343. '수사방해의 우려가 있거나 개인의 사생활 등을 침해할 우려가 있다고 보기에 부족하다'). ㉢ '구청의 체납차량영치 업무담당자'가, 차적 조회 시스템을 이용하여 경찰의 잠복근무에 이용되던 경찰청 소속 차량의 소유관계 정보를 알려준 경우(대판 2012.3.15. 2010도14734. '실질적으로 비밀로 보호할 가치가 있다거나, 그 누설에 의해 국가의 기능이 위협받는다고 볼 수 없다') 등은 공무상비밀에 해당하지 않는다.

Ⅲ. 직권남용의 죄

1. (일반)직권남용죄

第123条(직권남용) 공무원이 직권을 남용하여 사람으로 하여금 의무없는 일을 하게 하거나 사람의 권리행사를 방해한 때에는 5년 이하의 징역, 10년 이하의 자격정지 또는 1천만원 이하의 벌금에 처한다.

직권남용죄는 공무원이 직권(=직무권한)을 남용하여 사람으로 하여금 의무없는 일을 하게 하거나 사람의 권리행사를 방해하는 죄이다. **"직권남용 '의무없는 일' 강요실행죄"** 또는 **"직권남용 '권리'행사방해죄"**라 할 수 있다. 본죄는 강요죄(324①)의 가중 유형이 아니라 독립된 범죄이다. 그 행위태양이 강요죄와 달리 폭행·협박이 아니라 공무원의 '직권남용'이기 때문이다.

보호법익은 직권남용 측면에서는 '국가기능의 공정한 행사'이고, '의무없는 일'의 강요실행 또는 '권리'의 행사방해 측면에서는 부수적으로 '개인의 (의사결정) 자유와 권리'이다.[1] 보호정도는 전자(의무강요)에 대해서는 '추상적 위험범'(국

---

1) **[직권남용죄의 계수사적 연혁]** 우리 형법의 직권남용죄에 직접 영향을 미친 것은 계수적으로 1810년 프랑스형법의 직권남용죄이다. 1810년 프랑스형법의 직권남용죄는 1789년 프랑스대혁명의 산물로 평가되고 있다. 즉, 프랑스에서 대혁명 이전의 공무원 범죄는 공무원의 공금횡령(독직행위) 등 국왕의 정치적 이익을 보호하는 범죄유형으로서 '국왕에 대한 범죄'였을 뿐, '헌

가기능에 대한 침해의 위험만으로 충분, 그 현실적인 침해는 불요)이나, 후자(권리방해)에 대해서는 침해범 내지 결과범이다. 판례는 구성요건상 권한남용행위 이외에 별도로 결과발생이 있어야 기수가 성립하는 '결과범'으로 이해한다. 즉, 단순히 직권남용만으로 곧바로 본죄가 성립하는 것이 아니라, "현실적으로 다른 사람이 의무없는 일을 (실행)하게 하였거나, 다른 사람의 구체적인 권리행사를 방해하는 '결과'가 발생해야 한다"(대판 2020.1.30. 2018도2236 전합).[1)]

특별법상 가중처벌 규정으로는 국가정보원법상 직권남용죄가 있다.[2)] 그 객체인 '사람'은 행위자와 공범자 이외의 모든 타인을 말하며, 행위자의 '부하 공무원'은 물론 '기타 공무원'도 포함된다(대판 2021.3.11. 2020도12583).

(1) 주체: 공무원

주체는 공무원이다(진정신분범). 문제는 직무상 강제력을 수반하는 공무원에 한정되는지 여부이다. 다수설은 본죄의 취지상 직접·간접의 강제력을 수반하는 공무원(예: 경찰, 검찰수사관 등)으로 한정하지만, 판례는 본죄가 '강제력 있는 직권'

법이나 시민에 대한 범죄'는 아니었다. 그러나 프랑스대혁명 이후 제정된 근대형법인 1971년 프랑스형법은 공무원의 직무관련 권리침해를 '개인의 자유에 대한 범죄' 내지 '헌법에 대한 범죄'로서 파악하였다. 그 이론적 근거는 '사회계약론'인데, "국가는 자유롭고 평등한 근대적 개인의 사회계약을 통한 구성물"이고, 따라서 "국가는 개인의 자유와 권리를 보장하는 기능을 수행한다"는 것이었다. 이러한 근대적 이념을 기초로 근대사회는 국가와 시민(개인)의 관계를 재설정하였던 것이다. 곧이어 1810년 프랑스형법의 직권남용죄 역시, 같은 역사적 맥락에서 '개인의 자유를 침해하는 범죄'이자 '헌법에 반하는 범죄'로서 규정하게 된 것이다. 즉, 계수사적으로 직권남용죄는 공무원의 직무권한 행사의 적정성을 확보하고, 공무원의 직무권한 행사에 의한 시민의 자유와 권리에 대한 침해의 금지를 내용으로 하는 구성요건이다.

따라서 직권남용죄의 본질은 공무원의 국가기능의 공정한 행사를 통한 '시민(국민, 개인)의 자유와 권리의 보호'에 있다. "공무원은 국민전체에 대한 봉사자이며, 국민에 대하여 책임을 진다"(헌법 제7조 제1항).

1) **[결과범]** "형법 제123조의 죄가 기수에 이르려면, '의무없는 일을 시키는 행위' 또는 '권리를 방해하는 행위'가 있었다는 것만으로는 부족하고, 지금 당장에 '피해자의 의무없는 행위가 이룩된 것' 또는 '권리방해의 결과가 발생한 것'을 필요로 한다고 해석해야 법문에 충실한 해석이다"(대판 1978.10.10. 75도2665). 정보계 순경이 직권을 남용하여 증거수집을 위해 회의장소에 '몰래 도청장치를 설치'하였지만, 회의개최 전에 들켜 도청장치가 뜯겼다면, 도청을 못한 이상, '회의진행을 도청당하지 아니할 권리'가 현실적으로 침해된 사실은 없으므로, 직권남용죄의 기수는 인정되지 않는다고 한 사례.

2) **[국가정보원법상 직권남용죄]** 국가정보원법 제11조(직권남용의 금지) ① "원장·차장과 그 밖의 직원은 그 직권을 남용하여 법률에 따른 절차를 거치지 아니하고 '사람'을 체포 또는 감금하거나 다른 기관·단체 또는 사람으로 하여금 의무 없는 일을 하게 하거나 사람의 권리행사를 방해하여서는 아니 된다."

동법 제19조(직권남용죄) ① "제11조제1항을 위반하여 사람을 체포 또는 감금하거나 다른 기관·단체 또는 사람으로 하여금 의무 없는 일을 하게 하거나 사람의 권리 행사를 방해한 사람은 7년 이하의 징역과 7년 이하의 자격정지에 처한다."

이 아니라 단순히 '직권'으로만 규정하고 있다는 점에서, 반드시 강제력을 수반하는 공무원으로 한정하지 않는다(예: 대통령비서실 민정수석비서관, 재정경제부장관 등). 즉, 본죄에서 "일반적 직무권한은 반드시 법률상의 **강제력을 수반하는 것임을 요하지 아니하며**, 그것이 남용될 경우 직권행사의 상대방으로 하여금 법률상 의무 없는 일을 하게 하거나 정당한 권리행사를 방해하기에 충분한 것이면 된다"(대판 2004.5.27. 2002도6251).

공무원이 퇴임한 경우 퇴임 후에는 직권이 존재하지 않는다. 따라서 "퇴임 후에도 실질적 영향력을 행사하는 등으로 퇴임 전 공모한 범행에 관한 '기능적 행위지배'가 계속되었다고 인정할 만한 특별한 사정이 없는 한, **퇴임 후의 범행에 관하여는 공범**(註 공동정범)**으로서 책임을 지지 않는다**"(위 2018도2236 전합).

(2) 행위: 직권남용, 의무 없는 일을 하게 함 또는 권리행사를 방해

본죄는 '직권을 남용'하여 '사람으로 하여금 의무없는 일을 하게' 하거나 '사람의 권리행사를 방해'하는 것이다. 직권남용 행위와 결과 사이에는 상당인과관계가 인정되어야 한다(위 2018도2236 전합). 이하에서는 '권리의 행사방해' 부분을 '의무없는 일의 강요' 부분에 앞서 먼저 서술한다. 전자(권리방해)가 후자(의무강요)보다 더 넓은 개념폭을 가지고 있기 때문이다(대판 2010.1.28. 2008도27312 전합 참조).

1) 직권남용 본죄는 "공무원이 일반적 직무권한에 속하는 사항에 관하여, 직권의 행사에 가탁(假託)하여 실질적, 구체적으로 위법·부당한 행위를 한 경우에 성립한다"(위 2020도12583). 여기서 '직권남용'이란 "공무원이 일반적 직무권한에 속하는 사항에 관하여, 그 권한을 위법·부당하게 행사하는 것"을 뜻한다(위 2018도2236 전합). '직권'과 '남용'으로 구성된다.

첫째, '직권' 부분이다. 본죄는 "공무원에게 **직권이 존재**하는 것을 전제로 한다"(대판 2020.2.13. 2019도5186). 판례에 따르면 남용의 대상인 '직권'(=직무권한)이란 **'일반적 직무권한'**을 의미한다. 어떤 직무가 '일반적 직무권한'의 범위 내에 속한다고 하기 위해서는, 법령상 근거가 필요한데, 형식적으로 명문의 근거에만 국한할 것이 아니라, 법령과 제도를 종합적·실질적 고찰하여 결정한다(따라서 직무유기죄의 직무보다는 그 인정범위가 좀더 넓다).[1] 예컨대, ⓐ 교육부 공무원이 일반적 감독권

1) [법령상 근거] "어떠한 직무가 공무원의 일반적 직무권한에 속하는 사항이라고 하기 위해서는, 그에 관한 법령상 근거가 필요하다. 법령상 근거는 반드시 명문의 규정만을 요구하는 것이 아니라 명문의 규정이 없더라도 법령과 제도를 종합적, 실질적으로 살펴보아 그것이 해당 공무원의 직무권한에 속한다고 해석되고, 이것이 남용된 경우 상대방으로 하여금 사실상 의무 없는 일을 하게 하거나 권리를 방해하기에 충분한 것이라고 인정되는 경우에는 직권남용죄에서

에 의해 대학당국에 학생의 퇴학처분을 강요한 경우, ⓑ 시청직원이 공익사업자를 선정하면서 친구에게 특혜를 줄 목적으로 다른 신청인에게 불필요하고 불리한 조건을 붙여 스스로 신청을 포기하도록 만든 경우 등은 본죄가 성립한다.

한편, 공무원의 '일반적 직무권한과 무관'한 경우나 '직권을 사칭'한 경우에는 직권남용이 성립될 수 없다. 요컨대, 현행 판례상 **"직권 없이 남용 없다"**는 법리가 형성되어 있다. 즉, ㉠ '일반적 직무권한'이 없는 경우에는 본죄가 성립하지 않는다. 직권남용은 **'지위 이용'**(공무원이 그의 일반적 직무권한에 속하지 않는 행위를 하는 경우)과는 구별된다(위 90도2800)는 것이다.[1] '지위 이용'에 불과한 경우, 즉 남용의 대상인 '일반적 직무권한'이 없는 경우로는, 예컨대, ⓐ 집행관이 채무자를 체포하거나, 세무공무원이 미납세자를 감금하는 경우, ⓑ 국정원 직원이 건축주를 협박하여 약속어음을 받아내는 경우, ⓒ 학교 교직원이 학부모를 불러 등록금을 납부하지 않으면 학생을 감금하고 집에 돌려보내지 않겠다고 하는 경우 등이며, 이 경우 본죄는 성립하지 않고, 단지 체포·감금죄 등 별도의 죄가 성립할 가능성이 있을 뿐이다. ㉡ 나아가 "일반적 직무권한의 범위를 넘는 **'월권행위'**에 관하여도 본죄가 성립하지 않는다"(대판 2022.4.28. 2021도11012).[2] ㉢ '직무와 관련이 없는 행위'에 대해서도 본죄가 성립하지 않는다. "직무와는 상관없이 단순히 개인적인 친분에 근거한 경우까지 본죄가 성립할 수 없다"(대판 2009.1.30. 2008도6950).[3]

[판례사례: '일반적 직무권한'의 존재 여부] i) **['일반적 직무권한' 긍정사례]** 긍정사례로는, ㉠ '대통령 민정수석비서관'이 대통령의 근친관리업무에 관련하여, 농수산물 도

말하는 '일반적 직무권한'에 포함된다"(대판 위 2020도12583).

1) **[지위이용과 구별]** "직권남용은 공무원이 그의 일반적 권한에 속하지 않는 행위를 하는 경우인 지위를 이용한 불법행위와는 구별되며"(위 90도2800).

2) **[월권행위와 구별]** "서울중앙지방법원 형사수석부장판사로 재직하던 피고인이 계속 중인 사건의 재판에 관여하였다는 이유로 직권남용권리행사방해죄로 기소된 사안에서, [㉠] 피고인의 행위는 부당하거나 부적절한 재판관여행위에 해당하나, 재판관여행위가 피고인의 일반적 직무권한에 속하는 사항에 관하여 직권을 행사하는 모습으로 이루어진 것은 아닌 점, [㉡] 피고인의 재판관여행위가 담당재판장, 담당판사의 권한 행사를 방해하였다고 볼 수 없는 점, [㉢] 피고인의 재판관여행위가 담당재판장, 담당판사 등에게 의무 없는 일을 하게 한 것으로 볼 수 없는 점, [㉣] 피고인의 재판관여행위와 결과 사이에 상당인과관계가 인정되지 않는 점 등을 이유로 공소사실을 무죄로 판단한 원심판단을 수긍한 사례"(위 2021도11012).

3) **[개인적 친분과 구별]** "공무원이 직무와는 상관없이 단순히 개인적인 친분에 근거하여 문화예술 활동에 대한 지원을 권유하거나 협조를 의뢰한 것에 불과한 경우까지 직권남용에 해당한다고 할 수는 없다"(위 2008도6950).

매시장 관리공사 대표이사에게 위 시장 내 일부 시설을 당초 예정한 공개입찰이 아닌 수의계약으로 대통령의 근친에게 임대케 한 경우(대판 1992.3.10. 92도116) 및 평소 감사원의 감사업무에 관련된 각종 정보를 수집하여 필요한 경우 감사원의 감사활동을 현실적으로 지시하고 그 조치 결과를 보고받던 중 그러한 직무권한의 행사에 가탁하여 감사원의 주식회사 한국냉장에 대한 감사를 중단케 한 경우(위 92도116), ㉡ '재정경제부 장관'이 (국장을 통해) 경영개선명령을 받은 특정 대기업의 주거래 은행의 은행장에게 개인적 친분이 있는 위 기업을 도와 주기 위한 목적으로 대출을 실행하여 줄 것을 요구하고, 위 요구에 따라 위 은행장이 위 기업에 대하여 대출하도록 한 경우(위 2002도6251. '국가경제 전반, 특히 금융사무에 관하여 포괄적인 권한을 행사하는 위 장관의 일반적 직무권한에 속하는 사항이기 때문'), ㉢ '국가정보원 방첩국장'이 국정원 직원으로 하여금 이른바 '종북좌파'로 규정된 민간인을 사찰하도록 한 경우(대판 2021.3.11. 2019도3596), ㉣ '대통령과 경제수석비서관'이 문화체육분야의 발전을 위한 재단 설립을 위해 자금을 모금하거나 출연하도록 한 경우(대판 2019.8.29. 2018도14303 전합. '형식적·외형적으로 대통령의 일반적 직무권한에 속하는 사항') 등은 남용의 대상인 '일반적 직무권한'이 인정되고, '직권남용죄'에 해당한다.

반면, ii) ['일반적 직무권한' 부정사례] 부정사례로는, ㉠ '대검찰청 공안부장'이 고등학교 후배인 한국조폐공사사장에게 공사의 쟁의행위 등에 관하여 전화로 '직장폐쇄를 풀고 구조조정을 단행하라'고 말한 경우(대판 2005.4.15. 2002도3453. '대검찰청 공안부장은 조폐공사의 쟁의행위·경영에 관하여 어떠한 지시나 명령을 할 수 있는 권한을 가지고 있지 않기 때문'), ㉡ '치안본부장'이 국립과학수사연구소 법의학과장에게 부검소견서가 아닌 고문치사자의 사인에 관한 자신의 기자간담회에 참고할 메모를 작성하도록 요구한 경우(위 90도2800. '위 과장의 메모작성행위가 연구소의 행정업무에 관한 행정상 보고의무라고 할 수 없고, 치안본부장이 위 과장에게 메모를 작성토록 한 행위가 그 일반적 권한에 속하는 사항이라고도 볼 수 없기 때문'), ㉢ '대통령 경호실장'이 전직 대통령의 주거지 마련을 위한 토지를 구입하고 그 토지의 시계확보를 위해 서울시장 등에게 주변 토지를 공용청사부지로 지정하도록 요청한 경우(대판 1994.4.12. 94도128. '경호실장에게는 신체에 대한 호위의 권한만 있고, 국가기관이나 지방자치단체의 장에 대한 협조요청권이 없기 때문'), ㉣ '국방부 근무지원단장'이 국방부 근무지원단 헌병대대에 속한 자로 하여금 해병대 사령관의 비리 사건에 대하여 사실관계를 확인하게 하고 대구지검 포함지청에 내사요청을 하게 한 경우(대판 2014.12.24. 2012도4531. '국방부 근무지원단 헌병대대는 그 관할에 속하는 사건에 대한 수사권한만 가지고 있고, 그 관할을 벗어난 해병대 사령관에 대한 직접적 수사 권한이나 민간 수사기관에 이에 대한 내사를 요청할 권한은 없기 때문'), ㉤ '국가정보원 국장과 기업담당 I/O (Intelligence Officer, 정보 담당관)'이 대기업으로 하여금 특정 보수단체에 자금을 지원하게 한 경우(대판 2019.3.14.

2018도18646. '국정원 국장 등에게는 사기업에 보수단체에 대한 자금지원을 요청할 수 있는 일반적 직무권한이 없기 때문'), ⓗ '대통령이나 경제수석비서관'이 특정 기업에 광고 발주를 요구하는 경우(위 2018도1430) 및 '대통령'이 특정 회사의 미국소송 지원 및 사인의 재산상속과 관련하여 지시하는 경우(대판 2020.10.29. 2020도3972. '사적인 업무지시에 불과하고, 대통령이 국정현안 관리 업무에 대한 일반적 직무권한을 행사하는 모습을 보였다는 정황도 없기 때문') 등은 직권남용죄에 해당하지 않는다.

둘째, '남용' 부분이다. 직권의 '남용'이란 "형식적·외형적으로는 직무집행으로 보이나, 그 실질은 정당한 권한 이외의 행위를 하는 경우를 의미한다"(대판 1991.12.27. 90도2800). 다만, 공무원의 '재량의 범위 내'라고 인정되는 경우에는 사후적으로 공무원의 처리에 부적당한 점이 있었더라도, 직권의 '남용'이라고는 할 수 없다. 나아가, 직권의 '남용' 여부는 ㉠ 구체적인 직무행위의 **목적**, ㉡ 당시 상황에서 그 행위의 **필요성·상당성** 여부, ㉢ 직권 행사가 허용되는 **법령상 요건**의 충족 여부 등 여러 요소를 고려하여 판단하되,[1] 형사처벌의 대상인 직권남용 여부는 기본권 제한에 관한 '**최소침해 원칙**'을 참작하여 엄격 해석해야 한다.[2] 본죄의 객체인 '사람'은 '행위자와 공범자 이외의 모든 타인'을 뜻하므로, **권한남용행위의 상대방**에는 ㉠ '일반 사인(私人)'은 물론, 판례상 ㉡ 행위자의 '부하 공무원' 및 '공공기관의 임직원'까지도 포함된다고 한다. 이러한 실무에 따르면 '공범자'와 '상대방'의 구별과 확정이 중요한 과제로 대두된다.

---

1) [남용 여부] "직권 '남용'에 해당하는지는 [㉠] 구체적인 직무행위의 목적, [㉡] 그 행위가 당시의 상황에서 필요성이나 상당성이 있었는지 여부, [㉢] 직권 행사가 허용되는 법령상의 요건을 충족했는지 등의 여러 요소를 고려하여 결정해야 한다"(위 2020도12583).

2) [직권남용과 형사처벌] "공무원이 위법·부당한 행위를 한 경우 그 위법성의 정도는 불법행위책임에 그치는 경우, 징계사유에 해당하는 경우, 형사처벌사유에 해당하는 경우 등으로 다양하게 나타날 수 있고, 그중 형사처벌은 기본권 침해의 정도가 가장 무거우므로, 공무원의 직무행위가 형사처벌의 대상인 직권남용에 해당하는지 여부는 기본권 제한에 관한 최소침해의 원칙을 참작하여 엄격하게 판단하여야 한다. 구체적 사건에서 직권남용 여부를 판단함에 있어서는, [㉠] 직권 행사의 주된 목적이 직무 본연의 수행에 있지 않고 본인 또는 제3자의 사적 이익 추구나 청탁 또는 불법목적의 실현 등에 있는 경우, [㉡] 권한 행사의 형식을 갖추기 위하여 관련 자료나 근거를 작출, 조작, 은닉, 묵비하는 등의 적극적 또는 소극적 행위가 개입된 경우 등과 같이, [㉢] 직권 행사의 목적과 방법에 있어 그 위법·부당의 정도가 실질적·구체적으로 보아 직무 본래의 수행이라고 평가할 수 없을 정도에 이른 경우라면 직권을 남용하였다고 평가할 수 있을 것이나, 위법·부당의 정도가 그에 미치지 못하는 경우라면 직권남용 해당 여부를 보다 신중하게 판단할 필요가 있다"(대판 2022.10.27. 2020도15105).

[판례사례: 직권의 '남용' 여부] i) [행위의 '목적'] 행위 목적이 첫째, 공익 목적이 아니라 '사적 이익'의 향유를 위한 것인 경우, 둘째, 타인에게 '불이익 또는 부당한 압박'을 가하기 위한 것인 경우, 셋째, '특정인에게 특혜'를 주기 위한 것인 경우에는, 직권의 '남용'이 될 수 있다. 직권남용이 인정된 유죄사례는 이러하다.

첫째, '사적 이익'의 향유를 위한 목적인 경우로는, ㉠ 수사에 관하여 일반적 직무권한을 가진 '검사'가 실제로는 자신의 장인과 관련된 문제의 해결이라는 개인적인 목적을 위하여 수용자를 '소환'(註 정확히는 출석요구)[1]하면서도, 수사 목적이라는 명분을 내세워 교도관에게 '소환'을 요구하여 검사실로 호송하게 한 경우(대판 2006.5.26. 2005도6966), ㉡ '재정경제부 장관'이 (국장을 통해) 자신과 사돈관계에 있는기업에 대한 자금지원을 목적으로 은행장을 상대로 대출실행을 요구한 경우(위 2002도6251) 등이고, '직권남용죄'에 해당한다.

둘째, 타인에게 '불이익 또는 부당한 압박'을 가하기 위한 목적인 경우로는, ㉠ '대통령 정무수석비서관'이 (대통령, 비서실장 등과 공모하여) 한국문화예술위원회 등 공모사업에 관하여 특정 개인과 단체를 배제하는 행위에 가담한 경우(위 2018도2236 전합) 등이고, '직권남용죄'에 해당한다.

셋째, '특정인에게 특혜'를 주기 위한 목적인 경우로는, ㉠ '시흥시의 자치행정국장'이 업무담당자에게 허가요건을 갖추지 못한 자신의 친척 명의의 축사신축을 허가해주도록 종용한 경우(대판 2004.10.14. 2004도2899), ㉡ '대통령비서실 정책실장'이 담당공무원으로 하여금 (특별교부세 교부대상이 아닌) 특정 사찰의 증·개축 사업을 지원하는 특별교부세 교부신청 및 교부결정을 하게 한 경우(대판 2009.1.30. 2008도6950) 등이고, '직권남용죄'에 해당한다.

ii) ['필요성과 상당성'] 직권행사의 실질적인 필요성이 없거나 그 상당성을 초과한 경우에도, 직권의 '남용'이 될 수 있다. 판례상 필요성·상당성이 결여되었다고 보아, 직권남용이 인정된 유죄사례들은, 크게 3유형으로 분류된다. 이는 첫째, 지휘감독관계에 있는 사람에게 '적법하게 진행중인 업무'를 부당하게 중단시킨 경우, 둘째, 지휘감독을 빌미로 '특정대상에 대한 업무결정'을 부당하게 번복시킨 경우, 셋째, '특정인에 대한' 부당한 지원 또는 지원배제를 요구하는 경우이다.

첫째, 지휘감독관계에 있는 사람에게 '적법하게 진행중인 업무'를 부당하게 중단시킨 경우로는, ㉠ '검찰의 고위간부(대검찰청 차장검사)'가 내사담당 검사로 하여금 내

---

1) [소환과 출석요구의 차이] 수사기관의 피의자 '출석요구'에 대해 '소환'이라는 용어를 사용하는 것은 잘못이다. 소환은 출석의무의 존재를 전제로 하는 것인데, 피의자는 수사기관에 대해 출석의무가 없기 때문이다. 참고로, 형사소송법은 공판기일에 출석의무가 있는 피고인에 대해서는 '소환'하고(73·74·76①), 피고인과 달리 공판기일에 출석의무가 없는 검사·변호인 등의 소송관계인에 대해서는 소환을 하는 대신 공판기일을 '통지'하도록 규정하고 있다(267③). 이에 대해서는 대판 2018.11.29. 2018도13377 참조.

사를 중도에서 그만두고 종결처리하도록 한 경우(대판 2007.6.14. 2004도5561), ㉡ 상급 경찰관이 현재 수사중인 부하 경찰관의 수사를 중단시키고 사건을 다른 경찰관서로 이첩하게 한 경우(위 2008도7312), ㉢ '대통령실 교육문화수석비서관'이 행정관을 통해 특정 대학교의 현장실사조사를 중단하게 한 경우(대판 2016.11.10. 2016도6299) 등이고, '직권남용죄'에 해당한다.

둘째, 지휘감독을 빌미로 '특정대상에 대한 업무결정'을 부당하게 번복시킨 경우로는, ㉠ '재정경제부 장관'이 (국장을 통해) 경영개선명령을 받은 특정 대기업의 주거래은행의 은행장에게 신규대출 기피를 번복하여 대출을 실행하여 줄 것을 요구한 경우(위 2002도6251) 등이고, '직권남용죄'에 해당한다.

셋째, '특정인에 대한' 부당한 지원 또는 지원배제를 요구하는 경우로는, ㉠ '대통령비서실장'이 문화예술계가 좌편향되어 있어 이에 대한 시정이 필요하다는 대통령의 뜻에 따라 수석비서관실과 문체부에 문화예술진흥기금 등 정부 지원을 신청한 개인·단체의 이념적 성향이나 정치적 견해 등을 이유로 지원배제를 지시한 경우(위 2018도2236 전합) 등이고, '직권남용죄'에 해당한다.

[판례의 '지위 이용 불법행위 배제'에 대한 비판] i) [판례의 해석론] 판례는 직권남용죄가 성립하기 위해서는 남용할 직권이 존재해야 한다고 해석함으로써, 단지 '지위를 이용한 불법행위'의 경우에는 직권남용죄의 성립을 부정하고 있다. 즉, "별도의 입법이 없는 이상 현행법의 해석만으로 공무원의 직무권한에 속하지 않는 행위를 직권남용죄로 처벌하기는 어렵다"(대판 2021.3.11. 2020도12583). 이른바 '직권 없이 남용 없다' 또는 '지위 이용은 범죄가 아니다'라는 해석공식을 확고하게 견지하고 있는 것이다.

그리하여 직권남용 불법행위보다 실질적 불법과 비난가능성이 오히려 더 큰 '지위남용 불법행위'에 대해 형법적 공백을 방치하는 결과가 되고 말았다.

ii) [새로운 해석론적 시도] 판례의 해석론을 교정하는 다양한 해석론적 시도들이 적극적으로 모색되고 있다. 직권남용 문언의 해석과 관련하여, 크게 준월권적 남용을 포함하는 견해(준월권적 직권남용설), 지위에 수반된 직무권한으로 보는 견해(지위수반 직권남용설), 목적과 수단 관계 여부를 고찰하는 견해(목적–수단관계 기준설), 외관상 국민의 신뢰를 기준으로 하는 견해(외형·외관 기준설) 등이 그것이다. 이들 견해는 서로 상이한 논거로써 판례의 해석론의 부당성을 지적하고 있다는 점에서는 차이가 있으나, 지위 남용 행위가 직권남용에서 배제되는 것은 타당하지 않다는 점에서는 결론적으로 모두 일치한다. "직권 없는 공무원은 없다."

그러나 형법학자의 견해는 무권해석(無權解釋)이다. 무권해석의 논리적 정합성을 외면한 유권해석(有權解釋, 사법적 판단) 앞에서, 학계의 논의는 실효성의 한계 문제에 봉착할 수밖에 없다.

2) '권리'행사의 방해 여기서 '권리'란 반드시 "법률에 명기된 권리에 한하지 않고, '**법령상 보호되어야 할 이익**'이면 충분하고, **공법상의 권리**인지 **사법상의 권리**인지는 불문한다"(위 2021도11012).

판례는 여기서의 '권리'에 다른 공무원의 '권한'도 포함된다고 한다(특히 대판 2010.1.28. 2008도7312 등).[1] 그러나 이는 '권한'과 '권리'가 엄격히 구분된다는 점에서, 문언의 한계를 넘는 유추적용이라고 본다(죄형법정주의 위반). 즉, ㉠ '권리'란 일정한 이익을 누릴 수 있도록 법이 인정하는 힘이고, '권한'이란 법령 또는 정관상 타인에 대해 일정한 법률효과를 발생케 하는 법률상의 자격 또는 지위이다. 권리는 상대방의 의무를 전제로 하나, 권한은 반드시 의무를 전제한 개념은 아니다. ㉡ "공무원이 직무를 수행할 수 있는 것은 법령이 당해 공무원에게 부여한 '권한'이지 공무원 개인에게 부여된 '권리', 즉 주관적 공권이 아니다"(헌재 2005.5.26. 2002헌마699 등). 또한, ㉢ 직권남용죄는 계수사적으로 공무원의 권한남용에 의한 '시민의 자유와 권리'에 대한 침해의 금지를 내용으로 하는 구성요건이다.

그리고 '권리행사를 방해한다'는 것은 법령상 인정된 권리의 정당한 행사를 방해하는 것을 말한다. 다만, "**구체화된 권리의 현실적 행사**가 **방해**된 경우라야 한다"(대판 2006.2.9. 2003도4599). 따라서 공무원의 직권남용이 있더라도, 구체화된 권리의 현실적 행사에 저해가 없다면 본죄는 성립하지 않는다(미수 불벌). 예컨대, ⓐ 검사가 고발사건에서 불기소결정을 한 경우 고발인의 (구체화된) 권리행사가 방해된 것은 아니고(대결 1986.6.30.자 86모12), ⓑ 경찰관이 진정사건에서 내사종결한 경우 진정인의 권리행사가 방해된 것도 아니다(대결 2005.2.1.자 2004모542).

3) '의무 없는 일'의 강요실행 여기서 '의무'란 **법률상 의무**를 가리키고, 단순한 심리적 의무 또는 도덕적 의무는 이에 해당하지 않는다(위 90도2800). 그리고 '의무 없는 일을 하게 한다'는 것은 법률상 전혀 의무 없는 일을 하도록 하는 것뿐만 아니라, 법률상 의무 있는 일이라도 의무의 내용을 불리하게 또는 **과중하게 변경**하는 것을 포함한다. 예컨대, ⓐ 불법으로 과중한 납세액을 과하거나, ⓑ 필요 없는 조건을 부가하거나 의무이행의 시기를 늦추는 것, ⓒ 관내 업

---

1) [사법농단과 권리행사방해 여부] "서울중앙지방법원 형사수석부장의 재판관여행위와 관련하여, 법관의 독립된 심판권한이나 재판장의 소송지휘권은 본죄의 '권리'에는 해당하지만, 각 담당재판장과 담당판사는 담당재판부의 논의·합의를 거쳐 혹은 동료판사들의 의견을 구한 다음, 독자적인 판단과 책임 아래 권한을 행사하였고, 피고인의 요청 등을 지시가 아닌 권유나 권고 등으로 받아들인 점 등에 비추어, 그 재판관여행위가 담당재판장 등의 권한행사를 방해하였다고 볼 수 없다"(위 2021도11012).

소에 정기상납 또는 떡값·전별금을 요구하는 것 등은 이에 해당한다. 의무 없는 일에 해당하는지는 직권을 남용하였는지와 별도로, 상대방이 그러한 일을 할 법령상 의무가 있는지를 살펴 개별적으로 판단해야 한다(대판 2020.12.10. 2019도17879). 이때 유념할 2개 판례가 있다.

[실무담당자의 보조와 '의무 없는 일'의 강요 여부] "[㉠] 공무원이 자신의 직무권한에 속하는 사항에 관하여 실무 담당자로 하여금 직무집행을 보조하는 사실행위를 하도록 하더라도 이는 공무원 자신의 직무집행으로 귀결될 뿐이므로 원칙적으로 의무 없는 일을 하게 한 때에 해당한다고 할 수 없다. 그러나 [㉡] 직무집행의 기준과 절차가 법령에 구체적으로 명시되어 있고 실무 담당자에게도 직무집행의 기준을 적용하고 절차에 관여할 고유한 권한과 역할이 부여되어 있다면 실무 담당자로 하여금 그러한 기준과 절차를 위반하여 직무집행을 보조하게 한 경우에는 '의무 없는 일을 하게 한 때'에 해당한다. 공무원의 직무집행을 보조하는 실무 담당자에게 직무집행의 기준을 적용하고 절차에 관여할 고유한 권한과 역할이 부여되어 있는지 여부 및 공무원의 직권남용행위로 인하여 실무 담당자가 한 일이 그러한 기준이나 절차를 위반하여 한 것으로서 법령상 의무 없는 일인지 여부는 관련 법령 등의 내용에 따라 개별적으로 판단하여야 한다"(대판 2020.1.9. 2019도11698).

[직권남용행위의 상대방과 '법률상 의무' 여부] "[㉠] 직권남용 행위의 상대방이 '일반 사인'인 경우 특별한 사정이 없는 한 직권에 대응하여 따라야 할 의무가 없으므로 그에게 어떠한 행위를 하게 하였다면 '의무 없는 일을 하게 한 때'에 해당할 수 있다. 그러나 [㉡] 상대방이 '공무원'이거나 법령에 따라 일정한 공적 임무를 부여받고 있는 '공공기관 등의 임직원'인 경우에는 법령에 따라 임무를 수행하는 지위에 있으므로 그가 직권에 대응하여 어떠한 일을 한 것이 의무 없는 일인지 여부는 관계 법령 등의 내용에 따라 개별적으로 판단하여야 한다. 행정기관의 의사결정과 집행과정에서 협조 또는 의견교환 등은 행정의 효율성을 높이기 위하여 필요하고, 일방이 상대방의 요청을 청취하고 자신의 의견을 밝히거나 협조하는 등 요청에 응하는 행위는 특별한 사정이 없는 한 법령상 의무 없는 일이라고 단정할 수 없다. 결국 공무원이 직권을 남용하여 사람으로 하여금 어떠한 일을 하게 한 때에 상대방이 공무원 또는 유관기관의 임직원인 경우에는 그가 한 일이 형식과 내용 등에 있어 직무범위 내에 속하는 사항으로서 법령 그 밖의 관련 규정에 따라 직무수행 과정에서 준수하여야 할 원칙이나 기준, 절차 등을 위반하지 않는다면 특별한 사정이 없는 한 법령상 의무 없는 일을 하게 한 때에 해당한다고 보기 어렵다."(위 2018도2236 전합).

[판례사례: '의무 없는 일'의 형태] i) ['일부 유죄 · 일부 무죄' 사례] (공소사실) '대통령비서실장' 등이 문화체육관광부('문체부') 공무원을 통하여 문화예술진흥기금 등 정부의 지원을 신청한 개인 · 단체의 이념적 성향이나 정치적 견해 등을 이유로 한국문화예술위원회 · 영화진흥위원회 · 한국출판문화산업진흥원('예술위', '영진위', '출판진흥원')이 수행한 각종 사업에서 이른바 좌파 등에 대한 지원배제를 지시함으로써, 예술위 · 영진위 · 출판진흥원 직원들로 하여금 의무 없는 일을 하게 하였다는 직권남용권리행사방해의공소사실로 기소된 사안에서, "[㉠](유죄 부분) 위와 같은 지원배제 지시는 헌법에서 정한 문화국가원리, 표현의 자유, 평등의 원칙, 문화기본법의 기본이념인 문화의 다양성 · 자율성 · 창조성 등에 반하여 헌법과 법률에 위배되므로 '직권남용'에 해당하고, 나아가 위 지원배제 지시로써 문체부 공무원이 예술위 · 영진위 · 출판진흥원 직원들로 하여금 지원배제 방침이 관철될 때까지 사업진행 '절차를 중단'하는 행위, 지원배제 대상자에게 '불리한 사정을 부각시켜 심의위원에게 전달'하는 행위 등을 하게 한 것은 모두 위원들의 독립성을 침해하고 자율적인 절차진행과 운영을 훼손하는 것으로서 예술위 · 영진위 · 출판진흥원 직원들이 준수해야 하는 법령상 의무에 위배되므로 '의무 없는 일을 하게 한 때'에 해당하나, [㉡](무죄 부분) 예술위 · 영진위 · 출판진흥원 직원들로하여금 문체부 공무원에게 각종 '명단을 송부'하게 한 행위, 공모사업 진행 중 수시로 '심의 진행 상황을 보고'하게 한 행위 부분은, 예술위 · 영진위 · 출판진흥원은 사업의 적정한 수행에 관하여 문체부의 감독을 받으므로 일반적으로 지원사업의 진행 상황을 보고하는 등 문체부의 지시에 협조할 의무가 있어 의무 없는 일에 해당하기 어렵다"(위 2018도2236 전합).

ii) ['유죄' 사례] 의무 없는 일의 형태는 구체적으로, 첫째, 법령을 위배하거나 법령상 근거 없는 행위를 하도록 한 경우, 둘째, 형식상 법령의 근거는 있으나 실질적으로는 법령상의 요건을 충족하지 못한 경우가 있을 수 있다. 판례상 직권남용으로 인하여 의무 없는 일을 하게 한 것으로 인정한 유죄사례의 대표적인 경우는 다음과 같다. 즉, ㉠ '국정원장 및 국정원 고위간부'가 국정원 지휘부의 하명사항 처리를 최우선 목표로 하는 '특명팀'을 설치하게 한 후, 실무 담당자들로 하여금 야당 지자체장, 승려, 배우 등에 대한 동향을 수집하게 하는 등 사찰을 지시하고 그 내용을 정리한 보고서를 작성하게 한 경우(위 2020도12583. "국정원장 등의 사찰지시는 명목상 그 행위자들인 국정원 직원의 일반적 직무권한에 속하는 사항에 관한 것이고, 실무 담당자들에게도 직무집행의 기준을 적용하고 절차에 관여할 고유한 권한과 역할이 부여되어 있었으므로, 이를 위반하여 직무집행을 보조하게 하였기에, '의무 없는 일을 하게 한 때'에 해당하며, 그 실무 담당자들은 직권남용의 상대방에 불과할 뿐, 공범이라 볼 수 없다"), ㉡ '국군기무사령관'이 북한군의 사이버 심리전에 대응한다는 명목으로 부대원들에게 온라인 여론조작 트위터 활동을 지시한 경우(대판 2021.9.9. 2021도2030), ㉢ '시장(市長)'이 자신의 인사관리업무를 보좌하는 행정과장과 공동하여, 관련 법령에서 정한 절차에 따라 평정대상 공무원에 대한 평정단위별 서열명부 및 평정순위가 정해졌는데도 평정권자나 실무 담당자 등에게 특정 공무원들에 대한 평정순위 변경을 구체적으로 지시하여 평정단위별 서열명부를 새로 작성하도록 한 경우(대판 2012.1.27. 2010도11884. '평정권자나 확인권자가 아닌 지방자치단체의 장이나 그의 인사관리업무를 보좌하는 자에게는 소속 공무원에게 지시하여 관련 법령에서 정해진 절차에 따라 작성된 평정단위별 서열명부를 특정 공무원에 대한 평정순위를 변경하는 내용으로 재작성하게 할 권한이 없으므로, 이는 평정권자나 실무 담당자 등으로 하여금 의무 없는 일을 하도록 한 것') 등은, '직권남용죄'에 해당한다.

iii) ['무죄' 사례] 판례상 '직권남용으로 인하여 의무 없는 일을 하게 한 것'을 '부정'한 대표적인 무죄사례는 다음과 같다. 즉, ㉠ '법무부 검찰국장'이 검사인사담당 검사로 하여금 부치지청에서 근무하고 있던 경력검사를 다시 부치지청으로 전보시키는 인사안을 작성하게 한 경우(대판 2020.1.9. 2019도11698. "그 실무 담당자도 그 범위에서 일정한 권한과 역할이 부여되어 재량을 가지고 있는데, 경력검사 부치지정 배치제도는 부치지청에서 근무한 경력검사를 차기 전보인사에서 '배려'한다는 내용에 불과하고 '반드시 지켜야 할 일의적·절대적 기준'은 아니므로, 인사담당 검사가 위 인사안을 작성한 것은 법령상 '의무 없는 일'을 한 것으로 볼 수 없다"), ㉡ '지방자치단체장'이 승진후보자명부 방식에 의한 5급 공무원 승진임용 절차에서, 미리 승진후보자명부상 후보자들 중에서 승진대상자를 실질적으로 결정한 다음 그 내용을 인사위원회 간사, 서기 등을 통해 인사위원회 위원들에게 '승진대상자 추천'이라는 명목으로 제시하여 인사위원회로 하여금 자신이 특정한 후보자들을 승진대상자로 의결하도록 유도한 경우(대판 2020.12.10. 2019도17879. "인사위원회 사전심의 제도의 취지에 부합하지 않다는 점에서 바람직하지 않다고 볼 수 있지만, 그것만으로는 '직권의 남용' 및 '의무 없는 일을 사게 한 경우'로 볼 수 없다. 후보자들 중에서 승진대상자를 결정할 최종적인 권한은 임용권자에게 있으므로, 임용권자가 인사위원회의 심의·의결 결과와는 다른 내용으로 승진대상자를 결정하여 승진임용하는 것이 허용되는 이상, 미리 의견을 제시하는 것이 위법하다고 볼 수 없기 때문") 등은, 직권남용죄에 해당하지 않는다.

[판례의 '권리와 권한의 혼동'에 대한 비판] i) [판례의 해석론] 판례는 직권남용죄에서의 '권리'에는 다른 공무원의 '권한'까지도 포함된다고 한다. 또한 그 연장선상에서, 직권남용의 상대방인 '사람'에는 일반 사인(私人)은 물론, 부하 공무원 등 '다른 공무원'까지도 포함된다고 한다.

나아가 판례는 직권남용의 상대방이 다른 공무원인 경우에도 '의무없는 일의 강요'로 인한 직권남용죄의 성립 가능성을 인정하고 있다. 즉, 행정조직 내부에서 공무원 상호간의 업무지시 또는 협조요청 등과 관련하여, 상급 공무원이 부하 공무원의 '권한' 행사를 방해한 것을 '의무없는 일의 강요'로 본죄를 적용하고 있다.

ii) **['권리'의 행사방해: '권리와 권한의 혼동'에 대한 비판]** 법률용어상 권리(right)와 권한(authority)은 명확히 구별되는 개념이다. 우선, 권리(Recht)는 "일정한 이익을 누릴 수 있게 하기 위하여 법이 인정하는 힘"(法的 힘, Rechtmacht)이며, 오늘날 가장 유력한 학설(권리법력설)이다. 권리의 반면은 의무이며, 권리와 의무는 서로 대응하는 것이 보통이다. 즉, 어떤 사람에게 권리가 인정된다는 것은 누군가는 의무를 부담하게 된다. 이러한 권리는 공법상의 권리, 즉 공권(公權)과 사법상의 권리, 즉 사권(私權)으로 분류된다.

반면, 권한(Kompetenz, Befugnis)이란 "타인을 위하여, 그 자에 대하여 일정한 법률효과를 발생케 하는 행위를 할 수 있는 법률상의 자격"을 말한다. 예컨대, 대리인의 대리권, 법인이사의 대표권, 사단법인 사원의 의결권 등이다. 권한은 일정한 자격 또는 지위라는 점에서 권리와는 달리 반드시 상대방의 의무를 전제로 하지는 않는다. 나아가, 권한의 사전적 의미가 '권력이 미치는 범위'라는 점에서, 권한(權限)이라는 말 자체가 언어상 '권능(權)의 한계(限)'라는 말의 줄임말이다. 즉, 권한이라는 용어 자체에는 이미 그 남용의 가능성이 내재되어 있는 것이다. 그래서 "권리의 행사에는 이익이 따르지만, 권한의 행사에는 책임이 따른다". 이러한 권한 역시, 공법상의 권한(Kompetenz)과 사법상의 권한(Befugnis)으로 분류된다. 법치국가에서 모든 공법상 권한에는 그 행사에 일정한 한계가 존재하며, 그 한계를 일탈하는 공무원의 권한 행사는 강력한 통제의 대상이 된다. 헌법상 "공무원은 국민전체에 대한 봉사자이며, 국민에 대하여 책임을 진다"(헌법 제7조 제1항)는 것은 근본규범이기 때문이다.

일찍이 헌법재판소 결정에서도 '공무원의 권한은 권리가 아니다'라는 명제가 이미 명시적으로 언급된 바 있다. 즉, "공무원이 직무를 수행할 수 있는 것은 법령이 당해 공무원에게 부여한 '권한'이지 공무원 개인에게 부여된 '권리', 즉 주관적 공권이 아니다. 국가는 그 과제를 효율적으로 수행하기 위하여 조직을 구성하고 국가권력을 배분한다. 공무원의 직무수행권은 바로 위와 같은 국가의 객관적 권한배분 내지 조직구성권의 행사의 결과로 주어진 '권한'(Kompetenz)이며 공무원 개인이 국가에 대하여 요구할 수 있는 주관적 공권이라고 볼 수 없다"(헌재 2025.5.26. 2002헌마699)는 것이다.

그 결과, 적어도 대법원 판례는 '권한'과 '권리'조차도 제대로 구분하지 못한다는 비판에서 결코 자유로울 수 없다. 문제는 판례의 이러한 오류가 단순히 '표현상의 오류' 또는 '표시상의 착오'에 그치지 않는다는 점에 그 문제의 심각성이 있다. 공무원의 다른 공무원에 대한 그 '권한' 행사의 방해까지도, 즉, 공무원조직 내부에서의 공무원 상호간의 '권한' 침해의 문제까지도, 직권남용죄의 처벌대상에 포함시키고 있기 때문이다.

iii) **['의무없는 일'의 강요에서 '의무'의 의미]** 판례는 행정조직 내부의 공무원 상호간의 권한의 배분 등 권한을 둘러싼 갈등 사안을 '하급 공무원의 권리·의무 관계에 대한 침해' 문제로 치환하여 적용하고 있다.

일반적으로 의무란 법률상의 구속, 즉 의무자의 의사와는 관계없이 반드시 따라야 하는 것으로, 법에 의하여 강요되는 것을 말한다. 내용적으로는 작위를 강요당하는 것과 부작위의 구속을 받는 것이 있다. 의무란 권리의 반면이며, 권리와 의무는 서로 대응하는 것이 보통이다.

그런데 직권남용죄의 '의무없는 일의 강요'에서 말하는 '의무'란 기본적으로 권리의 반면으로서의 의무이고, 나아가 공법상 의무라도 이는 개인(국민, 私人)이 '국가에 대한 관계에서' 법에 의해 강요되는 것을 말하는 것이다. 그러나 행정조직 내부에서 하급 공무원의 복종의무는 보통 이를 의무라고 하지만, 이러한 것은 본래의 의무가 아니다. 즉, 그러한 의무에 위반하면 징계처분 등 일정한 불이익을 받게 되지만, 그렇다고 해서 본래의 의무위반의 경우와 같이 소(訴)나 강제집행으로 실현되거나 또는 손해배상의무를 발생케 하지는 않는다.

특히, 앞서 본 바와 같이, 직권남용죄는 계수사적으로 공무원의 직무권한 행사에 의한 시민의 자유와 권리에 대한 침해의 금지를 내용으로 하는 구성요건이고, 공무원 상호간의 '권한' 침해의 문제를 보호법익으로 하는 범죄유형이 아니다.

iv) [**유추적용**: 죄형법정주의 위반] 판례는 '권리'와 '권한'을 구분하지 못한 채 양자를 혼동한 나머지 직권남용죄의 '권리' 문언에 '권한'도 포함되고, '사람의 권리' 문언에 '다른 공무원의 권한'도 포함된다고 하여 직권남용죄의 처벌대상을 확대하고 있다. 이는 '사람의 권리'라는 '문언의 가능한 의미'를 벗어난 피고인에게 불리한 '유추적용'으로서, 형법해석에서는 허용되지 않는다. 나아가 판례는 그 연장선상에서 행정조직 내부에서의 공무원 상호간의 '권한' 배분의 문제를 '의무있는 일'과 '의무있는 일' 여부의 문제로 치환하여 형법상 '의무없는 일의 강요'로 인한 직권남용죄의 처벌대상을 확대하였다. 이는 행정조직 내부의 '권한' 배분을 둘러싼 '권한' 침해 여부의 갈등 문제를 '하급 공무원의 권리·의무 관계에 대한 침해'의 문제로 유추적용한 것에 다름 아니다.

유추적용은 가벌성이 입법되지 않았음에도 처벌하는 것이고, 명확성 원칙을 통한 수범자의 예측가능성 보장에도 반하며, 사법에 의한 입법권의 침해이자 해석의 한계를 넘어 입법의 범위를 넘나드는 것이 되어 법치국가에서 허용될 수 없다. 판례의 해석론은 법률문언의 '유추적용'으로 가벌성의 범위를 확장함으로써 '죄형법정주의 위반'이라는 중대한 문제가 있다.

그 결과, 우리나라 행정조직의 직무행위 전반이 직권남용죄의 적용대상이 됨으로써, '적극행정의 위축'이라는 심각한 후폭풍을 초래하고 말았다.[1)]

1) [**통계**] 2017년 이른바 국정농단 사태 이후 직권남용죄와 관련된 고소·고발이 폭증하면서, 많은 공무원들이 직권남용죄로 수사받게 되었고, 직권남용죄로 처벌받는 공무원의 숫자도 증가하였다. 통계상으로 보면, 검찰의 직권남용죄 접수 건수는 2016년 4,586건이 이른바 국정농단

(3) 고의와 기수시기

1) 고의 본죄가 성립하기 위해서는 ㉠ 직권을 남용한다는 점, ㉡ 타인으로 하여금 의무 없는 일을 하게 하거나 타인의 권리행사를 방해한다는 점, ㉢ 그로 인해 '의무 없는 일의 실행' 또는 '권리행사의 방해'라는 현실적인 결과발생에 대한 인식과 의사가 필요하다. 예컨대, i) 이러한 고의가 결여된 경우 본죄는 성립하지 않는다. ⓐ (교도소 접견업무를 담당하던) 교도관이 접견신청에 대해 구 행형법(18②)[1]의 '필요한 용무'가 있는 때에 해당하지 않는다고 판단하여 접견신청을 거부한 경우 (단지 접견신청거부행위의 위법성에 대한 인식이 없었던 것이 아니라) 애당초 직권남용에 대한 범의 자체가 없어 본죄가 성립하지 않는다(대결 1993.7.26.자 92모29). ⓑ 사법경찰관이 현행범체포 당시 '그 요건 충족 여부에 관한 판단이 현저하게 합리성을 잃지 않은 경우' 재량에 따른 체포가 적법하다. 그러나 ii) 사법경찰관이 (체포 당시 상황을 고려하여 경험칙에 비추어 현저하게 합리성을 잃지 않은 채 판단하면 체포 요건이 충족되지 아니함을 알 수 있었는데도) 자신의 **재량 범위를 벗어난다는 사실**을 인식하고 이를 용인한 채 사람을 체포하여 권리행사를 방해한 경우라면, (직권남용체포죄 외에) 본죄가 성립한다(대판 2017.3.9. 2013도16162).

2) 기수시기 본죄는 직권남용 행위만으로 곧바로 성립하는 것이 아니다. "직권을 남용하여, 현실적으로 다른 사람이 법령상 의무 없는 일을 하게 하였거나, 다른 사람의 구체적인 권리행사를 방해하는 '결과'가 발생하여야 성립하고, 그 결과의 발생은 직권남용 행위로 인한 것이어야 한다"(위 2018도2236 전합).[2] 즉, "현실적으로 의무 없는 일을 하게 된 때" 또는 "구체화된 권리의 현실적 행사가

사태 이후 2017년 9,188건, 2020년 16,167건(2020년)으로 폭증하였고, 2021년 통계기준 변경 이후에도 2021년 13,500건에서 2023년 28,106건(약 3만명)으로 3년간 다시 폭증하고 있는 것이다. 그리하여 2023년 기준 전체 공무원 범죄에서 가장 많은 비중을 차지한 범죄(전체 공무원 범죄 비중 12.1%)로 집계되고 있다. 그 결과, 공직사회에서는 기소 여부와 관계 없이 '공무수행을 한 것으로 피의자로 입건되어 수사받는다'는 사실 자체가 많은 공무원들에게 큰 부담으로 작용하고 있다.

1) [구 행형법] 구 행형법(법률 제3289호, 1980.12.22. 일부개정) 제18조(접견과 서신의 수발) ② 친족 이외의 자와의 접견과 서신수발은 필요한 용무가 있을 때에 한한다.

2) [결과범] "'사람으로 하여금 의무 없는 일을 하게 한 것'과 '사람의 권리행사를 방해한 것'은, 형법 제123조가 규정하고 있는 객관적 구성요건요소인 '결과'로서, 이는 '공무원이 직권을 남용하여'와 구별되는 별개의 범죄성립요건이다. 따라서 공무원이 한 행위가 직권남용에 해당한다고 하여 그러한 이유만으로 상대방이 한 일이 '의무 없는 일'에 해당한다고 인정할 수는 없다. 직권을 남용한 행위가 위법하다는 이유로 곧바로 그에 따른 행위가 의무 없는 일이 된다고 인정하면 '의무 없는 일을 하게 한 때'라는 범죄성립요건의 독자성을 부정하는 결과가 되고, '권리행사를 방해한 때'의 경우와 비교하여 형평에도 어긋나게 된다"(위 2018도2236 전합).

방해된 때"에 비로소 기수가 된다(결과범). 본죄는 미수범 처벌규정이 없으므로, 결과발생이 없거나 상당인과관계가 인정되지 않는 경우에는, 처벌할 수 없다. 다만, 그 수단이 폭행·협박인 경우에는 강요죄(324)의 미수범(324의5)이 성립될 수는 있다.

[판례사례: 기수시기] 권리행사방해 여부에 관한 2개의 '무죄'사례가 있다. 즉 ㉠ "본죄가 기수에 이르려면 행위에 결과가 발생한 것을 필요로 하므로, 공무원의 직권남용이 있더라도 현실적으로 권리행사의 저해가 없다면 기수를 인정할 수 없다"(위 75도2665. "정보담당 경찰관이 정당 지구당의 회의장소에 몰래 도청장치를 하였다가, 회의 개회 전에 들켜 뜯김으로써 도청을 못하였다면 회의진행을 도청당하지 아니할 권리(기타 권리)가 침해된 현실적인 사실은 없으므로, 직권남용죄의 기수로 논할 수 없다"), ㉡ "공무원의 직권남용행위가 있더라도, 현실적으로 권리행사의 방해라는 결과가 발생하지 아니하였다면 본죄의 기수를 인정할 수 없다"(위 2003도4599. "정보통신부장관이 개인휴대통신 사업자선정과 관련하여 서류심사는 완결된 상태에서 청문심사의 배점방식을 변경함으로써 직권을 남용하였다 하더라도, 이로 인하여 최종 사업권자로 선정되지 못한 경쟁업체가 가진 구체적인 권리의 현실적 행사가 방해되는 결과가 발생하지는 아니하였다는 이유로 무죄를 선고한 원심의 판단을 수긍한 사례").

(4) 죄수와 타죄관계

1) 죄수: 1개의 직권남용죄 공무원이 직권을 남용하여 '권리행사 방해'와 '의무 없는 일을 하게 한 것'이 경합하는 경우 죄수가 문제된다. 이는 하나의 사실을 각기 다른 측면에서 해석한 것에 불과하므로 하나의 직권남용죄가 성립한다. 예컨대, 상급경찰관이 직권을 남용하여 부하 경찰관의 수사를 중단시키고 사건을 다른 경찰관서로 이첩하게 한 경우 **'권리행사방해로 인한 본죄'**(='수사 중단' 부분)만 성립하고 '의무 없는 일의 강요실행으로 인한 본죄'(='이첩' 부분)는 따로 성립하지 않는다(위 2008도7312). 이는 법조경합의 보충관계라는 입장으로 이해된다. 반면, 직권남용의 상대방이 서로 다른 공공기관인 경우 등에는 포괄1죄가 아니라 각각 별개의 범죄가 성립한다(대판 2020.1.30. 2018도2236 전합).[1]

2) 강요죄와의 관계 공무원이 직권남용으로 폭행·협박을 사용한 경우 본죄와 강요죄의 관계가 문제된다. 본죄는 강요죄의 가중 유형이 아니라 독립된

---

1) [별개 범죄] "대통령비서실장이 직권을 남용하여 서로 다른 공공기관을 통하여 각 기관이 주관하는 사업별로 별도로 실행되도록 한 경우 각 사업수행자별 사업 사이 및 각 연도별 사업 사이에서는, 범의의 단일성과 방법의 동일성을 인정하기 어려우므로, 포괄1죄가 아니라 각각 별개의 범죄가 성립한다"(위 2018도2236 전합).

범죄이므로, 양죄의 '상상적 경합'이 된다(다수설). 판례도 같은 입장이다(대판 2019.8.29. 2018도14303 전합). 법정형도 본죄가 강요죄보다 무겁다.[1)]

한편, "공무원이 그 지위에 기초하여 어떠한 이익 등의 제공을 요구하였다고 해서, 곧바로 그 자금지원 요구를 강요죄의 구성요건인 협박, 즉 '해악의 고지'라고 평가할 수는 없다"(대판 2020.2.13. 2019도5186).

2. 불법체포 · 감금죄

> 제124조(불법체포, 불법감금) ① 재판, 검찰, 경찰 기타 인신구속에 관한 직무를 행하는 자 또는 이를 보조하는 자가 그 직권을 남용하여 사람을 체포 또는 감금한 때에는 7년 이하의 징역과 10년 이하의 자격정지에 처한다.
> ② 전항의 미수범은 처벌한다.

재판 · 검찰 · 경찰 기타 인신구속에 관한 직무를 행하는 자 또는 이를 보조하는 자가, 그 직권을 남용하여 사람을 체포 또는 감금하는 죄이다. 보호법익은 국가기능의 공정성과 신체활동의 자유이고, 보호정도는 침해범이다. 미수범은 처벌하며, **계속범**으로 본다. '직권남용 체포 · 감금죄'라고도 한다.

일반 체포 · 감금죄(276)에 대해 특수공무원이라는 신분으로 형이 가중되는 **부진정신분범**에 해당한다. 따라서 비신분자가 이에 가담한 경우 제33조가 적용되고, 성립 · 과형구별설(판례)의 경우 '죄명'은 본문에 따라 본죄가 성립하고, '과형'은 단서에 따라 일반 체포 · 감금죄의 형으로 처벌된다.

1) 주체 재판 · 검찰 · 경찰 기타 인신구속에 관한 직무를 행하는 자 또는 이를 보조하는 특수공무원이다. 여기서 '기타 인신구속에 관한 직무를 행하는 자'는 '사법경찰관리의 직무를 수행할 자와 그 직무범위에 관한 법률'에 규정된 자(예: 교도소장 · 구치소장 · 소년원장 등)를 말하고, '이를 보조하는 자'는 법원서기, 검찰서기, 사법경찰리와 같은 직무상 보조자를 말한다.

2) 행위: 직권을 남용하여 체포 · 감금 '직권을 남용'하여야 하므로, 직권과 관계 없이 체포 · 감금하였을 때에는 일반 체포 · 감금죄(276)만 성립한다.

체포란 사람의 신체에 현실적인 구속을 가하여 행동의 자유를 빼앗는 것이고, 감금이란 사람을 일정한 장소 밖으로 나가지 못하게 하는 것이다. 물리적 · 유형적 감금뿐만 아니라 **심리적 · 무형적 감금**도 인정된다. 예컨대, 경찰서 안에

---

1) [법정형] 본죄는 5년 이하 징역, 10년 이하 자격정지 또는 1천만원 이하 벌금이고, 강요죄는 5년 이하 징역 또는 3천만원 이하 벌금이다.

서 행동이 자유로운 상태라도 경찰서 밖으로 나갈 수 없는 상태라면, 심리적·무형적 장애에 의한 감금에 해당된다(대결 1991.12.30.자 91모5).

본죄는 **간접정범의 형태**로도 행해질 수 있다. 즉, "(인신구속에 관한 직무를 행하는 자 또는 이를 보조하는 자가) 피해자를 구속하기 위해 **진술조서 등을 허위로 작성**한 후 검사와 영장전담판사를 기망하여 **구속영장을 발부받아** 피해자를 **구금**하였다면, '직권남용감금죄'가 성립한다"(대판 2006.5.25. 2003도3945).

본죄의 예로는, 영장 없이 체포·감금하거나 구속기간이 만료된 이후에도 석방하지 않는 경우를 들 수 있다. 예컨대, ㉠ 즉결심판 피의자를 강제로 경찰서 보호실에 유치시킨 경우(대판 1997.6.13. 97도877), ㉡ 임의동행한 피의자를 조사 후 귀가시키지 않고 그의 의사에 반하여 경찰서 조사실 또는 보호실에 계속 유치시킨 경우(대결 1985.7.29.자 85모16) 등이 대표적인 예이다.

특가법(4의2)에는 제124조·제125조의 죄를 범하여 치상·치사한 경우에 가중처벌하는 규정이 있다.

3) 위법성 여부 인신구속을 담당하는 자가 '법령에 따라' 체포·구속을 한 경우에는 본죄의 구성요건해당성이 배제되고, 체포·감금죄(276)의 구성요건에는 해당하지만 정당행위로서 위법성이 조각된다. 국가적 법익이 대상이므로, '피해자의 승낙'은 본죄의 위법성을 조각할 수 없다.

3. 폭행·가혹행위죄

> **제125조(폭행, 가혹행위)** 재판, 검찰, 경찰 그 밖에 인신구속에 관한 직무를 수행하는 자 또는 이를 보조하는 자가 그 직무를 수행하면서 형사피의자나 그 밖의 사람에 대하여 폭행 또는 가혹행위를 한 경우에는 5년 이하의 징역과 10년 이하의 자격정지에 처한다.

재판·검찰·경찰 그 밖에 인신구속에 관한 직무를 수행하는 자 또는 이를 보조하는 자가, 그 직무를 수행하면서 형사피의자나 그 밖의 사람에 대하여 폭행 또는 가혹행위를 하는 범죄이다. 본죄는 공무원의 인권침해를 근절하고, 헌법상 고문금지(12②)를 실현하기 위한 규정이다. '독직 폭행·가혹행위죄'라고도 한다. 보호법익은 국가기능의 공정성과 신체의 안전이고 보호정도는 추상적 위험범이다.

주체는 불법체포·감금죄에서와 같다. 객체는 형사피의자나 '그 밖의 사람'인데, 피고인·참고인·증인 등 수사·재판절차에서 조사의 대상이 된 사람을 말한다. 행위 중 '직무를 수행하면서'란 '직무를 수행하는 기회에'라는 의미이며, '직권을 남용하여'보다 넓은 개념이다. 다만, 폭행·가혹행위와 직무 사이에 내적·사항적 관련성이 있어야 한다.

폭행이란 광의로 보아 신체에 대한 유형력의 행사를 말하고, 가혹행위란 폭행이나 상해 이외에 정신적·육체적으로 고통을 주는 일체의 행위를 말한다. 고문이 대표적이며, 옷을 벗겨 수치심을 주는 것, 잠을 재우지 않거나 음식을 제공하지 않는 것, 간음·추행하는 것이 포함된다.[1] 구금된 사람을 강간·강제추행한 경우 본죄와 강간·강제추행죄의 상상적 경합이 된다.

특가법(4의2)에는 제124조·제125조의 죄를 범하여 치상·치사한 경우에 가중처벌하는 규정이 있다.

4. 선거방해죄

> **제128조(선거방해)** 검찰, 경찰 또는 군의 직에 있는 공무원이 법령에 의한 선거에 관하여 선거인, 입후보자 또는 입후보자되려는 자에게 협박을 가하거나 기타 방법으로 선거의 자유를 방해한 때에는 10년 이하의 징역과 5년 이상의 자격정지에 처한다.

검찰, 경찰 또는 군의 직에 있는 공무원이, 법령에 의한 선거에 관하여 선거인, 입후보자 또는 입후보자되려는 자에게 협박을 가하거나 기타 방법으로 선거의 자유를 방해하는 범죄이다. 보호법익은 선거의 자유이고, 보호정도는 추상적 위험범이다.

공직선거법에는 검사 또는 경찰공무원의 선거자유방해죄(237②), 군인의 선거자유방해죄(238) 등 특별규정이 있다.

1) 검사 및 검찰수사관의 범죄혐의자들에 대한 폭행과 가혹행위가 직권을 남용한 과도한 물리력의 행사로서 사회통념상 용인될 수 있는 정당행위에 해당한다고 볼 수 없다고 한 사례(대판 2005.5.26. 2005도945).

Ⅳ. 뇌물죄

1. 뇌물죄의 일반이론

(1) 뇌물죄의 의의 및 보호법익

1) 의의 뇌물죄란 공무원 또는 중재인이 직무행위의 대가로 부정한 이익을 취득하는 범죄를 총칭한다. 뇌물죄는 크게, 뇌물을 받는 '수뢰죄'와 뇌물을 주는 '증뢰죄'로 구성된다. '수뢰죄'는 물론 공무원의 직무범죄이다. 반면, '증뢰죄'는 비록 직무범죄가 아니지만, 공무원의 수뢰죄와 밀접한 관련이 있고 서로 대향적 관계에 있으므로, 뇌물죄에서 함께 규정하고 있다.

2) 보호법익 형법상 뇌물죄는 (부정한 직무행위가 있었는지 여부와 상관 없이) 공무원이 뇌물을 수수·요구·약속만 하면 이로써 수뢰죄가 성립하고, 나아가 부정한 직무행위가 있을 경우에는 형이 가중된다. 즉, 뇌물죄는 그 입법방식과 관련하여, 로마법방식을 기본으로 하되, 게르만법방식을 가미하고 있다('혼합주의').[1] 따라서 뇌물죄는 '직무행위의 **불가매수성**'이 주된 보호법익이며, 또한 보호법익이 그에 한정되지 않는다. 판례에 따르면, "뇌물죄는 '공무원의 **직무집행의 공정**과 이에 대한 **사회의 신뢰**' 및 '직무행위의 불가매수성'을 그 보호법익으로 한다"(대판 2001.10.12. 2001도3579. '종합설').[2]

3) 수뢰죄와 증뢰죄의 관계 '필요적 공범관계 여부'와 '총칙상 공범규정의 적용 여부'가 문제된다.

첫째, 수뢰죄와 증뢰죄가 필요적 공범관계인가? 학설은 필요적 공범설(두 죄는 1개 범죄의 양면에 불과하고, 특히 뇌물의 '요구'와 '공여의사표시'도 상대방의 존재를 전제한다는 점에서 필요적 공범이라는 견해. 다만 범인의 신분 유무에 따라 형의 경중을 달리한다고 이해), **이원설**(뇌물의 '수수·공여'와 '약속'은 필요적 공범이나, 뇌물의 '요구'와 '공여의사표시'는 일방적

---

1) [**로마법방식과 게르만법방식**] 로마법방식의 경우 뇌물죄는 '직무행위의 불가매수성'이 본질이고, 공무원의 부정행위가 없더라도 성립된다. 게르만법방식의 경우 뇌물죄는 '직무의 순수성 내지 불가침성'이 본질이고, 공무원의 부정행위가 있는 경우에만 성립된다.

2) [**종합설의 실천적 의미**] 직무행위의 불가매수성 이외에, '직무집행의 공정성 및 이에 대한 사회일반의 신뢰'까지 보호법익으로 추가하는 입장은, 3가지 측면에서 실천적 의미가 있다. 첫째, "공무원이 이익을 수수하는 것으로 인하여 사회일반으로부터 직무집행의 공정성을 의심받게 되는지 여부도 뇌물죄의 성립여부를 판단할 때 기준이 된다"(대판 2014.10.15. 2014도8113). 둘째, 공무원이 다른 직무로 전직한 후 전직 전의 직무와 관련하여 뇌물을 수수한 경우 직무관련성의 범위를 확장할 수 있게 된다. 전직 전의 직무의 공정성에 대한 사회일반의 신뢰를 보호해야 한다는 태도를 취하게 되기 때문이다. 셋째, 뇌물과 직무의 대가관계를 인정하면서 그 대가관계를 포괄적으로 파악할 수 있는 이론적 토대가 된다.

의사표시로도 가능하므로 별개의 독립된 범죄라는 견해) 등이 대립한다. 요컨대, **이원설**이 타당하다(통설). 필요적 공범 여부는 구성요건 자체에 다수인의 참여가 예정되어 있는지 여부를 기준으로 해야 하기 때문이다.

판례도 "뇌물수수죄와 뇌물공여죄는 필요적 공범관계"(대판 1987.12.22. 87도1699)라고 한다. 다만, 두 죄의 성립 여부는 각각 '**분리·독립적**'이라고 한다. 즉 "필요적 공범은 범죄의 성립에 '**행위의 공동**'을 필요로 하는 것에 불과하고, 뇌물'공여'죄가 성립되기 위해 반드시 상대방 측의 뇌물'수수'죄가 성립되어야만 하는 것은 아니다"(위 87도1699)라는 것이다.[1]

둘째, 총칙상의 공범규정은 필요적 공범 사이에는 적용되지 않는다. 즉, 대향범 관계에 있는 '**내부자 상호간**'에는 **총칙상의 공범규정이 적용되지 않는다**. 따라서 **공무원은 수뢰죄**로, **공여자는 증뢰죄**로 각각 처벌될 뿐이며, '공여자'가 '수뢰죄의 공범'으로 처벌될 수는 없다. 한편, '**외부가담자**'에 대해서는 여전히 **총칙상의 공범규정이 적용**된다. 즉, ㉠ 수뢰죄(신분범)에서 외부가담자(비신분자)가 공무원의 수뢰행위에 가담한 경우에는, '제33조 본문이 적용되어' 공동정범 또는 교사·방조범이 성립된다. ㉡ 반면, 증뢰죄(비신분범)에서 외부가담자가 공여자의 증뢰행위에 가담한 경우에는, '제33조의 적용 여지 없이' 공범의 일반원칙에 따라 공동정범 또는 교사·방조범이 성립된다.

(2) 구성요건체계

1) 형법: 수뢰죄·증뢰죄 형법상 뇌물죄는 수뢰죄와 증뢰죄로 나뉜다.

i) [수뢰죄] 기본구성요건은 단순수뢰죄이고, 사전수뢰죄는 감경구성요건, 제3자뇌물공여죄 등은 독립구성요건이다. 수뢰후부정처사죄는 수뢰에 더하여 부정한 행위까지 한 경우 가중처벌하는 가중구성요건이고(부정처사후수뢰죄도 동일), 사후수뢰죄는 사전수뢰죄에 대응하는 구성요건이다. 그 밖에 **알선수뢰죄**는 공무원이 지위를 이용하여 다른 공무원에게 알선하는 행위에 대해, 직무행위에 준하여 규정한 독립구성요건이다.

---

1) [뇌물죄: 공여죄와 수수죄의 분리] "뇌물공여죄와 뇌물수수죄는 필요적 공범관계에 있다. 필요적 공범이라는 것은 법률상 범죄의 실행이 다수인의 협력을 필요로 하는 것을 가리키는 것으로서, 범죄의 성립에는 행위의 공동을 필요로 하는 것에 불과하고, 반드시 협력자 전부가 책임이 있음을 필요로 하는 것은 아니다. 다시 말하면 뇌물공여죄가 성립되기 위하여서는 뇌물을 공여하는 행위와 상대방측에서 금전적으로 가치가 있는 그 물품 등을 받아들이는 행위(부작위 포함)가 필요할 뿐이지 반드시 상대방측에서 뇌물수수죄가 성립되어야만 한다는 것은 아니다"(위 87도1699).

ii) [증뢰죄] 뇌물공여죄(=증뢰죄)는 수뢰죄에 대응하는 구성요건이며, 증뢰물전달죄(=제3자뇌물교부·취득죄)는 그와 독립된 구성요건이다.

<table>
<tr><th>범죄군</th><th colspan="2">개별구성요건</th></tr>
<tr><td rowspan="9">뇌물죄
(직무행위의
불가매수성
및
직무집행의
공정성에 대한
사회의 신뢰)</td><td rowspan="7">수뢰의 죄</td><td>기본: 단순수뢰죄(129①)</td></tr>
<tr><td>감경: 사전수뢰죄(129②)</td></tr>
<tr><td>가중: 수뢰후부정처사죄(131①)</td></tr>
<tr><td>부정처사후수뢰죄(131②)</td></tr>
<tr><td>독립: 제3자뇌물공여죄(130)</td></tr>
<tr><td>사후수뢰죄(131③)</td></tr>
<tr><td>알선수뢰죄(132)</td></tr>
<tr><td rowspan="2">증뢰의 죄</td><td>증뢰죄(133①)=뇌물공여죄</td></tr>
<tr><td>증뢰물전달죄(133②)=제3자뇌물교부·취득죄</td></tr>
</table>

2) 특가법: '수뢰죄'의 가중처벌 특가법은, 수뢰액이 3천만원 이상인 경우 **수뢰액에 따라 가중처벌**(2①)하고, 수뢰죄에 대해 '**수뢰액의 2배 이상 5배 이하의 벌금형을 병과**'(2②)한다.[1] 정부관리기업체의 간부직원을 공무원으로 의제하는 규정(4)도 있다. 그러나 '증뢰죄'에 대한 가중처벌은 없다(주의).

한편, 이른바 공무브로커를 처벌하는 구성요건으로 **알선수재죄**(3)를 두고 있다.[2] 이와 유사한 사건브로커를 처벌하는 구성요건으로 **변호사법위반죄**(동법111①)가 있다. 이러한 알선죄는 알선수뢰죄 부분에서 함께 설명한다.

3) 특경법: 금융회사 임직원의 수재죄 및 이에 대한 증재죄 특경법은 '**금융회사 임직원**'의 수재행위(동법5) 및 이에 대한 증재행위(6)에 대해, 공무원의 뇌물죄와 같은 내용의 구성요건을 두고 있다. 금융회사의 공공성과 국민경제에 미

---

1) [특가법] 제2조(뇌물죄의 가중처벌) ①「형법」제129조·제130조 또는 제132조에 규정된 죄를 범한 사람은 그 수수(收受)·요구 또는 약속한 뇌물의 가액(價額)(이하 이 조에서 "수뢰액"이라 한다)에 따라 다음 각 호와 같이 가중처벌한다.

1. 수뢰액이 1억원 이상인 경우에는 무기 또는 10년 이상의 징역에 처한다.
2. 수뢰액이 5천만원 이상 1억원 미만인 경우에는 7년 이상의 유기징역에 처한다.
3. 수뢰액이 3천만원 이상 5천만원 미만인 경우에는 5년 이상의 유기징역에 처한다.

②「형법」제129조·제130조 또는 제132조에 규정된 죄를 범한 사람은 그 죄에 대하여 정한 형(제1항의 경우를 포함한다)에 수뢰액의 2배 이상 5배 이하의 벌금을 병과(併科)한다.

※ [주의: 제131조의 포함 여부] 형법 제131조가 특가법 제2조에 누락되어 있으나, 그 제1항(수뢰후부정처사)·제2항(부정처사후수뢰)은 당연히 포함되고(대판 2004.3.26. 2003도8077. 문언상 '공무원이 수뢰한 경우'가 이미 포함), 그 제3항(사후수뢰, '퇴직후 수뢰')은 포함되지 않는다(대판 1984.8.14. 84도1139. 형법상 사후수뢰죄만 성립).

2) [특가법] 제3조(알선수재) 공무원의 직무에 속한 사항의 알선에 관하여 금품이나 이익을 수수·요구 또는 약속한 사람은 5년 이하의 징역 또는 1천만원 이하의 벌금에 처한다.

치는 중대한 영향을 감안하여, 공무원 수준의 청렴의무를 부과한 것이다. 금융회사 임직원도 수수액에 따라 가중처벌한다(5④. 특가법과 동일).[1] 이른바 금융브로커를 처벌하는 구성요건으로 **알선수재죄**(7)를 두고 있다.

4) **몰수특례법** '공무원범죄에 관한 몰수특례법'은, 수뢰죄로 취득한 **불법재산**에 대한 몰수 규정(3①)을 두고 있다. '불법수익'(수뢰죄로 얻은 수익)과 '불법수익에서 유래한 재산'을 합친 개념이 '불법재산'(不法財産)이다(2iv). 이때 '불법수익에서 유래한 재산'이란 불법수익의 과실(果實)로서 얻은 재산, 불법수익의 대가로서 얻은 재산, 이들 재산의 대가로서 얻은 재산 등 '불법수익이 변형되거나 증식되어 형성된 재산'(불법수익이 불법수익과 관련 없는 재산과 합하여져 변형·증식된 경우에는 불법수익에서 비롯된 부분으로 한정)을 말한다(2iii).

5) **청탁금지법** '부정청탁 및 금품등 수수의 금지에 관한 법률'은, '직무관련 여부와 관계 없이' 공직자등의 금품수수를 금지한다(8).[2] 공무원이 직무와 관련하여 금품을 수수한 경우에는 뇌물죄가 된다.

---

1) [특경법] 제5조(수재 등의 죄) ① 금융회사등의 임직원이 그 직무에 관하여 금품이나 그 밖의 이익을 수수(收受), 요구 또는 약속하였을 때에는 5년 이하의 징역 또는 10년 이하의 자격정지에 처한다.

② 금융회사등의 임직원이 그 직무에 관하여 부정한 청탁을 받고 제3자에게 금품이나 그 밖의 이익을 공여(供與)하게 하거나 공여하게 할 것을 요구 또는 약속하였을 때에는 제1항과 같은 형에 처한다.

③ 금융회사등의 임직원이 그 지위를 이용하여 소속 금융회사등 또는 다른 금융회사등의 임직원의 직무에 속하는 사항의 알선에 관하여 금품이나 그 밖의 이익을 수수, 요구 또는 약속하였을 때에는 제1항과 같은 형에 처한다.

④ 제1항부터 제3항까지의 경우에 수수, 요구 또는 약속한 금품이나 그 밖의 이익의 가액(이하 이 조에서 "수수액"이라 한다)이 3천만원 이상일 때에는 다음 각 호의 구분에 따라 가중처벌한다.

1. 수수액이 1억원 이상일 때: 무기 또는 10년 이상의 징역
2. 수수액이 5천만원 이상 1억원 미만일 때: 7년 이상의 유기징역
3. 수수액이 3천만원 이상 5천만원 미만일 때: 5년 이상의 유기징역

⑤ 제1항부터 제4항까지의 경우에 수수액의 2배 이상 5배 이하의 벌금을 병과한다.

제6조(증재 등의 죄) ① 제5조에 따른 금품이나 그 밖의 이익을 약속, 공여 또는 공여의 의사를 표시한 사람은 5년 이하의 징역 또는 3천만원 이하의 벌금에 처한다.

② 제1항의 행위에 제공할 목적으로 제3자에게 금품을 교부하거나 그 정황을 알면서 교부받은 사람은 제1항과 같은 형에 처한다.

2) [청탁금지법] 공직자등이 직무 관련 여부 및 기부·후원·증여 등 그 명목에 관계없이, 동일인으로부터 1회에 100만원 또는 매 회계연도에 300만원을 '초과'하는 금품등을 수수한 경우에는, 3년 이하의 징역 또는 3천만원 이하의 벌금에 처한다(22①i).

한편, 공직자등이 직무와 관련하여 대가성 여부를 불문하고, 위 금액 '이하'의 금품등을 수수한 경우에는, 해당 금품등 가액의 2배 이상 5배 이하의 과태료를 부과한다(23⑤i).

[비교: 뇌물죄 · 알선죄 적용범위 (형법 · 특가법 · 특경법)]

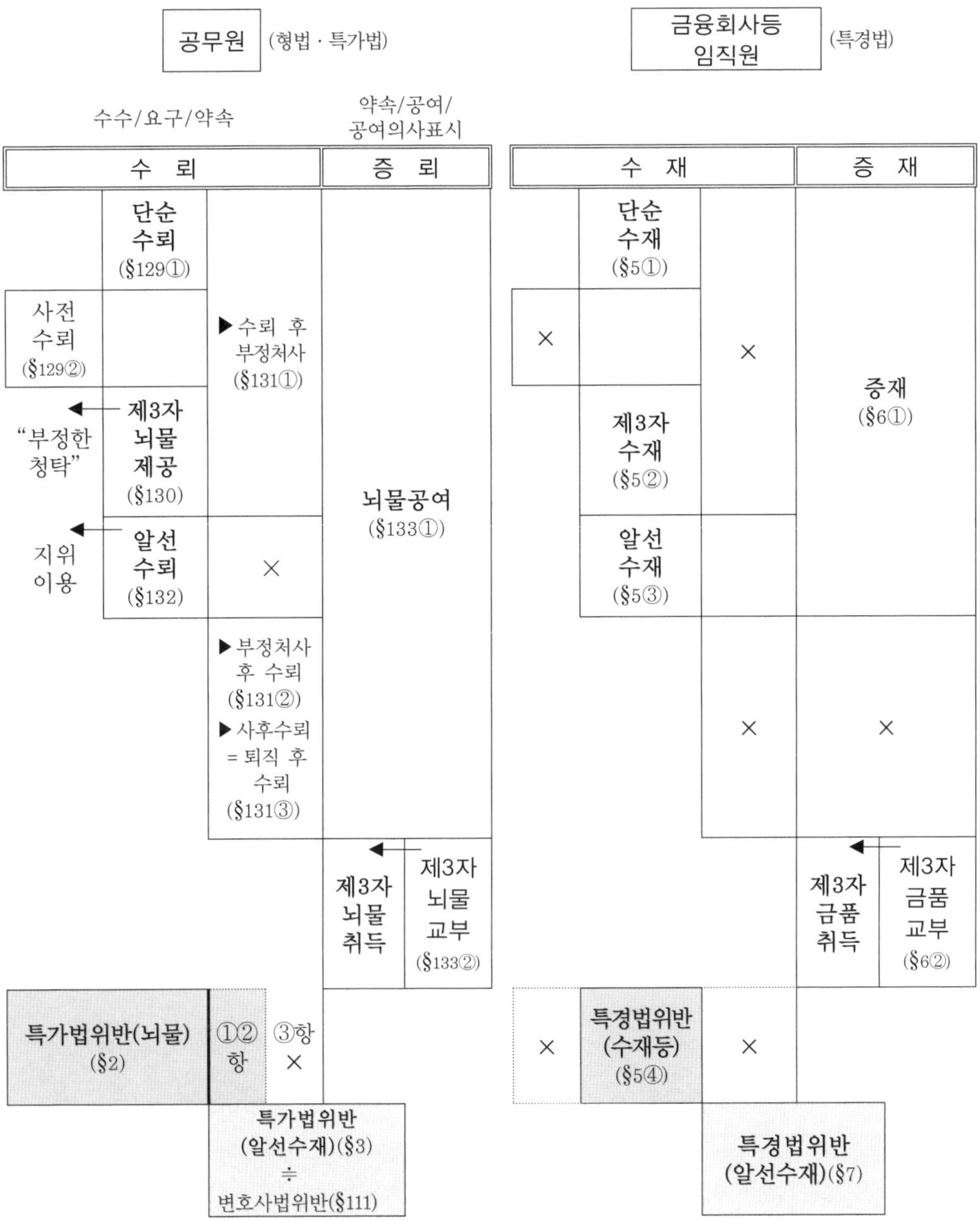

(3) 뇌물의 개념

뇌물죄에서 뇌물은 '직무에 관한 불법한 보수 또는 부정한 이익'을 말한다. 모든 뇌물죄에 공통된 본질적 요소이다. 뇌물의 개념요소, 즉 '직무에 관한'(=직무관련성)과 '부정한 이익'(=대가관계 있는 이익)의 규명이 중요하다.

1) 직무관련성 i) [직무] 직무란 공무원 또는 중재인이 그 지위에 따라 담당하는 일체의 공무를 말한다. 직무의 범위는 직접 법령에 정해진 경우는 물론, 훈령·내규·행정처분·관례 등에 의한 경우를 포함한다. 또한 법령에 직접적인 규정이 없더라도, 관례상 또는 상사의 명령에 의해 사실상 소관하는 일시적 사무도 직무에 해당한다. 직무에 관하여 공무원이 반드시 독립된 결정권한을 가질 필요도 없다. 즉 "[㉠] **관례상 또는 사실상 소관하는 직무** 및 [㉡] 결정권자를 보좌하거나 영향을 줄 수 있는 직무도 포함된다"(대판 1998.2.27. 96도582).

법령상 공무원의 **일반적·추상적 직무권한**에 속하는 것이면 충분하고, 현재 구체적으로 담당하고 있는 사무가 아니라도 무방하다. 즉, "[㉠] 법령에 정하여진 직무뿐만 아니라 그와 관련 있는 직무 외에, [㉡] 과거에 담당하였거나 장래에 담당할 직무,[1] [㉢] 사무분장에 따라 **현실적으로 담당하지 않는 직무**라도, 법령상 일반적인 직무권한에 속하는 이상 포함된다"(대판 2003.6.13. 2003도1060). 직무행위는 작위·부작위를 묻지 않고, 직무행위의 적법·위법 여부와도 상관없다.

그러나 최소한 당해 공무원의 일반적인 권한에 속하는 사무라야 하므로, '직무와 전혀 관계없는 사항'에 관하여는 뇌물이 성립하지 않는다. 예컨대, ㉠ '국립대학교 교수가 부설 연구소 소속 연구원으로서 수행하는 조사용역업무'(어업피해조사. 대판 2002.5.31. 2001도670), ㉡ '서울대학교 의과대학 교수가 서울대학교병원 의사로서 수행하는 진료업무'(진료·진단서 작성·법원의 사실조회에 대한 회신. 대판 2006.5.26. 2005도1904) 등은 '교육공무원의 직무' 또는 그와 관련된 행위라고 볼 수 없다.

ii) [관련성] 뇌물은 직무에 관한 대가 또는 직무에 관한 이익이다. 여기서 '직무에 관하여'란 객관적 직무관련성을 뜻하는 것으로, ㉠ 직무행위 자체는 물

---

1) [장래의 직무] "공무원이 장래에 담당할 직무에 대한 대가로 이익을 수수한 경우에도 뇌물수수죄가 성립할 수 있지만, 그 이익을 수수할 당시 장래에 담당할 직무에 속하는 사항이 그 수수한 이익과 관련된 것임을 확인할 수 없을 정도로 막연하고 추상적이거나, 장차 그 수수한 이익과 관련지을 만한 직무권한을 행사할지 자체를 알 수 없다면, 그 이익이 장래에 담당할 직무에 관하여 수수되었다거나 그 대가로 수수되었다고 단정하기 어렵다"(대판 2017.12.22. 2017도12346).

론, ㉡ 직무행위는 아니지만 **직무와 밀접한 관계가 있는 행위**, ㉢ 객관적으로 보아 직무행위의 외형을 갖추고 있는 행위(예: 직무와 관련하여 사실상 처리하는 행위)도 포함한다. 예컨대, '국회의원이 일정한 의안에 관하여 다른 동료의원에게 작용하여 일정한 의정활동을 **권유·설득**하는 행위'는 국회의원의 직무행위 자체라고 할 수는 없으나, 국회의원의 직무권한 행사와 '밀접한 관계가 있는 행위'로서 그와 관련하여 수수한 금품은 뇌물이 된다(대판 1997.12.26. 97도2609).[1] 그러나 '직무와 관계없는 사적 행위에 대한 이익'은 그것이 비록 집무시간 내 집무장소에서 행해진 경우라도 뇌물이 아니다.

특히 '직무와 **밀접한 관계**가 있는 행위'란 직무상의 직위를 이용하거나 그 직무에 기한 세력을 기초로 공무의 공정에 영향을 줄 수 있는 행위를 말한다. 직무행위가 대체로 법령·훈령·상사의 명령에 의해 결정되는 것이라면, '직무와 밀접한 관계가 있는 행위'란 기존의 직무행위를 이용하여 사실상 직무행위와 같은 **영향력을 행사**할 수 있는 것이면 충분하다. 예컨대, ㉠ 자기와 동일한 권한을 갖고 있는 다른 공무원에게 권유·청탁하는 행위, ㉡ 직무권한은 아니지만 소관사무에 관한 의견이 사실상 존중되고 결정권자의 판단에 영향을 줄 수 있는 경우, ㉢ 기관구성원 사이에 사실상 권한위임을 받거나 공조하여 사무를 취급하는 경우, ㉣ 공무원 본래의 직무집행에 대한 준비적 성격을 띠는 경우, ㉤ 조언적 행정지도나 규제적 행정지도를 하는 경우 등이 그러하다.

iii) [전직 전의 직무] 공무원이 다른 직무로 전직(轉職. 주의: '이직·퇴직' 아님)한 후에 전직 전의 직무에 관하여 뇌물을 수수한 경우에도 직무관련성이 인정된다(통설). 과거의 직무집행에 대한 공정과 이에 대한 사회의 신뢰를 보호할 필요가 있고, **현재 공무원 신분을 가진 자**의 직무가 추상적 직무권한 범위 내(內)인지 여부는, 직무의 공정성에 대한 일반의 신뢰 관점에서 별 차이가 없기 때문이다.

[판례사례: 직무관련성 여부] i) [직무관련성 **긍정사례**] 유죄 사례로는, ㉠ 대통령에게 국책사업의 사업자 선정에 관하여 금품을 공여한 경우(대판 1997.4.17. 96도3377 전합), ㉡ 국회의원이 의정활동과 전체적·포괄적으로 대가관계가 있는 금원을 교부받은 경

1) [직무관련성] "뇌물죄에 있어서 직무에는 공무원이 법령상 관장하는 직무 그 자체뿐만 아니라 그 직무와 밀접한 관계가 있는 행위 또는 관례상이나 사실상 소관하는 직무행위도 포함된다" (위 97도2609). "뇌물죄에 있어서의 '직무에 관하여'라 함은 당해 공무원이 그 권한에 속하는 직무행위뿐 아니라 이와 밀접한 관계가 있는 경우와 그 직무에 관련하여 사실상 처리하고 있는 행위까지도 포함한다"(대판 1982.11.23. 82도1549).

우(대판 1997.12.26. 97도2609), ㉢ 국회의원이 특정협회로부터 '요청받은 자료를 제공'하고 그 대가로서 후원금 명목으로 금원을 교부받은 경우(대판 2009.5.14. 2008도8852), ㉣ 국회 정무위원회 수석전문위원이 소관 기관의 업무에 관한 청탁을 받고 그 대가로서 금품을 수수한 경우(대판 2010.12.23. 2010도10910), ㉤ 시의회 의장이 토지구획정리사업에 대한 시의회 심의와 관련하여 금원을 수수한 경우(대판 1996.11.15. 95도1114), ㉥ 지방의회 의원들이 지방의회 의장선거와 관련하여 금품을 수수한 경우(대판 2002.5.10. 2000도2251), ㉦ 경찰관이 음주운전 피단속자로부터 '운전면허가 취소되지 않도록 해 달라'는 청탁을 받고 금원을 교부받은 경우(대판 1999.11.9. 99도2530) 등이 있다(=직무관련성 인정).

ii) [직무관련성 부정사례] 무죄 사례로는, ㉠ 교육부 소속 공무원이 검정교과서의 내용검토 및 개편수정작업을 의뢰받고 그에 소요되는 비용을 받은 경우(이 업무는 발행자나 저자의 책임에 속하는 것이므로 부정)(대판 1979.5.22. 78도296), ㉡ 법원의 참여주사가 '형량을 감경해 달라'는 청탁과 함께 금품을 수수한 경우(형사사건의 양형은 참여주사의 직무와 밀접한 관계가 있는 사무가 아니므로 부정)(대판 1980.10.14. 80도1373), ㉢ 보안부대 소속 연락관이 경찰서장에게 경찰공무원의 승진을 부탁하고 이에 관하여 금원을 수수한 경우(경찰공무원의 승진 여부는 경찰청의 인사에 관한 고유의 직무에 속하므로 부정)(대판 1983.10.11. 83도425) 등이 있다(=직무관련성 부정).

2) 부정한 이익 i) [이익] 뇌물죄에서 뇌물의 내용인 이익이란, '금전, 물품 기타의 재산적 이익뿐만 아니라 **사람의 수요 욕망을 충족**시키기에 족한 일체의 유형, 무형의 이익'을 말한다(대판 1995.9.5. 95도1269). 재산 · 비재산적 이익, 유형 · 무형의 이익을 불문한다. **투기사업에 참여할 기회**와 같이 일시적 이익(무형)이라도 좋고, 조건부 이익이라도 상관없다. 장차 기대할 수 있는 **기대이익**이라도 무방하다. 따라서 향후 전원주택지로 개발되면 가격이 많이 상승할 것으로 기대되는 토지를 교환으로 받는 것도 이익(무형)에 해당한다.

예컨대, 공무원이 ㉠ 향응을 접대받는 것(대판 2001.10.12. 99도5294), ㉡ 성적 욕구의 충족(대판 2014.1.29. 2013도1393), 이성간의 정교나 성행위 제공, ㉢ 금원을 무기한 무이자로 차용한 경우 그 금융이익(대판 1976.9.28. 75도3607), ㉣ 대출금채무에 연대보증하게 하는 것(대판 2001.1.5. 2000도4714), ㉤ 조합아파트 가입권에 붙은 프리미엄(대판 1992.12.22. 92도1762), ㉥ 투기적 사업에 참여할 기회를 얻는 것(무형의 이익. 위 95도1269), ㉦ 더 비싼 토지를 주고 더 싼 토지를 받는 교환계약에서, 향후 전원주택지로 개발되면 가격이 많이 상승할 것으로 기대되는 토지를 교환으로 받는 것(무형의 이익. 대판 2001.9.18. 2000도5438) 등은 모두 뇌물에 해당한다.

단, 직무에 대한 정당한 보수인 봉급 · 수당 · 여비 등은 뇌물이 아니다.

ii) [대가관계] 뇌물은 직무에 관한 부정한 이익이므로, 직무행위와 사이에 급부와 반대급부라는 **'대가적 관계'**가 있어야 한다. 대가관계는 뇌물죄의 핵심적 요소이다(통설 · 판례). 다만, 여기서 대가관계는, 산술적 의미에서의 급부 · 반대급부 또는 시장원리에 입각한 가격관계가 아니라, 직무행위를 부정한 이익에 대한 **'거래 · 흥정(bargaining)의 대상으로 삼는다'**는 정도의 의미를 갖는다. 몇 가지 쟁점이 있다.

첫째, **포괄적 대가관계**이다. 대가관계는 개개의 직무행위에 대해 구체적 · 개별적으로 형성되지 않더라도, 그 공무원의 직무에 관한 것이기만 하면 일반적 · 포괄적이라도 상관없다. 즉, "개개의 직무행위의 대가적 관계를 고려할 필요가 없으며, 또한 그 직무행위가 특정된 것일 필요도 없다. 전체적 · 포괄적으로 대가관계가 있는 금원을 교부받았다면, 그 금원의 수수가 어느 직무행위와 대가관계에 있는 것인지 특정할 수 없다고 하더라도, 이는 공무원의 직무에 관련된 것으로 보아야 한다"(대판 1997.12.26. 97도2609).[1] 이른바 '포괄적 뇌물개념'이다.

둘째, **사교적 의례와 뇌물의 구별**이다. 사교적 의례(=선물)와 뇌물의 구별이 문제된다. 이에 대해서는 ㉠ 사교적 의례로서의 선물이라도, 직무행위와 대가관계가 인정되는 때에는 뇌물이 된다는 견해, ㉡ 직무행위와 대가관계가 인정되는 경우라도, 사회에서 관행적으로 승인되고 있는 경조부조금 등은 뇌물이 아니라는 견해, ㉢ 직무와 대가관계가 인정되는 한 뇌물이지만, 사회상규에 반하지 않는 행위로서 위법성이 조각된다는 견해 등이 있다.

판례는 사교적 의례에 속한 향응이나 물품의 제공은 뇌물이 아니지만, **대가관계가 인정되는 한** 사교적 의례의 형식을 빌려 수수되더라도 뇌물이 된다는 입장이다. 즉, "직무와 관련 없이 단순히 사교적인 예의로서 하는 증여는 뇌물이라고 할 수 없으나, 직무행위와의 **대가관계가 인정되는 경우**에는 (비록 사교적 예의의 명목을 빌더라도) **뇌물성을** 부정할 수 없다"(대판 1999.7.23. 99도390). 다만, **"사회상**

---

1) [포괄적 대가관계] "뇌물죄는 직무집행의 공정과 이에 대한 사회의 신뢰에 기하여 직무수행의 불가매수성을 그 직접의 보호법익으로 하고 있으므로, 공무원의 직무와 금원의 수수가 전체적으로 대가관계에 있으면 뇌물수수죄가 성립하고, 특별히 청탁의 유무, 개개의 직무행위의 대가적 관계를 고려할 필요가 없으며, 또한 그 직무행위가 특정된 것일 필요도 없다. 국회의원이 직무권한의 행사로서의 의정활동과 전체적 · 포괄적으로 대가관계가 있는 금원을 교부받았다면 그 금원의 수수가 어느 직무행위와 대가관계에 있는 것인지 특정할 수 없다고 하더라도 이는 국회의원의 직무에 관련된 것으로 보아야 한다"(위 97도2609).

규에 비추어 볼 때에 의례상의 대가에 불과한 것이라고 여겨지거나, 개인적인 친분관계가 있어서 **교분상의 필요에 의한 것이라고 명백**하게 인정되는 등의 **특별한 사정**이 있는 경우에는 직무와의 관련성이 없는 것으로 볼 수 있다"(대판 2001.10.12. 2001도3579)라고 한다.[1] 1차적으로는 '대가관계의 유무'에 따라 판단하고, 2차적으로는 '그 정도가 사회상규를 벗어났느냐 여부'에 따라 뇌물성 유무를 판단한다.

셋째, 대가관계의 **판단기준**이다. 공무원이 그 이익을 수수하는 것으로 인하여 '사회일반으로부터 직무집행의 공정성을 의심받게 되는지 여부'도 뇌물죄의 판단기준이 된다(대판 2002.3.15. 2001도970).[2]

넷째, 대가와 사례의 **불가분적 결합**이다. "'직무행위에 대한 대가'로서의 성질과 '직무 외의 행위에 대한 사례'로서의 성질이 **불가분적으로 결합**되어 있는 경우에는 그 **전부**가 불가분적으로 '직무행위에 대한 대가'로서의 성질을 가진다"(대판 2002.8.23. 2002도46).

2. 단순수뢰죄

제129조(수뢰, 사전수뢰) ① 공무원 또는 중재인이 그 직무에 관하여 뇌물을 수수, 요구 또는 약속한 때에는 5년 이하의 징역 또는 10년 이하의 자격정지에 처한다.
※ 특가법 제2조 ② 형법 제129조·제130조 또는 제132조에 규정된 죄를 범한 사람은 그 죄에 대하여 정한 형(제1항의 경우를 포함한다)에 수뢰액의 2배 이상 5배 이하의 벌금을 병과(倂科)한다.

공무원 또는 중재인이 '그 직무에 관하여' 뇌물을 수수·요구 또는 약속하는 죄이다. 수뢰죄의 기본적 구성요건이다. 다른 뇌물죄와 달리, 구성요건상 '**청탁**'

1) **[사교적 의례와 뇌물의 구별]** "공무원이 그 직무의 대상이 되는 사람으로부터 금품 기타 이익을 받은 때에는, (사회상규에 비추어 의례상의 대가에 불과하거나 개인적 친분관계가 있어 교분상의 필요에 의한 것이라고 인정되는 등의 특별한 사정이 없는 한) 직무와 관련이 없다고 볼 수 없으며, 공무원이 직무와 관련하여 금품을 수수하였다면 비록 사교적 의례의 형식을 빌려 금품을 주고받았다 하더라도 그 수수한 금품은 뇌물이 된다"(대판 2002.7.26. 2001도6721; 2008.2.1. 2007도5190 등).

2) **[뇌물성의 판단기준]** "공무원이 얻은 어떤 이익이 직무와 대가관계가 있는 부당한 이익으로서 뇌물에 해당하는지 여부는 그 공무원의 직무내용·직무와 이익제공자와의 관계·쌍방간에 특수한 사적 친분관계가 존재하는지 여부·이익의 다과·이익을 수수한 경위와 시기 등 모든 사정을 참작하여 결정되어야 하고, 뇌물죄가 직무집행의 공정과 이에 대한 사회의 신뢰를 그 보호법익으로 하고 있음에 비추어, 공무원이 그 이익을 수수하는 것으로 인하여 사회일반으로부터 직무집행의 공정성을 의심받게 되는지 여부도 뇌물죄 성부의 판단 기준이 된다"(위 2001도970).

이나 '부정한 행위'는 그 요건이 아니다. 뇌물을 받고 부정행위까지 한 경우라면, 본죄가 아닌 수뢰후부정처사죄(131①)로 가중처벌된다.

본죄의 보호법익은 '직무행위의 불가매수성'과 '직무행위의 공정성에 대한 사회의 신뢰'이고, 보호정도는 '추상적 위험범'이다.

수뢰액이 3천만원 이상이면 특가법이 적용된다(2①). '수뢰액의 2배 이상 5배 이하의 벌금형 병과'(2②)도 적용된다.

(1) 주체: 공무원 · 중재인

1) 공무원 공무원이란 법령에 의하여 국가 · 지방자치단체 또는 공공단체의 사무에 종사하는 자이다. 다만 "노무의 내용이 **단순한 기계적 · 육체적**인 것에 한정된 자는 **제외**한다"(대판 2011.3.10. 2010도14394. '공무집행방해죄의 공무원'도 같다).[1] 개별 법령에서 뇌물죄의 **공무원으로 의제되는** 경우(=의제공무원)도 많다. 예컨대, ㉠ 정부관리기업체의 간부직원(특가법4), ㉡ 지방공사와 지방공단의 임직원(지방공기업법83), ㉢ 재개발 · 재건축 '정비사업조합'의 추진위원장 · 조합임원 · 직원 등(도시정비법134)[2]이 대표적이다.

주의할 점이 있다. ㉠ 뇌물수수 시점을 기준으로 '**현재**' **공무원**이라야 한다. 따라서 앞으로 '공무원이 될 자'(=사전수뢰죄) 또는 이미 '공무원의 지위를 떠난 자'(=사후수뢰죄. 대판 2013.11.28. 2013도10011)라면, 적어도 본죄의 주체는 될 수 없다. 반면, ㉡ '나중에 임용결격자로 밝혀져 **당초의 임용행위가 무효인 경우라도,**

---

1) **[판례: 공무원 여부]** 판례상 '공무원'에 해당한다고 한 사례로는, ㉠ 시 · 구도시계획위원회 위원(대판 1997.6.13. 96도1703), ㉡ 지방의회 의원(대판 1997.3.11. 96도1258), ㉢ 기한부로 채용된 공무원(대판 1971.10.19. 71도1113) 등이 있다.
 반면, ㉠ 집행관사무소의 사무원(대판 2011.3.10. 2010도14394. "집행관과 달리, 그에게 채용되어 업무를 보조하는 자에 불과하므로, 공무원이 아니다"), ㉡ (서울특별시 후생복지심의위원회 위원장에 의해 고용된) 서울시청 구내식당 소속 시간제 종사원(대판 2012.8.23. 2011도12639. "내부규정은 법령이 아니고, 지방공무원법상 계약직 공무원도 아니다")은 '공무원'에 해당하지 않는다.

2) **[판례: 조합임원 여부]** 판례상 '조합임원'에 해당한다고 한 사례(=의제공무원, 뇌물죄성립)로서, ㉠ 법원이 임명한 도시정비조합의 임시이사(대판 2016.10.27. 2016도138), ㉡ 나중에 설립인가 '취소'처분을 받은 조합일지라도, 그 취소 전의 조합임원(대판 2016.6.10. 2015도576. "도시정비법상 조합설립인가의 '취소'는 행정행위의 '철회'에 불과하여 장래효만 있다"), ㉢ 조합임원의 지위를 상실하였으나 여전히 조합임원으로 등기된 상태에서 계속하여 조합임원의 직무를 수행한 자(대판 2016.1.14. 2015도15798) 등이 있다.
 반면, '조합임원'에 해당하지 않는다고 한 사례(=의제공무원 아님, 뇌물죄 아님)로는, ㉠ 조합설립인가 처분이 '무효'라서 처음부터 성립되지 아니한 조합의 조합장 · 이사 · 감사로 선임된 자(대판 2014.5.22. 2012도7190 전합), ㉡ 설령 실질적 경영자라도 임원으로 등기되지 아니한 자(대판 2014.1.23. 2013도9690) 등이 있다.

임용행위라는 외관을 갖추고 실제로 공무를 수행한 자'(대판 2014.3.27. 2013도11357. "공무수행의 공정에 대한 사회의 신뢰 및 직무행위의 불가매수성은 여전히 보호되어야 한다")는, 여전히 본죄의 주체가 된다.

2) 중재인 중재인이란 법령에 의하여 중재의 직무를 담당하는 자를 말한다(예: '중재법'의 중재인, '노동조합 및 노동관계조정법'의 중재위원 등).

(2) 행위: 직무에 관하여 뇌물을 수수 · 요구 · 약속

'직무에 관하여' 뇌물을 수수 · 요구 · 약속하는 것이다. '청탁'이나 '부정한 행위'는 요건이 아니다. 직무관련성과 뇌물은 앞서 설명한 바와 같다.

1) 수수 수수란 받는 것, 즉 뇌물을 '취득'하는 것을 말한다.

첫째, 여기서 취득이란 "뇌물에 대한 '**사실상의 처분권**'을 **획득**하는 것을 의미하고, 뇌물인 물건의 '법률상 소유권'까지 취득해야 하는 것은 아니다"(대판 2019.8.29. 2018도2733 전합).[1] 수수한 장소가 공개된 장소라도 상관 없고, 수수의 동기나 수수한 뇌물의 용도에도 구애받지 않는다(대판 1996.6.14. 96도865. "부하직원들을 위해 소비하였을 뿐 사리를 취한 바 없더라도, 본죄가 성립한다"). 개인적인 용도가 아닌 회식비나 직원들의 휴가비로 소비해도 위법성이 사라지는 것이 아니다(대판 1996.6.14. 96도865). 별도의 요구나 약속이 있어야 할 필요도 없다.

둘째, 수수가 인정되기 위해서는 '**영득의 의사**'가 있어야 한다. "반환할 의사로서 일단 받아둔 데 불과하다면 수수라고 할 수 없다"(대판 1989.7.25. 89도126). "일단 영득의 의사로 뇌물을 수수하였으나, 액수가 너무 많아 후일 이를 반환하였더라도, 본죄가 성립한다"(대판 1985.5.14. 83도2050).

[판례사례: 영득의 의사] i) [영득의사 '부정' 사례] 판례가 영득의사를 부정한 사례(= 무죄)로는, ㉠ 수뢰자가 자발적으로 금품을 교부받았다고 평가할 수 없는 경우(대판

---

1) **[수수: 사실상 처분권의 취득]** "[㉠] 뇌물수수자가 법률상 소유권 취득의 요건을 갖추지는 않았더라도 뇌물로 제공된 물건에 대한 점유를 취득하고 뇌물공여자 또는 법률상 소유자로부터 반환을 요구받지 않는 관계에 이른 경우에는 그 물건에 대한 실질적인 사용 · 처분권한을 갖게 되어 그 물건 자체를 뇌물로 '받은 것'으로 보아야 한다. [㉡] 뇌물수수자가 뇌물공여자에 대한 내부관계에서 물건에 대한 **실질적인 사용 · 처분권한을 취득**하였으나 뇌물수수 사실을 은닉하거나 뇌물공여자가 계속 그 물건에 대한 비용 등을 부담하기 위하여 **소유권 이전의 형식적 요건을 유보**하는 경우에는 뇌물수수자와 뇌물공여자 사이에서는 소유권을 이전받은 경우와 다르지 않으므로 그 물건을 뇌물로 수수하고 공여하였다고 보아야 한다. [㉢] 뇌물수수자가 교부받은 물건을 뇌물공여자에게 반환할 것이 아니므로 뇌물수수자에게 영득의 의사도 인정되고, 뇌물공여자가 교부한 물건을 뇌물수수자로부터 반환받을 것이 아니므로 뇌물공여자에게 고의도 인정된다"(위 2018도2733 전합).

1989.7.25. 89도126. 증뢰자가 금품을 던져놓고 간 경우), ㉡ 뇌물인지 모르고 받았다가 뇌물임을 알고 즉시 반환하거나, 또는 증뢰자가 일방적으로 뇌물을 두고 가므로 나중에 기회를 보아 반환할 의사로 어쩔 수 없이 일시 보관하다가 반환한 경우(대판 2017.3.22. 2016도21536), ㉢ 불우이웃돕기 성금이나 연극제에 '전달할 의사'로 금원을 받은 것에 불과한 경우(대판 2010.4.15. 2009도11146) 등이 있다.

ii) [영득의사 '긍정' 사례] 판례가 영득의사를 긍정한 사례(=유죄)로는, ㉠ 수수가 수회에 걸쳐 있는 경우(대판 1991.6.11. 91도413), ㉡ 상당 기간이 경과한 후 반환(대판 1982.11.23. 82도1431. 2개월 경과 후 반환) 또는 청탁이 실현될 수 없게 된 후 반환한 경우(대판 1990.10.30. 90도1752), ㉢ 증뢰자를 믿을 수 없다는 소문을 듣고 후환을 염려하여 반환한 경우(대판 1984.4.10. 83도1499), ㉣ 수수한 것과 다른 금품을 반환한 경우(대판 1984.4.10. 83도1499), ㉤ 반환 기회가 있었음에도 반환하지 않다가 나중에 반환한 경우(대판 1999.1.29. 98도3584), ㉥ 수뢰자가 먼저 뇌물을 요구하여 증뢰자로부터 돈을 받은 경우(대판 2017.3.22. 2016도21536) 등이 있다.

셋째, 수수의 방법에는 제한이 없다. 반드시 공여자와 수뢰자 사이에 직접 수수될 필요는 없다. '제3자 우회 방식'의 하나인 '상환 방식', 즉 제3자가 먼저 공여자를 대신하여 자신의 자금으로 수뢰자에게 지급한 다음, 공여자로부터 그 금액을 상환받는 방식이라도 상관 없다(대판 2008.6.12. 2006도8568). '대행 방식'도 수수로 인정된다.[1)]

2) 요구 요구란 뇌물을 취득할 의사로 상대방에게 그 교부를 청구하는 것을 말한다. 요구는 공무원의 일방적 의사표시이므로, 요구만 있으면 충분하고, 상대방의 현실적인 교부 여부는 문제되지 않는다.

3) 약속 약속이란 "양 당사자 사이의 뇌물 수수의 합의"를 말한다(대판 2007.7.13. 2004도3995). 다만, 그 의사표시는 확정적으로 합치하여야 한다(대판 2012.11.15. 2012도9417). 뇌물의 수수를 장래에 기약하는 것이므로, "약속 당시에, 뇌물이 현존할 필요는 없고, 그 가액이 확정될 필요도 없다"(대판 1981.8.20. 81도698).[2)] 일단 약속이 이루어진 이상 후에 이행하지 않거나 해제의 의사표시를 하더라도 뇌물약속죄는 성립한다.

---

1) [사례: 대행 방식] 예컨대, 새우젓 발송 대행. 즉, 공무원이 업자에게 명단을 보내고, 업자는 마치 공무원이 선물하는 것처럼 자신의 비용으로 새우젓을 택배로 발송한 사안에서, '공무원의 수수'를 인정한 사례(대판 2020.9.24. 2017도12389).

2) [약속죄] "공무원이 건축업자로부터 그가 건축할 주택을 공사비 상당액으로 분양받기로 약속한 경우에는, 매매시가 중 공사비를 초과하는 액수만큼의 이익을 뇌물로서 약속한 것이 되어 뇌물약속죄가 성립한다"(위 81도698).

(3) 고의와 기수시기

1) 고의 본죄의 성립에는 공무원이 직무에 관하여 뇌물을 수수·요구·약속한다는 사실에 대한 '고의'가 있어야 한다. 뇌물, 즉 직무와 관련한 대가라는 점에 대한 인식과 의사가 있어야 한다. 또한 앞서 설명과 같이 **'영득의 의사'**도 추가적으로 필요하다는 것이 통설·판례이다. 즉 "영득의 의사가 없으면 뇌물을 수수하였다고 할 수 없다"(대판 2014.7.24. 2012도3395).

2) 기수시기 뇌물죄는 미수범 처벌규정이 없다. 뇌물을 수수·요구·약속하면 기수가 된다. 예컨대, ㉠ 뇌물로 당좌수표를 수수한 경우 그 즉시 기수가 되고, 수표가 부도라도 본죄 성립에는 영향이 없다(대판 1983.2.22. 82도2694). ㉡ 뇌물로 **투기적 사업에 참여할 기회**를 제공받은 경우 투기적 사업에 참여하는 행위가 종료하면 기수가 된다(대판 2011.7.28. 2009도9122). ㉢ 금전을 무이자로 차용한 경우 **차용 당시**에 금융이익 상당의 뇌물을 수수한 것이 된다(대판 2012.2.23. 2011도7282. '금전을 무이자로 차용한 때'로부터 공소시효 기산).

(4) 공범

공무원 아닌 사람(=비공무원)도 공무원과 **수뢰죄의 공동정범**이 성립할 수 있고, 그 **뇌물이 실제로 비공무원에게 귀속되었더라도** 수뢰죄의 성립에는 영향이 없다. 이 경우 공무원에게 제3자뇌물제공죄는 문제되지 않는다. 공무원과 **공동정범 관계에 있는 비공무원**은 제3자뇌물제공죄의 '제3자'에 해당하지 않기 때문이다(대판 2019.8.29. 2018도13792 전합).[1]

---

1) **[★뇌물수수죄의 공동정범(비공무원)]** "공무원이 아닌 사람(='비공무원')이 공무원과 공동가공의 의사와 이를 기초로 한 기능적 행위지배를 통하여 공무원의 직무에 관하여 뇌물을 수수하는 범죄를 실행하였다면, 공무원이 직접 뇌물을 받은 것과 동일하게 평가할 수 있으므로 공무원과 비공무원에게 '뇌물수수죄(129①)의 공동정범'이 성립한다.

공무원과 공동정범 관계에 있는 비공무원은 제3자뇌물수수죄에서 말하는 제3자가 될 수 없고, 공무원과 공동정범 관계에 있는 비공무원이 뇌물을 받은 경우에는 공무원과 함께 뇌물수수죄의 공동정범이 성립하고 제3자뇌물수수죄는 성립하지 않는다.

공범 중 1인이 금품이나 이익을 주고받았다면, 특별한 사정이 없는 한 이를 주고받은 때 그 금품이나 이익 전부에 관하여 뇌물수수죄의 공동정범이 성립하고, 금품이나 이익의 규모나 정도 등에 대하여 사전에 서로 의사의 연락이 있거나 금품 등의 구체적 금액을 공범이 알아야 공동정범이 성립하는 것은 아니다.

뇌물수수죄의 공동정범이 성립한 이후에 뇌물이 실제로 공동정범인 공무원 또는 비공무원 중 누구에게 귀속되었는지는 이미 성립한 뇌물수수죄에 영향을 미치지 않는다. 공무원과 비공무원이 사전에 뇌물을 비공무원에게 귀속시키기로 모의하였거나 뇌물의 성질상 비공무원이 사용하거나 소비할 것이라고 하더라도 이러한 사정은 뇌물수수죄의 공동정범이 성립한 이후 뇌물의 처리에 관한 것에 불과하므로 뇌물수수죄가 성립하는 데 영향이 없다"(위 2018도13792 전합).

특가법상 수뢰액 산정에서는 '공범자 전원'의 수뢰액을 합산한다(대판 1999.8.20. 99도1557). 몰수·추징의 가액 산정(실제 분배받은 금액만)과는 다르다.

(5) 죄수

1) 포괄1죄 뇌물을 요구·약속한 후 이를 수수한 경우에는 포괄하여 1개의 수수죄만 성립한다(포괄1죄). 한편, "(뇌물을 여러 차례에 걸쳐 수수한 경우) 단일하고도 계속된 범의 아래 동종의 범행을 일정기간 반복하여 행하고 그 피해법익도 동일한 것이라면, 받은 일자가 상당한 기간에 걸쳐 있고, 받은 일자 사이에 상당한 간격이 있더라도, 통틀어 **포괄1죄**가 된다"(대판 2000.1.21. 99도4940). 그러나 "범의의 단일성과 계속성이 인정되지 않는 경우에는, 각 범행마다 **별개의 죄**가 성립하고, 경합범이 된다"(대판 1998.2.10. 97도2836).

특가법상 수뢰액 산정에서 단순1죄와 '포괄1죄'는 그 액수를 '**합산**'하나, 별개의 죄인 경합범은 그 액수를 합산하지 않는다(대판 1990.9.25. 90도1588). 포괄1죄가 형법의 적용에서는 유리한 반면, 특가법의 적용에서는 오히려 불리한 기이한 결과가 된다. 이러한 역전현상을 '**포괄1죄의 딜레마**'라 한다.

2) 제3자 뇌물제공죄와의 관계 공무원 아닌 다른 사람에게 뇌물이 제공된 경우라도, 그 다른 사람이 뇌물받은 것을 '**사회통념상 공무원 자신이 직접 받은 것과 같이 평가할 수 있는 관계**가 있는 경우'(='이익귀속의 동일성')에는 '공무원'의 수수가 된다(대판 2004.3.26. 2003도8077. 즉, '단순 수뢰죄'가 성립한다. 자세히는 다음의 '제3자 뇌물제공죄'에서의 설명 중 '단순수뢰죄와 제3자 뇌물제공죄의 구별' 부분을 참조할 것).[1]

3) 증뢰죄와의 관계 뇌물수수죄와 뇌물공여죄의 관계는 '필요적 공범관계'이나, 이는 범죄의 성립에 '행위의 공동'을 필요로 하는 것에 불과하다(앞서 일반론에서 이미 설명). 따라서 두 죄의 성립 여부는 각각 '분리·독립적'이다. 즉, ㉠ "뇌물'공여'죄의 성립에 반드시 상대방 측의 뇌물'수수'죄가 성립해야 하는 것은 아니다"(위 87도1699. 예: 공무원이 뇌물임을 몰랐던 경우). ㉡ (공여자가) "오로지 공무원을 함정에 빠뜨릴 의사로 직무와 관련되었다는 형식을 빌려 그 공무원에게 금

---

1) [★판례: 이익귀속의 동일성] "공무원이 직접 뇌물을 받지 아니하고 증뢰자로 하여금 다른 사람에게 뇌물을 공여하도록 한 경우, <u>그 다른 사람이 공무원의 사자 또는 대리인</u>으로서 뇌물을 받은 경우나 그 밖에 예컨대, <u>평소 공무원이 그 다른 사람의 생활비 등을 부담하고 있었다거나 혹은 그 다른 사람에 대하여 채무를 부담하고 있었다는 등의 사정이 있어서</u> <u>그 다른 사람이 뇌물을 받음으로써 공무원은 그만큼 지출을 면하게 되는 경우</u> 등 <u>사회통념상 그 다른 사람이 뇌물을 받은 것을 공무원이 직접 받은 것과 같이 평가할 수 있는 관계</u>가 있는 경우에는, '제3자 뇌물제공죄'(130)가 아니라, '<u>뇌물수수죄'(129①)가 성립</u>한다"(위 2003도8077).

품을 공여한 경우에도, 공무원이 그 금품을 직무와 관련하여 수수한다는 의사를 가지고 받아들이면, 뇌물'수수'죄가 성립한다"(대판 2008.3.13. 2007도10804).

(6) 타죄관계

1) 사기 · 공갈 · 장물죄와의 관계 매우 중요한 쟁점이다. 표로 정리한다.

[뇌물죄와 사기 · 공갈 · 장물죄의 죄수관계]

<table>
<tr><th colspan="2"></th><th>공무원</th><th>재물 교부자</th><th>비고
(교부자의 공여죄?)</th></tr>
<tr><td colspan="2">기망</td><td>사기죄 ○
뇌물수수죄 ○ (상경)</td><td>- - -
뇌물공여죄 ○</td><td>★ ○</td></tr>
<tr><td rowspan="4">공갈</td><td>직무의사 없이</td><td rowspan="3">공갈죄 ○
뇌물수수죄 ×</td><td rowspan="3">(공갈의 피해자)
뇌물공여죄 ×</td><td rowspan="3">★ ×</td></tr>
<tr><td>대가관계 없이</td></tr>
<tr><td>직무집행 빙자</td></tr>
<tr><td>직무의사/대가관계</td><td>공갈죄 ○
뇌물수수죄 ○ (상경)</td><td>(공갈의 피해자)
뇌물공여죄 ×</td><td>★ ×
(견해 대립/이설 있음)</td></tr>
<tr><td colspan="2">장물</td><td>장물취득죄 ○
뇌물수수죄 ○ (상경)</td><td>- - -
뇌물공여죄 ○</td><td></td></tr>
</table>

[뇌물죄와 사기 · 공갈 · 장물죄의 관계: 수수자(공무원)와 교부자의 죄책(판례)]

i) **[뇌물죄와 사기죄]** 공무원이 직무와 관련하여 타인을 기망하여 재물을 교부받은 경우에는, ㉠ (공무원: 사기죄와 뇌물수수죄의 상상적 경합) "뇌물죄와 사기죄의 각 구성요건에 해당될 수 있으므로, 상상적 경합으로 처단하여야 한다"(대판 1977.6.7. 77도1069; 2015.10.29. 2015도12838). ㉡ (교부자: 뇌물공여죄) 이때 재물교부자에게는 뇌물공여죄가 성립한다.

ii) **[뇌물죄와 공갈죄: 주의]** [㉮] "공무원이 '직무집행의 의사 없이 또는 직무처리와 대가적 관계 없이' 타인을 공갈하여 재물을 교부받은 경우"에는, ㉠ (공무원: 공갈죄만 성립) "뇌물수수죄는 성립되지 않으며 공갈죄만이 성립한다"(대판 1966.4.6. 66도12; 1994.12.22. 94도2523). ㉡ (교부자: 뇌물공여죄 아님) 이때 "재물교부자는 단순히 공갈죄의 피해자에 지나지 아니하고, 뇌물공여죄를 구성하지 않는다"(위 66도12).

이러한 법리는 공무원이 '직무집행을 빙자하여 타인을 공갈한 경우에도 그대로 적용된다. 즉, "공무원이 '직무집행을 빙자하여' 타인을 공갈하여 재물을 교부케 한 공갈죄만이 성립한다"(대판 1969.7.22. 65도2266). 이 경우 "금품제공자에 대하여 증뢰죄가 성립될 수 없다"(위 65도2266).

한편, [㉯] 문제는 공무원이 '직무집행의 의사가 있고 직무처리와의 대가적 관계'에서 타인을 공갈하여 재물을 교부받은 경우인데, 공갈죄의 성립을 인정한 것(대판 1994.12.22. 94도2528) 외에는, 뇌물죄 부분에 대해서는 아직 판례가 없다.

㉠ (공무원: 공갈죄와 뇌물수수죄의 상상적 경합) 일반적으로는 공갈죄와 뇌물수수죄가 모두 성립하고,[1] 양자는 상상적 경합의 관계에 있다고 본다(다수설).

㉡ (교부자: 뇌물공여죄 아님) 견해의 대립이 있다. ⓐ 긍정설은, 뇌물을 공여하게 된 의사결정의 자유 정도에 따라, 재물교부자에게도 뇌물공여죄의 성립을 인정하는 견해이다. 그 논거는, 교부자의 경우 비록 다소의 외포심이 있더라도 임의성이 있다면 공무원의 의무위반을 야기한 책임을 면할 수 없고, 실제로 대부분의 교부자가 불이익을 면하기 위해 두려운 마음에서 뇌물을 교부하는 실정을 감안하면, 공갈죄의 피해자라는 이유만으로 가벌성을 전적으로 배제하는 것은 부당하다는 것이다. ⓑ 부정설은, 공무원에게 공갈죄가 성립하는 경우 공갈죄의 피해자인 교부자에 대해서는 뇌물공여죄의 성립을 부정하는 견해이다.

생각건대, 공무원에게 공갈죄가 성립하는 경우 교부자에 대해서는 뇌물공여죄의 성립을 배제하는 부정설이 타당하다(부정설). 그 이유는, ① 공무원에게 공갈죄가 성립하는 이상 교부자는 공갈죄의 피해자이고(위 94도2528 판결은, 공무원에게 공갈죄가 성립하는 경우 상대방에게 뇌물공여죄가 성립하지 않음을 명백한 취지로 보인다), ② 자유의사에 의해 공여한 경우와는 달리, 피공갈자의 뇌물공여는 '강박'에 의한 것이며, ③ 수수한 공무원에게 뇌물수수죄가 성립한다고 하여, 상대방에게 반드시 뇌물공여죄가 성립해야 하는 것은 아니기(대판 2008.3.13. 2007도10804) 때문이다. 다음의 '공갈죄 사례' 참조.

iii) **[뇌물죄와 장물죄]** ㉮ 공무원이 직무와 관련하여 장물임을 알면서 교부받은 경우이다. 위 i)㉠의 '사기죄와 뇌물수수죄'의 경우와 같다. 즉, ㉠ 공무원은 장물취득죄와 뇌물수수죄의 상상적 경합범, ㉡ 교부자는 뇌물공여죄가 성립한다.

[판례사례: 뇌물죄와 사기·공갈죄의 관계] i) [사기죄 사례] 병기과 선임하사 甲은 총기부족이 행정착오로서 그 총기가 옆 중대에 있다는 것을 알면서도, 총기가 분실된 것으로 알고 있는 乙에게 '다른 곳에서 총기를 구입하여 보충해 주겠다'고 기망하여, 이에 속은 을로부터 돈을 교부받은 경우에, 甲에 대해서는 사기죄와 수뢰죄가 성립하고, 두 죄는 상상적 경합관계에 있다(위 77도1069).

---

1) [직무집행의 의사와 대가관계가 있는 경우: 공갈죄 외에 뇌물수수죄 성립] ㉠ 첫째, 만일 뇌물수수죄의 성립을 부정한다면, 공갈에 의한 수뢰가 그렇지 않은 단순수뢰보다 법정형이 낮게 되는 불합리한 결과가 생길 수 있다. 형법에서는 공갈죄가 수뢰죄보다 법정형이 무겁지만, 특가법상으로는 오히려 수뢰죄가 공갈죄보다 법정형이 훨씬 무겁기 때문이다. ㉡ 둘째, 수뢰죄의 뇌물로써 필요적 몰수·추징의 대상에 포함시키는 것이 정의에 부합한다.

ii) [공갈죄 사례] [㉮ 직무의사 없이 / 대가관계 없이] 경찰관 甲은 수사과정에서 사건무마 명목으로 수사대상자에게 뇌물을 요구하면서 불응시 입건한다고 말하여, 乙로부터 금품을 수수한 경우에, 甲에 대해서는 공갈죄만 성립한다(대판 1969.7.22. 69도1166). 여기서 甲에게는 "직무집행의 의사 없이 또는 '직무처리와 대가적 관계 없이' 타인을 공갈한 경우이므로 공갈죄만 성립하고, 이에 외포된 乙은 공갈죄의 피해자일 뿐이므로 뇌물공여죄가 성립하지 않는다(甲의 수뢰죄도 불성립).

[㉯ 직무의사 있고 / 대가관계 있는] 세무공무원 甲은 A 주식회사에 대한 세무조사 과정에서 손금항목 계산서 중 위장거래에 기한 가공계상분(50억원 상당)을 발견하고도 이를 묵인하는 조건으로 그 회사 대표이사 乙로부터 3억원을 교부받은 경우에, 甲에 대해서는 수뢰죄가 성립한다(공갈죄 부분은 기소되지 않았다)(위 94도2528). 여기서 甲에게는 세무조사라는 '직무집행의 의사'가 있었고, 묵인한다는 조건은 '직무처리에 대한 대가관계로' 금품을 제공받았음을 의미한다.

[★ 공갈죄 사례 (=㉯직무의사 있고/대가관계 있는 유형)] (문제) 식품위생과 공무원 甲은 관내 유흥업소 운영자 乙에게 "당신 가게의 탈법영업에 대한 제보가 들어왔는데, 성의를 보이지 않으면 당신 가게를 집중 단속하겠다"고 말하였다. 이에 겁을 먹은 乙은 甲에게 "요즘 장사가 잘 안 되는데, 잘 부탁드린다"고 하면서 100만원을 교부하였다. 甲은 乙이 성의를 보이지 않으면 탈법영업을 단속하려는 의사를 가지고 있었고, 乙에게는 甲의 단속을 무마하고자 하는 의사가 있었다. 甲과 乙의 죄책은?
(해설) ㉠ 공무원 甲에게는 '직무집행의 의사'와 '대가관계'가 있었으므로, 공갈죄와 뇌물수수죄가 모두 성립하고, 양자는 상상적 경합관계에 있다. ㉡ 업자 乙에게는 '공갈죄의 피해자'에 불과하므로 뇌물공여죄가 성립하지 않는다.(異說 있음. 즉, 乙에게는 '직무행위를 매수하려는 의사'가 있으므로 뇌물공여죄가 성립한다는 견해도 있다).

2) 횡령죄와의 관계 "횡령 범행으로 취득한 돈을 공범자끼리 수수한 행위가 공동정범들 사이의 범행에 의하여 취득한 돈을 공모에 따라 내부적으로 분배한 것에 지나지 않는다면, 별도로 그 돈의 수수행위에 관하여 뇌물죄가 성립하는 것은 아니다"(대판 2019.11.28. 2018도20832).

(7) 몰수 · 추징

> 제134조(몰수, 추징) 범인 또는 사정을 아는 제3자가 받은 뇌물 또는 뇌물로 제공하려고 한 금품은 몰수한다. 이를 몰수할 수 없을 경우에는 그 가액을 추징한다.

1) 필요적 몰수 · 추징 형법 제48조(임의적 몰수)에 대한 특칙으로 '필요적

몰수'(134)이다. 뇌물죄와 관련된 금품 기타 **이익을 박탈**하여 수뢰자가 부정한 이익을 보유하지 못하게 함에 그 취지가 있다(대판 1992.12.8. 92도1995). **'이익박탈적 몰수 · 추징'**이라 한다.

2) 대상 수수한 뇌물, 제공된 뇌물, 요구 또는 약속한 뇌물은 몰수한다. 요구만 있는 경우 '**특정**' 여부가 관건이다.[1] 몰수가 불가능한 경우 그 가액을 추징한다(134). 몰수의 대상물이 금전인 경우에는, 금전 그 자체가 특정되고 현존하면 몰수하고, 현존하지 않으면 그 가액을 추징한다. "수뢰액을 '특정'할 수 없는 경우에는 그 가액을 추징할 수 없다"(대판 2009.8.20. 2009도4391).

금전소비대차에서 **무상차용**(예: 무기한 무이자)은 **금융이익**이 뇌물이다. 즉 "금품의 무상차용에서 추징의 대상은, 무상으로 대여받은 금품 그 자체가 아니라 '금융이익 상당액'이다. 이는 통상적인 '대출이율'이고, 그 이율을 알 수 없는 경우 민법 · 상법의 '법정이율'을 기준으로 한다"(대판 2008.9.25. 2008도2590). 이와 달리, "소비대차의 목적인 '금원 그 자체'는 뇌물이 아니므로 제134조에 의해 몰수 · 추징할 수 없다"(대판 1976.9.28. 75도3607).

공무원이 **투자**한 경우에는 '통상적인 이익을 **초과한 금액**'이 뇌물이 된다. "통상적인 이익이란 그 공무원의 직무와 관계없이 (동일인에게) 투자하였더라면 얻을 수 있었을 이익을 말한다"(대판 1995.6.30. 94도993).

3) 상대방 몰수 · 추징의 상대방에 대해서는 아무런 규정이 없다. 뇌물의 필요적 몰수를 규정한 취지에 비추어, 현재 '뇌물을 보유하고 있는 자'가 그 상대방이 된다(이익박탈적 몰수 · 추징). 판례를 정리하면 다음과 같다(중요).

[★몰수 · 추징] ㉠ **(그대로 반환)** 수뢰자가 뇌물을 **그대로** 보관하였다가 증뢰자에게 반환한 때에는, '증뢰자'로부터 몰수 · 추징한다(대판 1984.2.28. 83도2783).

㉡ **(소비 후 반환)** 수뢰자가 현금 또는 자기앞수표를 뇌물로 받아 이를 소비한 후 같은 금액 상당액을 증뢰자에게 반환한 때에는, (뇌물 그 자체를 반환한 것은 아니므로) '수뢰자'로부터 그 가액을 추징한다(대판 1986.12.23. 86도2021; 1999.1.29. 98도3584).

㉢ **(예금 후 반환)** 수뢰자가 뇌물로 받은 돈을 은행에 예금한 후 같은 액수를 증뢰자에게 반환한 경우에도, (뇌물 그 자체를 반환한 것은 아니므로) '수뢰자'로부터 그 가액을 추징한다(대판 1996.10. 25. 96도2022).

---

1) [특정] 즉 "뇌물에 공할 금품이 '특정되지 않았던 것'은 몰수할 수 없고, 그 가액을 추징할 수도 없다"(대판 1996.5.8. 96도221; 특히 2015.10.29. 2015도12838). 몰수는 특정된 물건에 대한 것이고 추징은 본래 몰수할 수 있었음을 전제로 하기 때문이다.

㉣ (뇌물공여 후 반환) 수뢰자가 뇌물로 받은 돈을 그후 공범 아닌 타인에게 다시 뇌물로 공여한 경우에는, (그 공여는 수뢰한 돈을 소비하는 방법에 지나지 아니하므로) '수뢰자'로부터 추징한다(대판 1986.11.25. 86도1951).

4) 방법: 개별추징·분할추징 여러 사람이 '공동으로 뇌물을 수수'한 경우 그 추징 방법이 문제된다. "(여러 사람이 공동으로 뇌물을 수수한 경우 그 가액을 추징하려면) '실제로 분배받은 금품'만을 개별적으로 추징해야 하고, 개별적으로 알 수 없을 때에는 '평등하게' 추징(=1/n)해야 한다"(대판 2011.11.24. 2011도9585). '함께 향응을 접대받은 경우'도 같다.[1] 공무원이 제3자를 초대하여 함께 향응을 접대받은 경우에는, "(그 제3자가 수뢰자와는 '별도의 지위'에서 접대받는 공무원이라는 특별한 사정이 없는 한) '그 제3자의 접대에 요한 비용'도 '수뢰자의 접대에 요한 비용'에 포함시켜 '수뢰자의 수뢰액'으로 본다"(위 99도5294).

한편, 공동정범 아닌 교사범·종범도 뇌물의 공동수수자가 될 수는 있으나, 실제로는 '공동수수자 여부'가 선결문제이다(즉, "정범과의 관계, 교사범·종범이 취득한 금품이 전체 뇌물수수액에서 차지하는 비중 등을 고려하여, 공동수수자 해당 여부를 판단해야 한다"–위 2011도9585). 만일 "뇌물수수자가 '공동수수자 아닌' 교사범·종범에게 뇌물 중 일부를 사례금 등으로 교부한 경우에는, '뇌물수수자'에게서 수뢰액 '전부'를 추징한다. 이는 '뇌물 수수에 따르는 부수적 비용의 지출' 또는 '뇌물의 소비행위'에 불과하기 때문이다"(위 2011도9585).

5) 추징액 산정 우선, 추징액 산정의 기준시기에 대해서는, ㉠ 뇌물수수시설, ㉡ 몰수불가능한 사유발생시설, ㉢ 판결선고시설이 대립한다. 몰수는 재판선고시에 하는 것이고 추징은 몰수에 대신하는 것이므로, 판결선고시설이 타당하다. 판례도 같다. 즉, "추징할 가액은 '범인이 그 물건을 보유하고 있다가 몰수의 선고를 받았더라면 잃었을 이득 상당액'을 의미하므로, '재판선고시'의 가격을 기준으로 한다"(대판 2008.10.9. 2008도6944).

주의할 점이 있다. 뇌물의 수수를 위해 지출한 경비(대가·반대급부 포함), 납부한 세금은 추징액 산정에서 공제대상이 아니다. 이를 '총액주의'라 한다.

---

1) [향응의 추징액] "수뢰자가 증뢰자와 함께 향응을 하고 증뢰자가 소요 금원을 지출한 경우에는, 먼저 '수뢰자의 접대에 요한 비용'과 '증뢰자가 소비한 비용'을 가려내어, 전자의 수액을 수뢰자의 수뢰액으로 하고, 만일 각자에 요한 비용액이 불명일 때에는 이를 평등하게 분할한 액을 수뢰액으로 인정하여야 한다"(대판 2001.10.12. 99도5294).

[추징액 산정: 총액주의] ㉠ "공무원이 뇌물의 취득을 위하여 상대방에게 뇌물 가액의 일부를 '비용 명목'으로 출연하거나 그 밖에 경제적 이익을 제공하였더라도, 이는 뇌물을 받는 데 지출한 부수적 비용에 불과하므로, 받은 뇌물 자체가 몰수·추징의 대상이 된다"(대판 1999.10.8. 99도1638; 2017.3.22. 2016도21536). ㉡ "범죄행위로 물건을 취득하면서 그 대가를 지급하였더라도, 몰수되어야 할 것은 물건 자체이므로, 그 대가로 지급한 금원을 빼야 하는 것은 아니다"(대판 2005.7.15. 2003도4293). ㉢ "법인이 알선 대가로 수수한 금품에 관하여 소득신고를 하고 법인세 등 세금을 납부하였더라도, 이는 소비하는 방법의 하나에 지나지 아니하므로, 이를 추징에서 제외할 것은 아니다"(대판 2010.3.25. 2009도11660).

[주의: '대가'와 '사례'의 '불가분적 결합'과 추징 여부] i) ['대가'와 '사례'의 불가분적 결합(=그 '전부'가 수뢰액)] 특가법상 가중처벌은 적어도 수뢰액이 3천만원 이상인 경우이다. "공무원이 수수한 금품에 그 '직무행위에 대한 대가'로서의 성질과 '직무 외의 행위에 대한 사례'로서의 성질이 '불가분적으로 결합'되어 있는 경우에는, 그 '전부'가 불가분적으로 '직무행위에 대한 대가'로서의 성질을 가진다"(=대가의 불가분성. 대판 2009.7.9. 2009도3039; 2012.1.12. 2011도12642). 이러한 법리는 특가법상 알선수재죄(대판 2008.1.31. 2007도8117; 2017.1.12. 2006도15470) 등 알선죄에서도 동일하게 적용된다.

ii) [추징 여부(=불가)] 이 경우 추징 여부가 문제되나, 몰수·추징의 특정성 원칙 때문에 추징은 아예 불가능하다. 즉 "공무원이 수수한 금품에 '직무관련성이 있는 업무에 대한 대가'로서의 성질과 '직무관련성이 없는 업무에 대한 사례'로서의 성질이 '불가분적으로 결합'되어 그 구분이 객관적으로 불가능하다면, 추징을 아예 하지 않아야 한다"(대판 2011.5.26. 2009도2453). 예컨대, 명확한 근거없이 비율적 방법으로 직무관련성이 있는 업무와 대가관계에 있는 수뢰액을 추산하여 추징하는 것은 위법하다(위 2009도2453).

iii) [직무관련성 유무: '행위별' 또는 '금품별'] "금품의 수수가 수회에 걸쳐 이루어졌고 각 수수 행위별로 직무관련성 유무를 달리 볼 여지가 있는 경우에는, '그 행위마다' 직무와의 관련성 여부를 가릴 필요가 있다"(대판 2011.5.26. 2009도2453; 2012.1.12. 2011도12642). 또한, "'공무원 아닌 사람'과 '공무원'이 공모하여 금품을 수수한 경우에도 각 수수자가 수수한 금품별로 직무 관련성 유무를 달리 볼 수 있다면, '각 금품마다' 직무와의 관련성을 따져 뇌물성을 인정하는 것이 책임주의 원칙에 부합한다"(대판 2024.3.12. 2023도17394).[1)]

---

1) [금품별 사례] "중개업자(乙)로서 중개행위에 대한 수수료 또는 용역비로 조합을 핑계삼아 받은 돈은, 조합장(甲)의 직무와 직접 관련이 없다고 한 사례"(2023도17394).

3. 사전수뢰죄

> **제129조(수뢰, 사전수뢰)** ② 공무원 또는 중재인이 될 자가 그 담당할 직무에 관하여 청탁을 받고 뇌물을 수수, 요구 또는 약속한 후 공무원 또는 중재인이 된 때에는 3년 이하의 징역 또는 7년 이하의 자격정지에 처한다.
>
> ※ 특가법 제2조 ② 형법 제129조 · 제130조 또는 제132조에 규정된 죄를 범한 사람은 그 죄에 대하여 정한 형(제1항의 경우를 포함한다)에 수뢰액의 2배 이상 5배 이하의 벌금을 병과(倂科)한다.

공무원(또는 중재인)이 될 자가 그 담당할 직무에 관하여 청탁을 받고 뇌물을 수수 · 요구 또는 약속하는 죄이다. 공무원 내정자의 취임하기 전의 수뢰행위를 처벌하기 위한 것이다. '공무원(또는 중재인)이 되는 것'은 성립요건이 아니라 처벌조건에 불과하다. 수뢰액이 3천만원 이상이면 특가법이 적용된다(2①). '수뢰액의 2배 이상 5배 이하의 벌금형 병과'(2②)도 적용된다.

1) 주체 공무원(또는 중재인)이 될 자이다. 공무원채용시험에 합격하여 발령대기하고 있는 자 또는 선거에 의해 당선이 확정된 자 등 공무원이 될 것으로 예정된 자이다. 판례는 "공직취임의 가능성이 확실하지는 않더라도, 어느 정도의 **개연성**을 갖춘 자를 포함한다"(대판 2010.5.13. 2009도7040. "의제공무원인 도시개발조합의 조합장 · 상무이사로 선출될 상당한 개연성이 있는 자" 포함).

2) 행위 직무에 관하여 청탁을 받고 뇌물을 수수 · 요구 · 약속하는 것이다. 단순수뢰죄와 달리, '청탁'이 요건이다. 청탁이란 일정한 직무행위를 의뢰하는 것을 말하며, '청탁을 받고'라 함은 그러한 의뢰에 응할 것을 약속하는 것을 말한다. 부정한 청탁일 필요는 없고, 묵시적으로도 가능하다. 공무원이 될 자가 청탁을 받고 뇌물을 요구했더라도, 뇌물수수의 시점이 공무원이 된 이후라면 단순수뢰죄가 성립한다.

3) 처벌조건 범죄가 성립해도 '공무원 또는 중재인이 된 때'에 비로소 처벌이 가능하다. '공무원(또는 중재인)이 되는 것'은 객관적 처벌조건이다.

4. 제3자뇌물제공죄

> **제130조(제3자뇌물제공)** 공무원 또는 중재인이 그 직무에 관하여 부정한 청탁을 받고 제3자에게 뇌물을 공여하게 하거나 공여를 요구 또는 약속한 때에는 5년 이하의 징역 또는 10년 이하의 자격정지에 처한다.
>
> ※ 특가법 제2조 ② 형법 제129조·제130조 또는 제132조에 규정된 죄를 범한 사람은 그 죄에 대하여 정한 형(제1항의 경우를 포함한다)에 수뢰액의 2배 이상 5배 이하의 벌금을 병과(併科)한다.

공무원(또는 중재인)이 그 직무에 관하여 '부정한 청탁'을 받고 '제3자에게' 뇌물을 공여하게 하거나 공여를 요구 또는 약속하는 죄이다. **'부정한 청탁 + 제3자의 뇌물수수'**의 결합유형이다. 부정한 청탁을 받는다는 점에서 불법이 가중되나, (공무원이 아닌) 제3자가 뇌물을 제공받는다는 점에서 불법이 감경된다. 단순수뢰죄와 법정형이 같다. 실무상 죄명은 '**제3자뇌물수수**'이다.

본죄의 성격에 대해, 학설은 ㉠ 간접수뢰설(공무원이 이해관계 있는 제3자를 통해 간접적으로 뇌물 수수)과 ㉡ 독자적 수뢰설(간접수뢰와는 엄격히 구별되는 독자적인 수뢰죄의 일종)이 대립한다. 공무원과 제3자 사이에 이해관계가 요구되지 않는다는 점(예: 종교단체)에서, **독자적 수뢰설**이 통설·판례이다. 즉, "사회통념상 다른 사람이 받은 것을 공무원이 직접 받은 것과 같이 평가할 수 있는 관계가 있는 경우에는, (오히려) **단순수뢰죄**(129①)가 성립한다"는 것이다.

'제3자의 수뢰액'이 3천만원 이상인 경우 특가법 제2조가 적용된다. '수뢰액의 2배 이상 5배 이하의 **벌금형 병과**'(2②)도 마찬가지로 적용된다.

(1) 주체: 공무원 또는 중재인

제3자로 하여금 뇌물을 공여받게 하는 공무원·중재인은 그 제3자와 이해관계가 있을 필요가 없고, 간접적으로 이익을 향유할 필요도 없다.

(2) 행위: 부정한 청탁 + 제3자에게 뇌물공여

1) 부정한 청탁 공무원이 그 직무에 관하여 '부정한 청탁'을 받아야 한다. 단순수뢰죄에 비해 '부정한 청탁'이라는 가중적 불법요소를 부가한 것은, '**처벌의 범위를 명확히**' 하고, 범죄성립을 엄격히 하기 위한 취지이다(대판 2011.4.14. 2010도12313. "처벌의 범위가 불명확해지지 않도록 하려는 데 취지가 있다").

우선, i) [청탁] '청탁'이란 공무원에 대하여 일정한 직무집행을 하거나 하지 않을 것을 의뢰하는 것을 말한다. "청탁의 대상인 직무행위의 내용도 구체적일 필요가 없고, **묵시적** 의사표시라도 무방하며, 실제로 부정한 처사를 하였을 것을 요하지도 않는다"(대판 2007.1.26. 2004도1632). ii) [부정한] 문제는 '부정한'의 의미이다. '부정한' 청탁이란 "**위법**한 것뿐만 아니라 사회상규나 신의성실의 원칙에 위배되는 **부당**한 경우도 포함한다"(위 2004도1632). 나아가 판례는 "직무집행을 대가관계와 연결시켜 직무집행에 관한 **대가의 교부를 내용**으로 하는 청탁이라면, 의뢰한 직무집행 자체가 위법·부당하지 않더라도, '부정한' 청탁"(위 2004도1632; 2010도12313)이라고 한다.

iii) [묵시적인 '부정한' 청탁] 특히 "묵시적 의사표시에 의한 부정한 청탁을 인정하기 위하여는, **당사자 사이에** 청탁의 대상이 되는 '직무집행의 내용'과 제3자에게 제공되는 금품이 그 '직무집행에 대한 **대가라는 점**'에 대하여 **공통의 인식이나 양해**가 있어야 한다. 그러한 인식이나 양해 없이 '막연히 선처하여 줄 것이라는 기대'나 '다른 동기'에 의해 제3자에게 금품을 공여한 경우에는, '부정한 청탁'이 있었다고 볼 수 없다"(위 2010도12313).[1]

2) 제3자 제3자란 "행위자(공무원)와 **공동정범 이외의 사람**을 말한다. '**교사자나 방조자**'(또는 간접정범의 도구)는 제3자가 될 수 있다"(대판 2017.3.15. 2016도19659). 제3자에는 자연인, 법인 또는 **법인격 없는 단체**(예: 동창회, 향우회, 종교단체, 각종 사회단체)가 모두 포함된다.

3) (제3자에게) 뇌물공여 또는 공여요구·약속 제3자에게 뇌물을 공여한다는 것은 뇌물을 제3자에게 제공한다는 것을 말한다. **제3자가 뇌물임을 인식할 필요도 없고**, 그 뇌물을 제3자에게 공여하게 된 동기도 불문한다(대판 2006.6.15. 2004도3424).[2] 뇌물을 제공받은 '제3자'는 경우에 따라 형법총칙이 적용되어 '제3

---

1) [대가관계에 관한 양해 흠결(=무죄)] "당사자 사이에 청탁의 부정성을 규정짓는 대가관계에 관한 양해가 없었다면, 단지 나중에 제3자에 대한 금품제공이 있었다는 사정만으로, 부정한 청탁에 의한 것이라고 평가될 수는 없다"(위 2010도12313).

대가관계에 관한 양해의 흠결로 인한 '무죄' 사례로는, ㉠ 대통령비서실 정책실장이, 기업관계자들에게 기업 메세나 활동의 일환인 미술관 전시회 후원을 요청하여, 기업관계자들이 특정 미술관에 후원금을 지급한 경우(대판 2009.1.30. 2008도6950), ㉡ ○○광역시 남구청장이, 관내의 공사 인·허가와 관련하여 甲 회사로부터 묵시적인 부정한 청탁을 받고, 제3자인 구(區)에 누각을 기부채납하게 한 경우((위 2010도12313) 등이 있다.

2) [제3자뇌물제공 사례(=유죄)] 공정거래위원회 위원장이 이동통신회사 구조조정본부장으로부터 기업결합심사에 대해 선처를 부탁받으면서 특정 사찰에의 시주금을 제공케 한 사안에서, 본죄의 성립을 인정한 사례이다. 즉, "어떤 금품이 공무원의 직무행위와 관련하여 교부된 것이라면, 시주의 형식으로 교부되었고 또 불심에서 우러나온 것이라 하더라도 뇌물임을 면할 수 없다"(위 2004도3424).

자뇌물제공 **교사·방조죄**'가 인정될 수 있다(위 2016도19659).[1]

한편, 행정법상 '부당결부금지(不當結付禁止) 원칙'에 위반한 반대급부라도, 반드시 뇌물죄의 '부정한 이익'에 해당하는 것은 아니다.[2] 즉, 어떤 행정행위가 행정법상 '부당결부금지 원칙'에 위반되어 위법하더라도, 그 행정행위가 당연무효인 것은 아니며, 그 이익이 사회통념상 용인될 수 있는 정도로서 '직무행위의 불가매수성에 대한 공공의 신뢰'를 해할 정도에 이르지 않은 경우라면, 이는 뇌물(부정한 이익)에 해당한다고 볼 수 없다.

4) 단순수뢰죄와 제3자뇌물제공죄의 구별 문제는, 제3자가 행위자와 사이에 공동정범 관계가 아닌데도, 서로 **밀접·불가분 관계**가 있는 경우이다. 요컨대, (공무원 아닌 다른 사람에게 뇌물이 제공된 경우 그 다른 사람이 뇌물받은 것을) '**사회통념상 공무원이 직접 뇌물을 받은 것과 같이 평가할 수 있는 관계**'에 있는 경우(=이익귀속의 동일성)에는, 예컨대, 처자 기타 '**생활이익을 같이하는 가족**'은, 여기서의 제3자에 포함되지 않는다. 이 경우에는 **단순수뢰죄**가 성립하기 때문이다(대판 2016.6.23. 2016도3540). 결국 제3자뇌물제공에서 '제3자'란, 단순수뢰죄가 성립되는 범위를 제외한 나머지, 공무원과 이해관계 없는 사람을 말한다. 제3자를 '개인'과 '법인·단체'로 구분하여 설명하면 다음과 같다.

> **[판례사례: 단순수뢰죄와 제3자뇌물제공죄의 구별]** 공무원에게 단순수뢰죄 또는 제3자뇌물제공죄 성립 여부의 문제는, '사회통념상 공무원이 직접 받은 것과 동일하게 평가할 수 있는 관계'(=이익귀속의 동일성) 여부에 따라 좌우된다.

---

1) [뇌물 제공받은 제3자(=교사·방조죄)] "공무원이 부정한 청탁을 받고 제3자에게 뇌물을 제공하게 하고, 제3자가 공무원의 범죄행위를 알면서 방조한 경우에는, 별도의 처벌규정이 없더라도, 형법총칙이 적용되어 제3자뇌물수수'방조죄'가 인정될 수 있다"(위 2016도19659).

2) [부당결부금지 원칙] 부당결부금지 원칙(Koppelungsverbot)이란 행정기관은 행정작용을 함에 있어 그것과 실질적인 관련이 없는 반대급부를 결부시켜서는 안 된다는 행정법상의 원칙인데, 부당한 반대급부인지의 여부는 '실질적 관련성'(원인적, 목적적 관련성)을 기준으로 판단한다. 예컨대, ㉠ "오토바이(제2종 소형면허)의 음주운전을 이유로 하는 제1종 대형면허의 취소처분은 부당결부로서 위법하다"(대판 1992.9.22. 91누8289). ㉡ "건축물의 건축허가와 도로기부채납의무는 별개의 것인바, 도로기부채납의무 불이행을 이유로 하는 준공거부처분은 건축법에 근거없이 이루어진 부당결부로서 위법하다"(대판 1992.11.27. 92누10364). 한편, "주택사업계획승인과 토지기부채납의무는 아무런 관련이 없는 것인바, 토지를 기부채납 하도록 하는 부관을 주택사업계획승인에 붙인 사실은 부당결부금지 원칙에 위반되어 위법하다 하겠으나, 그 부관의 하자가 중대하고 명백하여 당연무효라고는 볼 수 없다"(대판 1997.3.11. 96다49650). 반면, "지방자치단체가 골프장사업계획승인과 관련하여 사업자로부터 기부금을 지급받기로 한 증여계약은 공무수행과 결부된 금전적 대가로서 그 조건이나 동기가 사회질서에 반하므로 민법 제103조에 의해 무효라고 할 것이다"(대판 2009.12.10. 2007다63966).

i) 제3자가 '개인' '사회통념상 그 다른 사람이 뇌물을 받은 것을 공무원이 직접받은 것과 같이 평가할 수 있는 관계가 있는 경우'(=이익귀속의 동일성)에는 단순수뢰죄(129①)가 성립한다(대판 1998.9.22. 98도1234; 2016.6.23. 2016도3540). 판례에 따르면, 그 다른 사람이 ㉠ '공무원의 사자 또는 대리인'으로서 뇌물을 받은 경우, ㉡ 처자 기타 '생활이익을 같이하는 가족'에 해당하는 경우, ㉢ 평소 공무원이 그 다른 사람의 생활비 등을 부담하고 있었다거나 혹은 그 다른 사람에 대해서 채무를 부담하고 있었다는 등의 사정이 있어서 그 다른 사람이 뇌물을 받음으로써 공무원은 '그만큼 지출을 면하게 되는' 경우(이상 98도1234; 2016도3540), ㉣ 공무원이 그 다른 사람과 공동으로 또는 그 다른 사람을 통하여 투자하는 관계에 있어 '공무원 자신의투자금 내지 대여금으로 계산'하면서 그 다른 사람 이름으로 뇌물을 받은 경우(대판 2009.10.15. 2009도6422) 등이다.

예컨대, 공무원의 처(아내)가 보험모집의 기회라는 경제적 이익을 제공받은 경우에는, 공무원 자신의 뇌물로 볼 수 있다(=단순수뢰죄. 대판 2014.6.28. 2013도600). 반면, 공무원과 연인관계인 제3자가 금품이나 교수임용의 이익을 제공받은 경우에는, 공무원 자신의 뇌물로 보기 어렵다(=제3자뇌물제공죄. 위 2008도6950).

ii) 제3자가 '법인 · 단체' 제3자가 법인 · 단체인 경우도 마찬가지이다. 즉, '사회통념상 법인에 뇌물을 공여한 것이 곧 그 임 · 직원에게 공여한 것과 같다고 볼 수 있을 정도로 경제적 · 실질적 이해관계를 같이하는 것으로 평가되는 경우'(=이익귀속의 동일성)에는 (공무원인) 임직원 개인에게 단순수뢰죄(129①)가 성립한다(대판 2008.9.25. 2008도2590). 판례에 따르면, 공무원이 법인 등의 '대표이사나 임원'이거나 혹은 법인 등을 '실질적으로 운영'해 왔다는 사정만으로 부족하고, 나아가 ㉠ 법인 등을 사실상 1인 회사나 개인 기업처럼 운영해 온 경우(위 2008도2590; 2010.5.13. 2008도5506), ㉡ 법인 등의 계좌를 행위자에 대한 뇌물을 수수하는 창구로 이용해 온 경우(대판 2011.11.24. 2011도9585), ㉢ 공무원이 실질적 경영자로 있는 회사가 청탁 명목의 금원을 회사 명의의 예금계좌로 송금받은 경우(대판 2004.3.26. 2003도8077), ㉣ 법인 등이 뇌물을 받음으로써 행위자가 법인 등에 대한 구체적인 지출의무를 면하게 되는 경우 등의 구체적인 사정이 요구된다.

예컨대, ㉠ 지방자치단체장이 부정한 청탁을 받고 지방자치단체에 금품을 제공하게 한 경우에는, 공무원 개인이 그 금품을 취득한 것과 동일시할 수는 없다(=제3자뇌물제공죄. 2010도12313). ㉡ 공무원이 부정한 청탁을 받고, 자신이 고문인 산악회지부에 등산대회 행사용 수건을 교부하게 한 경우에도, 그 산악회지부를 공무원의 사조직으로 인식하는 사람들이 있더라도, 공무원 개인의 이익과 동일시할 수 없다(=제3자뇌물제공죄. 대판 2002.4.9. 2001도7056).

iii) 제3자뇌물제공죄의 경우 공무원에게 가액 불상의 '단순수뢰죄' 인정 여부(=부

정) 금품 등을 제공받은 제3자(법인등)와 공무원인 행위자 개인을 동일시할 수 없는 경우에, 공무원이 법인의 주주 등 이해관계자로서 법인에 제공·귀속된 뇌물로 인하여 그 가액을 산정하기 곤란한 간접적인 경제적 이익을 누리게 될 여지가 있다. 그렇다고 해서 가액 불상의 경제적 이익 상당의 단순수뢰죄가 성립하는 것은 아니다(위 2016도3540). 이는 ㉠ 뇌물의 귀속 주체가 제3자인 경우에 단순수뢰죄 대신 제3자뇌물제공죄를 별도로 규정한 입법취지, ㉡ 제3자뇌물제공죄의 경우 부정한 청탁을 구성요건으로 추가한 형법의 체계에 반하기 때문이다.

iv) **제3자뇌물제공죄에서 '몰수·추징의 상대방'** "제3자뇌물수수죄의 경우, 범인인 공무원이 제3자로부터 그 뇌물을 건네받아 보유한 때를 제외하고는, 그 공무원으로부터 뇌물의 가액을 추징할 수 없다"(대판 1997.4.17. 96도3376 전합. "범인이라도 불법한 이득을 보유하지 아니한 자라면 그로부터 뇌물을 몰수·추징할 수 없다").

※ [사례] 공무원 甲과 내연관계인 乙 가운데 그 정을 모르는 乙에게 뇌물이 제공된 경우에는, ㉠ 甲과 乙은 ⓐ 공동정범 관계도 아니고, ⓑ 사회통념상 공무원 甲이 직접 받은 것과 같이 평가할 수 있는 것도 아니므로(내연관계에 불과), 공무원 甲은 단순수뢰죄가 성립하지 않는다. 또한, ㉡ 부정한 청탁이 증명되지 않는 이상, 공무원 甲은 제3자 뇌물제공죄도 성립하지 않는다(대판 2009.1.30. 2008도6950).

5) **죄수** 공무원이 직무와 관련있는 상대방에게 제3자와 계약을 체결하도록 요구하여 계약 체결한 경우에, 제3자뇌물제공죄와 직권남용권리행사방해죄가 성립하고, 양 죄는 상상적 경합관계에 있다(위 2016도19659).

5. 수뢰후 부정처사죄·부정처사후 수뢰죄·사후수뢰죄

제131조(수뢰후부정처사, 사후수뢰) ① 공무원 또는 중재인이 전2조의 죄를 범하여 부정한 행위를 한 때에는 1년 이상의 유기징역에 처한다.
② 공무원 또는 중재인이 그 직무상 부정한 행위를 한 후 뇌물을 수수, 요구 또는 약속하거나 제삼자에게 이를 공여하게 하거나 공여를 요구 또는 약속한 때에도 전항의 형과 같다.
③ 공무원 또는 중재인이었던 자가 그 재직 중에 청탁을 받고 직무상 부정한 행위를 한 후 뇌물을 수수, 요구 또는 약속한 때에는 5년 이하의 징역 또는 10년 이하의 자격정지에 처한다.
④ 전3항의 경우에는 10년 이하의 자격정지를 병과할 수 있다.

제1항의 '수뢰후 부정처사죄'는 공무원(또는 중재인)이 단순수뢰죄·사전수뢰죄·제3자뇌물제공죄를 범하고 '부정한 행위'까지 하는 죄이다. '수뢰죄+부정행위'의 결합범으로 불법가중 유형이다.

제2항의 '부정처사후 수뢰죄'는 공무원(또는 중재인)이 부정한 행위를 한 후 수뢰하는 죄이다. 제1항에 비해 **'부정행위 + 수뢰죄'**의 순서만 다르다.

제3항의 '사후수뢰죄'(='퇴직 후 수뢰죄')는 공무원(또는 중재인)이었던 자가 퇴직 후 수뢰하는 죄이다. **'재직 중의 부정행위 + 퇴직 후의 수뢰행위'**의 결합범으로, 부정행위가 결합된 점에서 불법이 가중되나, 현재 공무원이 아닌 자의 수뢰행위라는 점에서 불법이 감경된다. 단순수뢰죄와 법정형이 같다.

특가법 제2조(뇌물죄의 가중처벌)에 제131조가 명시되지 않았다. 해석상 제1항 및 제2항의 죄는 구성요건상 이미 수뢰죄가 포함된 이상 특가법 제2조가 그대로 적용되나(위 2003도8077), **제3항의 죄에는 적용되지 않는다**(위 84도1139). '수뢰액의 2배 이상 5배 이하의 **벌금형 병과**'(특가법2②)도 마찬가지다.

(1) 수뢰후 부정처사죄

'수뢰죄+부정행위'의 결합유형이다. 공무원이 단순수뢰죄·사전수뢰죄·제3자뇌물제공죄를 범하여 '부정한 행위'를 하는 죄이다.

1) 부정한 행위 부정한 행위란 그 직무에 위배되는 일체의 위법·부당한 행위를 말한다. 단순히 주관적 의도가 부정한 것 외에 **객관적으로도** 직무행위가 위법·부당하여 부정한 경우라야 한다. 예컨대, ㉠ 공무원이 건축업자에 대해 위법한 건축허가를 해주거나(대판 1981.8.20. 81도698), ㉡ 직무상 지득한 구술시험 문제 중의 일부를 알려주는 경우(대판 1970.6.30. 70도562) 등이다. **부작위**로도 가능하다(예: 뇌물을 수수한 경찰관이 범인을 '검거하지 않는' 경우). 반면, 과세규정이 불명확하고 확립된 선례도 없었던 경우라면, 위법하지 않은 이상, 부정행위라고 할 수는 없다(대판 1995.12.12. 95도2320. 단순수뢰죄).[1)]

여기서 부정한 행위는 (직무에 위배되는 일체의 행위로서), ㉠ "직무행위 자체는 물론, 그와 **객관적으로 관련있는 행위도** 포함한다"(대판 2003.6.13. 2003도1060). 예컨대, 교통계에 근무하는 경찰관으로서 도박범행의 수사를 구체적으로 담당하고 있지 않더라도, 도박장개설을 알면서도 단속하지 않았다면, 부정처사행위에 해당한다(위 2003도1060. "경찰관직무집행법 제2조 제1호는 경찰관의 직무 중 하나로 '범죄의 예방·진압 및 수사'를 들고 있다"). ㉡ "반드시 수뢰행위가 완료된 이후에 부정행위가

---

1) [부정행위 여부(=아님)] "과세 대상에 관한 규정이 명확하지 않고 그에 관한 확립된 선례도 없었던 경우, 공무원이 주식회사로부터 뇌물을 받은 후 위 회사에 유리하게 관계 법령을 해석하여 감액처분하였더라도 그 처분이 위법하지 않으면 수뢰후부정처사죄에 해당하지 않는다고 한 사례"(위 95도2320). 단순수뢰죄가 성립할 뿐이다.

이루어져야 하는 것은 아니고, 결합범 또는 결과적 가중범 등에서의 기본행위와 마찬가지로, '**수뢰행위를 하는 중에** 부정행위를 한 경우도 포함한다"(대판 2021.2.4. 2020도12103. 예: 뇌물을 요구·약속한 후 부정행위를 하고, 다시 그 후에 뇌물을 수수한 경우). ㉢ 수뢰죄와 부정행위 사이에는 **인과관계**가 있어야 한다. 수뢰죄와 무관하게 부정행위를 한 경우에는 본죄가 성립하지 않고 수뢰죄만 성립한다.

2) **죄수** 뇌물을 요구·약속한 후 부정행위를 하고, 다시 그 후에 뇌물을 수수한 경우에도 본죄 1죄만 성립한다. 즉, "최후의 부정한 행위 이후에 저질러진 '뇌물수수 행위'도 '최후의 부정한 행위 이전의 뇌물수수 행위 및 부정한 행위'와 함께 수뢰후부정처사죄의 포괄1죄가 된다"(위 2020도12103).

한편, 부정행위가 별도의 구성요건에 해당하는 경우 본죄와 각 범죄의 **상상적 경합**이 된다. 예컨대, 부정한 행위가 공무상 비밀누설죄, 횡령죄 또는 배임죄를 구성하는 경우가 그러하다.

3) **연결효과에 의한 상상적 경합 문제** 특히, 부정행위가 문서위조·행사죄에도 해당하는 경우의 죄수가 문제된다. "(예비군 중대장이 예비군으로부터 금원을 교부받고 그 예비군이 예비군훈련에 참석한 것처럼 허위내용의 중대학급편성명부를 작성·행사한 경우) '수뢰후 부정처사죄' 외에 별도로 '허위공문서작성 및 동행사죄'가 성립하고, '이들 죄'와 '수뢰후 부정처사죄'는 각각 상상적 경합관계에 있다. 이때 '허위공문서작성죄와 동행사죄' 상호간은 실체적 경합관계에 있다고 할지라도, 상상적 경합관계에 있는 '수뢰후 부정처사죄'와 대비하여 '가장 중한 죄'(=수뢰후 부정처사죄)에 정한 형으로 처단하면 족한 것이고, 따로이 경합가중을 할 필요가 없다" (대판 1983.7.26. 83도1378).[1)]

(2) 부정처사후 수뢰죄

'부정행위+수뢰죄'의 결합유형이다. 공무원이 직무상 '부정한 행위'를 한 후 뇌물을 수수·요구·약속하거나 제3자에게 공여·공여요구·약속하는 죄이다. 제1항의 죄(수뢰후 부정처사죄)에 비해, 순서만 다르고 실질은 같다.

우선, "부정한 직무행위를 한 후 일정한 시간이 경과한 다음 다른 명목으로 금품을 수수한 경우에도, 그 금품수수가 직무행위의 부정과 **관련된** 것인 한, 본

---

1) [유사사례: 수뢰후부정처사죄와 공도화변조·행사죄] "수뢰후부정처사죄 외에 별도로 공도화변조 및 동행사죄가 성립하고, 이들 죄와 수뢰후부정처사죄는 각각 상상적 경합 관계에 있다. 이때 공도화변조죄와 동행사죄 상호간은 실체적 경합범 관계에 있다고 할지라도, 상상적 경합범 관계에 있는 수뢰후부정처사죄와 대비하여 가장 중한 죄에 정한 형으로 처단하면 족한 것이고, 따로이 경합범 가중을 할 필요가 없다"(대판 2001.2.9. 2000도1216).

죄를 구성한다"(대판 1983.4.26. 82도2095).[1] 반면, "배임에 의한 국고손실죄의 공동정범인 공무원이 다른 공범으로부터 그 범행으로 취득한 금원의 일부를 받은 경우, 이는 **공동정범들 사이의 내부적 이익분배**에 불과한 것이고, 별도로 뇌물수수죄(본죄)에 해당하지 않는다"(대판 1997.2.25. 94도3346).

한편, **국립병원에 근무하는 의사**(=공무원)가 부정행위의 일환으로 '허위진단서를 작성'한 후 그 사례 명목으로 금품을 수수한 경우에, '부정처사후 수뢰죄'와 '**허위공문서작성죄**'[2]가 별도로 성립하고, 양자는 '실체적 경합'관계에 있다(대판 2004.4.9. 2003도7762).

(3) 사후수뢰죄

'재직 중의 부정행위+퇴직 후의 수뢰행위'의 결합유형이다. 공무원이었던 자가 그 재직 중에 청탁을 받고 직무상 부정한 행위를 한 후 (퇴직한 다음) 뇌물을 수수, 요구 또는 약속하는 죄이다. '**퇴직후 수뢰죄**'라고도 한다.

"뇌물의 수수 등을 할 당시 이미 **공무원의 지위를 떠난 경우**에는, 단순수뢰죄(129①)로는 처벌할 수 없고, **사후수뢰죄**의 요건에 해당할 경우에 한하여 그 죄로 처벌할 수 있을 뿐이다"(대판 2013.11.28. 2013도10011).[3]

---

1) [사례: 부정처사후 수뢰죄] "공사의 입찰업무 담당장교가 입찰예정가격을 미리 알려 준 다음, 입찰이 끝난 후 20여일이 경과한 후 전별금 명복으로 금원을 받은 경우 본죄의 성립을 인정한 사례"(위 82도2095).

2) [공무원인 의사의 허위진단서 작성(=허위공문서작성죄)] "허위진단서작성죄는 공무원이 아닌 의사가 사문서로서 진단서를 작성한 경우에 한정된다. 공무원인 의사가 공무소의 명의로 허위진단서를 작성한 경우에는 허위공문서작성죄만이 성립하고 허위진단서작성죄는 별도로 성립하지 않는다"(위 2003도7762).

3) [사례: 퇴직후 수뢰죄] "국가공무원이 지방자치단체의 업무에 관하여 전문가로서 위원 위촉을 받아 한시적으로 직무를 수행하는 경우와 같이 공무원이 그 고유의 직무와 관련이 없는 일에 관하여 별도의 위촉절차 등을 거쳐 다른 직무를 수행하게 된 경우에는 그 위촉이 종료되면 그 위원 등으로서 새로 보유하였던 공무원 지위는 소멸하므로, 그 이후에 종전에 위촉받아 수행한 직무에 관하여 금품을 수수하더라도, 이는 사후수뢰죄에 해당할 수 있음은 별론으로 하고, 일반 수뢰죄로 처벌할 수는 없다"(위 2013도10011).

(사안) 피고인은 ▽▽우체국장으로 근무하던 중 ○○위원회의 평가위원으로 위촉되어 2일간 평가업무를 수행한 후 그 지위를 상실하였다. 그 후 계속하여 ▽▽우체국장으로 근무하면서, 평가위원으로서의 직무수행에 대한 사례로 업자로부터 금품을 수수하였다. 이 경우 '사후수뢰죄'가 성립할 뿐, 일반수뢰죄에 해당하지 않는다(▽▽우체국장으로서의 직무와 관련하여 뇌물을 수수한 것이라고는 볼 수 없다).

6. 알선수뢰죄

> **제132조(알선수뢰)** 공무원이 그 지위를 이용하여 다른 공무원의 직무에 속한 사항의 알선에 관하여 뇌물을 수수, 요구 또는 약속한 때에는 3년 이하의 징역 또는 7년 이하의 자격정지에 처한다.
>
> ※ 특가법 제2조 ② 형법 제129조·제130조 또는 제132조에 규정된 죄를 범한 사람은 그 죄에 대하여 정한 형(제1항의 경우를 포함한다)에 수뢰액의 2배 이상 5배 이하의 벌금을 병과(併科)한다.

공무원이 그 지위를 이용하여 다른 공무원의 직무에 속한 사항의 '**알선**'에 관하여 뇌물을 수수·요구 또는 약속하는 죄이다. 공무원이 '자신의 직무'가 아닌 '다른 공무원의 직무'에 속한 사항의 '알선'에 관하여, 그 지위를 이용한 수뢰행위라는 점에서, 단순수뢰죄와 구별된다(해당 공무원의 직무권한의 범위 내라면 단순수뢰죄가 성립한다). 특가법상 수뢰액에 따라 가중처벌되고(동법2①), 벌금형이 필요적으로 병과된다(동②). 보호법익은 단순수뢰죄와 같다.

만일 공무원 아닌 **사인**(私人, 비공무원)이 다른 공무원의 직무에 속한 사항의 '알선'에 관하여 금품을 수수한 경우에는, 본죄가 아닌 **특가법상 알선수재죄**(3) 또는 **변호사법위반죄**(111)가 적용된다(모두 비신분범이고, 공무원의 지위이용은 요건이 아니다. 별도 항목으로 말미에 자세히 설명한 부분을 참조할 것).

(1) 주체: 공무원

주체는 공무원이다. 중재인이나 사인(私人)은 주체가 아니다. 공무원이라도 그 지위를 이용할 것을 요하므로, "다른 공무원의 직무에 대해 '**직무상** 직접·간접의 **연관관계**'를 가지고 '**법률상·사실상 영향력**'을 미칠 수 있는 지위의 공무원"(대판 1982.6.8. 82도403)이라고 축소해석한다.

비공무원의 알선행위, 공무원이라도 공무원 지위를 이용하지 않는 알선행위에 대해서는, 특가법상 알선수재죄 또는 변호사법위반죄가 적용된다.

(2) 행위: 지위이용·다른 공무원의 직무에 속한 사항의 알선·수뢰

공무원의 지위를 이용하여 다른 공무원의 직무에 속한 사항의 '알선'에 관하여 뇌물을 수수·요구 또는 약속하는 것이다.

1) 지위 이용　공무원이 그 지위를 이용해야 한다. 지위이용이란 다른 공무원의 직무사항에 영향력을 미칠 수 있는 공무원이 그 지위나 신분을 이용하는 것을 말한다. 그 영향력은 **법률적·사실적**이든, **직접적·간접적**이든 상관없다.

즉, "'공무원이 지위를 이용하여'란, 다른 공무원이 취급하는 사무의 처리에 '법률상이거나 사실상으로 영향을 줄 수 있는 관계'에 있는 공무원이 그 지위를 이용하는 경우를 말한다. 양자 사이에 상하관계, 협동관계, 감독권한 등의 특수한 관계가 있거나 같은 부서에 근무할 필요는 없다. 그러나 친구, 친족관계 등 사적인 관계를 이용하는 경우는 이에 해당하지 않는다"(대판 1994.10.21. 94도852; 2006.4.27. 2006도735). 예컨대, 전임·후임관계, 과거 상하관계, 지휘감독관계, 업무협력관계 등은 '지위이용'에 해당한다.

[판례사례: 지위이용 여부] i) [지위이용관계 '긍정' 사례] '유죄' 사례로는, ㉠ 남광주세무서의 '전임' 징세계장으로 근무한 서광주세무서 징세계장은 남광주세무서의 '후임' 징세계장의 직무에 대하여(대판 1989.12.26. 89도2018. "사실상 영향력을 행사할 수 있는 지위에 있었다"), ㉡ △△세무서에서 서장으로 근무한 광명세무서장은 △△세무서에서 당시 부하(총무과장)였던 중부지방국세청 재산국 세무조사담당관의 사무에 대하여(위 94도852), ㉢ 지방법원장은 예하 법관에 대하여(대판 1956.3.2. 4288형상179. "예하 법관에 대한 지휘감독권을 보유한 이상 예하 법관에 대해 영향을 줄 수 있다"), ㉣ 노동부 직업안정국 고용대책과장은 관계공무원에게 청탁하여 연예인 국외공급 사업허가를 받아달라는 부탁과 함께 금원을 교부받은 경우(대판 1969.8.26. 69도1120), ㉤ 육군참모총장의 수석부관은 그 수행하는 직무범위에 입각하여 볼 때 장교의 진급업무에 관하여(대판 1979.11.13. 79도1928. "사실상 영량력을 미칠 수 있다"), ㉥ 서울시 부시장의 비서관(5급 별정직)이 시청 관재과 소속 공무원의 체비지 불하 업무에 대하여(대판 1989.11.14. 89도1700. "직무상 연관관계를 가지고 사실상 어떤 영향력을 미칠 수 있는 지위"), ㉦ (토지구획정리사업 등의 업무를 담당하는) 시청 도시계장은 토지구획정리사업시행 여부를 결정하기 위해 현지에 답사차 내려온 건설부 소속 공무원들에게 '사업시행인가가가 날 수 있도록 해 달라'는 명목으로 금원을 교부받은 경우(대판 1991.7.23. 91도1190) 등이 있다.

그 밖에도 ㉧ 서울시 고위직(중구청장·지역경제국장 등)을 역임한 서울시 공무원은 서울시 지하철공사의 임직원의 장소임대차(음료수자판기 영업) 업무에 대하여(대판 2001.10.12. 99도5294. "서울시나 그 산하 단체의 업무에도 깊숙이 관여해온 사실이 있으니, 사실상 영향력을 행사할 수 있는 지위에 있었다"), ㉨ 전라북도 경찰국 면허계 기능반 경찰공무원(경장)으로 근무하였던 그 산하 경찰서 수사계장은 전라북도 자동차운전면허 발급담당공무원의 직무에 관하여(대판 1995. 1. 12. 94도2687. "사실상의 영향력을 행사할 수 있는 지위에 있었다") 등이 있다.

ii) [지위이용관계 '부정'사례] '무죄' 사례로는, ㉠ 순천지청 검찰주사는 같은 지청에서 관세법위반 피의사건을 담당하던 검사에 대하여(대판 1982.6.8. 82도403. "직무상 어떠한 연관관계를 가지고 법률상 또는 사실상 어떤 영향력을 미칠 수 있는 지위에 있었다고 보기 어렵다"), ㉡ 군청건설과 농지계 직원은 골재채취예정지 고시사무를 담당하는 도지사의 직무에 대하여(대판 1984.1.31. 83도3015), ㉢ 도교육위원회 사회체육과 보건계에서 아동급식 업무를 담당하는 지방보건기사는 도보건사회국에서 카바레영업허가 업무 감독 및 사전승인업무를 담당하는 지방행정주사보의 직무에 대하여(대판 1983.8.23. 82도956. "직무상 아무런 연관관계가 없고 법률상이나 사실상 어떠한 영향력을 줄 수 있는 지위에 있다고 보기 어렵다"), ㉣ 육군본부 정보작전지원참모부 조직진단관(3급 군무원)은 장군진급심사 업무를 담당하는 인사참모부 선발관리실장(준장)에 대하여(대판 2010.11.25. 2010도11460. "장군진급업무와 관련하여 사실상 영향을 줄 수 있는 관계에 있었다고 하기에 부족하다") 등은 '지위이용'에 해당하지 않는다.

2) 다른 공무원의 직무에 속한 사항의 알선 알선의 뜻, 알선 대상, 알선 내용, 알선사항의 특정 정도가 문제된다.

첫째, 알선이란, "일정한 사항에 관하여 어떤 사람(=알선의뢰인)과 그 상대방(=알선상대방)의 사이에 서서 '중개'하거나 편의를 도모하는 것"을 말한다(대판 1997.12.26. 97도2609).[1] 알선에는 청탁도 포함된다. 예컨대, "어떤 사람이 청탁한 취지를 ㉠ 상대방에게 전하거나(=전달), ㉡ 그 사람을 대신하여 스스로 상대방에게 청탁을 하는 행위(=대신 청탁)도 '알선'에 해당한다"(위 97도2609).

그러나 양자 사이에 서서 '중개'하는 것이 **아니라면**, 알선에 해당하지 않는다. 예컨대, "㉠ 단순히 알선의뢰인에게 '알선행위자를 소개'만 시켜준 경우, ㉡ '알선행위자에게만 알선행위를 부탁'한 경우는 '알선'에 해당하지 않는다"(대판 2000.10.24. 99도3115). ㉢ "단순히 알선의뢰인에게 '편의를 제공'하기만 한 경우도 '알선'에 해당하지 않는다"(대판 1997.5.30. 97도367).

둘째, 알선의 대상은 '**다른 공무원의 직무**에 속한 사항'이다. 뇌물죄에서의 그것과 같다. 즉, ㉠ 공무원이 법령상 관장하는 직무 그 자체뿐만 아니라, 직무와 **밀접한 관계**가 있는 행위 또는 관례상이나 사실상 관여하는 직무행위도 포함된다. ㉡ '**정당한 직무행위**'를 **알선**한 경우에도 여기에 해당한다('직무행위의 불가매수성'). 즉, "공무원의 직무에 속한 사항에 관한 것이면 충분하고, 그것이 반드시

---

1) [법률용어로서의 '알선'(=중개)] 일반용어로서의 알선과는 차이가 있다. 알선의 사전적 의미는 '일이 잘되도록 여러 가지 방법으로 두루 힘씀'이나, 법률용어로서의 알선은 그러한 차원을 넘어, 일정한 사항에 관하여 '중개'하는 것을 의미한다.

부정행위라거나, 그 직무에 관하여 (해당 공무원이) 결재권한이나 최종결정권한을 갖고 있어야 하는 것이 아니다"(대판 1992.5.8. 92도532). ㉢ '공무원의 직무'가 아닌 '개인적인 사무' 또는 '비공무원의 직무'에 속한 사항의 알선은 여기에 해당하지 않는다[예: 국립대학교 교수의 용역업무(대판 2002.5.31. 2002도670), 서울대학교병원 교수의 의사로서의 진료업무(대판 2006.5.26. 2005도1904), 해외 수출업체의 부사장의 사무(대판 1984.4.10. 82도766)]. ㉣ 행위자 자신의 직무가 아닌 '다른 공무원의 직무'에 속한 사항에 대해서만 '알선'이 성립한다. 만일 청탁의 내용이 **'행위자 자신의 직무'에 속한 사항**이라면, '알선/중개'라는 관념을 상정할 수 없기 때문이다. 이 경우 본죄가 아니라 '단순수뢰죄'에 해당한다. 행위자 자신의 사무인지 여부는 형식이나 외관에 구애될 것이 아니라 **실질에 따라** 판단한다[구별설].[1] ㉤ 다만, "알선의 상대방인 '다른 공무원'이 구체적으로 특정될 필요까지는 없다"(대판 2009.7.23. 2009도3924). 알선은 단지 '다른 공무원의 직무에 속한 사항'이면 충분하기 때문이다. 알선의 상대방이 최종적으로 공무원이고 그 직무에 속하는 사항에 해당하는 이상, 중간 인물을 통하는 경우라도 무방하다.

셋째, 알선의 내용은 과거의 것이나 현재의 것은 물론, **장래의** 것도 무방하다. 즉, "알선행위는 장래의 것이라도 무방하므로, 본죄가 성립하기 위하여는 뇌물을 수수할 당시 반드시 상대방에게 알선에 의하여 해결을 도모하여야 할 **현안이 존재하여야 할 필요가 없다**"(위 2009도3924).

넷째, 문제는 알선사항의 특정 내지 구체성 정도이다. 우선, ㉠ "반드시 '알선의 상대방인 다른 공무원'이나 '그 직무내용'이 구체적으로 특정될 필요까지는 없다"(대판 2009.7.23. 2009도3924).[2] 다만, ㉡ 알선이 성립하기 위해서는, 적어도 알

---

1) [특가법상 알선수재] "행위자가 타인과 동업약정을 체결하고 공무원을 상대로 영업활동을 하였으나 그 약정이 알선을 위한 형식 내지 외관을 갖춘 것에 불과한 경우라면, 이는 자신이 아닌 타인의 사무를 위한 '알선'행위에 해당한다"(대판 2013.8.23. 2013도4644).

즉, "알선수재죄가 성립하는지는 당사자가 붙인 계약의 명칭이나 형식에 구애될 것이 아니라, 계약의 실질에 따라 신중하게 판단하여야 한다"(대판 2023.12.28. 2017도21248). 이는, 육군장성 출신으로 국방부에서 군수 분야의 고위직 간부로 재직한 경력이 있는 피고인이, 방위사업체인 갑 주식회사와 경영자문위원 위촉계약을 체결한 후, 갑 회사의 현안과 관련된 군 관계자 상대 로비를 요청받고 그 대가로 자문료 및 활동비 명목으로 금원을 지급받은 경우에, 그 실질이 '일반적 자문계약'이라고 볼 여지가 충분하다면, 이는 공무원의 직무에 속한 사항의 알선이라고 보기 어렵다고 한 사례(알선수재죄 불성립).

2) [알선사항의 구체성 정도] "피고인이 정관계 인사를 잘 안다고 하면서, 퇴출이 예정된 은행의 은행장으로부터 '퇴출되면 자리 하나 마련해 달라'는 부탁과 함께 금품을 수수한 경우 알선상대방인 공무원이나 알선대상인 정부 임명직이 특정되지 않았더라도, 향후의 정부 임명직 인사에 관한 알선임을 알 수 있다는 점 등을 감안하여 특가법상 알선수재죄의 성립을 인정한 사례

선할 사항과 뇌물수수의 명목이 무엇인지는 어느 정도는 구체적으로 나타나야 한다. 따라서 "단지 상대방(-공여자)으로 하여금 '뇌물을 수수하는 자'에게 잘 보이면 어떤 도움을 받을 수 있다거나 손해를 입을 염려가 없다는 정도의 막연한 기대감을 갖게 하는 정도(=이른바 '보험용' 차원)에 불과하고, '뇌물을 수수하는 자' 역시 상대방이 그러한 기대감을 가질 것이라고 짐작하면서 수수하였다는 사정만으로는, 본죄가 성립하지 않는다"(대판 2017.12.22. 2017도12346).[1] (본죄가 성립하기 위해서는, 비록 알선상대방이나 그 직무내용이 구체적으로 특정될 필요까지는 없더라도) 최소한 "알선할 사항이 다른 공무원의 직무에 속하는 사항이고, 뇌물수수의 명목이 그 사항의 알선에 관련된 것임이 '어느 정도는 구체적으로' 나타나야 하기" 때문이다(위 2017도12346).

3) 알선에 '관한' 뇌물수수 등　행위자의 뇌물수수등은 '알선에 관한 것'이어야 한다. '알선에 관하여'라 함은, '알선의 명목으로'라는 의미로서, 널리 알선관련성 및 알선대가성을 포괄하는 개념이다. 즉, 뇌물은 알선에 관련된 것이고, 알선과 사이에 대가관계가 있어야 한다. "알선과 뇌물 사이에 전체적 · 포괄적으로 대가관계가 있으면 충분하다"(대판 2017.1.12. 2016도15470).

판례에 따르면, 알선자가 알선 명목으로 금품을 수수한 이상, ㉠ "실제 청탁할 의사가 없었더라도"(변호사법위반죄에 관한 대판 1986.3.25. 85도436: 2006. 1.27. 2005도8704 참조), 또한 "실제로 어떤 구체적인 알선행위를 하였는지와 상관없이"(위 2016도15470) 본죄가 성립한다. 한편, ㉡ 알선자가 받은 금품에 '알선행위에 대한 대가'로서의 성질과 '그 밖의 행위에 대한 대가'로서의 성질이 '불가분적으로 결합'되어 있는 경우에는, 그 '전부'가 불가분적으로 '알선행위에 대한 대가'로서의 성질을 가진다(위 2016도15470. '대가의 불가분성').

(3) 죄수

알선죄와 사기죄는 상상적 경합관계에 있다. 즉, "공무원이 취급하는 사건에 관하여 '알선할 의사와 능력이 없음에도' 알선한다고 기망하고, 이에 속은 피

(대판 2001.10.26. 2000도2968).

1) [알선수뢰 사례(=무죄)] "검사 甲은 기업인 乙(고등학교 동창으로 20년간 친구관계를 지속)로부터, 장래 발생할 수 있는 형사사건에서 甲이 사건을 맡게 되면 직접, 다른 검사가 사건을 맡게 되면 甲이 담당검사에게 영향력을 행사해 주는 대가로, 금품 등을 수수하였다는 내용으로 기소된 사안에서, 乙로서는 '막연한 기대감'에서 이익을 공여한 것일 뿐이고, 甲 역시 다른 공무원의 직무에 속하는 사항의 알선과 관련하여 수수한 것이라고 보기 어렵다는 이유로 무죄를 선고한 사례"(위 2017도12346).

해자로부터 '알선 명목'으로 금품을 수수한 경우, **사기죄와 알선죄**(사안에 따라 알선수뢰죄, 또는 특가법상 알선수재죄 · 변호사법위반죄)가 성립하고, 양죄는 **상상적 경합관계**에 있다"(대판 2008.2.28. 2007도10004; 2012.6.28. 2012도3927).

알선수뢰한 금원 중 일부를 증뢰한 경우 알선수뢰죄와 증뢰죄의 실체적 경합이 된다(대판 1967.1.31. 66도1581. 추징의 상대방은 '알선수뢰자'임은 앞서 설명).

(4) 특별법상 알선수재죄

특가법 제3조(알선수재) 공무원의 직무에 속한 사항의 알선에 관하여 금품이나 이익을 수수 · 요구 또는 약속한 사람은 5년 이하의 징역 또는 1천만원 이하의 벌금에 처한다.

변호사법 제111조(벌칙) ① 공무원이 취급하는 사건 또는 사무에 관하여 청탁 또는 알선한다는 명목으로 금품 · 향응, 그 밖의 이익을 받거나 받을 것을 약속한 자 또는 제3자에게 이를 공여하게 하거나 공여하게 할 것을 약속한 자는 5년 이하의 징역 또는 1천만원 이하의 벌금에 처한다. 이 경우 벌금과 징역은 병과할 수 있다.

② 다른 법률에 따라 형법 제129조부터 제132조까지의 규정에 따른 벌칙을 적용할 때에 공무원으로 보는 자는 제1항의 공무원으로 본다.

특경법 제7조(알선수재의 죄) 금융회사등의 임직원의 직무에 속한 사항의 알선에 관하여 금품이나 그 밖의 이익을 수수, 요구 또는 약속한 사람 또는 제3자에게 이를 공여하게 하거나 공여하게 할 것을 요구 또는 약속한 사람은 5년 이하의 징역 또는 5천만원 이하의 벌금에 처한다.

1) 특가법상 알선수재죄 (누구든지) 공무원의 직무에 속한 사항의 알선에 관하여 금품이나 이익을 수수 · 요구 또는 약속하는 경우(3)이다. 유상 로비활동의 처벌 여부는 입법정책의 문제로서(헌재 2005.11.24. 2003헌바103), 이른바 **'공무브로커'**에 대한 처벌규정이다. **알선행위자**(브로커)와 **알선의뢰인**(민원인) · **알선상대방**(공무원)이라는 **3각관계**의 구조를 갖는다. **'필요적 몰수'** 대상(13)이다.

형법상 알선수뢰죄와는 달리, 특가법상 알선수재죄는 ㉠ 주체에 제한이 없고(비신분범. 私人), ㉡ 공무원의 지위이용도 그 요건이 아니다. 특히, ㉢ 특가법상 알선수재죄는, 금품 등의 **교부자**(알선의뢰인)가 **처벌되지 않고**(= '편면적' 대향범), 수수액이 3천만원 이상이라도 특가법상 가중처벌 대상이 아니다(반면, 형법상 알선수뢰죄는 뇌물공여자 처벌, 수뢰액이 3천만원 이상이면 특가법상 가중처벌).

2) 변호사법위반죄 특가법상 알선수재죄와 유사한 구성요건으로 변호사법위반죄(111①)가 있다. 즉 공무원이 취급하는 사건 또는 사무에 관하여 청탁 또는 알선한다는 명목으로 금품 등을 수수 · 약속하거나 제3자에게 공여 · 공여약속하는 경우이다. 이른바 **'사건브로커'**에 대한 처벌규정이다. 역시 **'필요적 몰수'** 대상(116)이다.

특가법상 알선수재죄에 비해, 그 **성립범위가 넓다**. ㉠ 알선 외에 '청탁'도 처벌하고, ㉡ '제3자'에게 공여 · 공여약속도 포함하며, ㉢ '의제공무원'의 직무사항도 대상이 되기 때문이다. ㉣ 벌금형과 징역형의 '임의적 병과'도 가능하다. '특가법상 알선수재죄'와 '변호사법위반죄'의 관계는, '동일사항을 규율대상으로 삼고 있는' 2개의 **병존적인 법률규정**이며, 어느 한쪽이 신법이라고 볼 수도 없다(대판 1983.3.8. 82도2873). 대개 변호사법위반죄를 적용한다.

3) 특경법상 알선수재죄 이른바 '**금융브로커**'에 대한 처벌규정이다. 즉, (누구든지) '금융회사등의 임직원의 직무에 속한 사항의 알선에 관하여' 금품 등을 수수 · 요구 · 약속하거나 제3자에게 공여 · 공여요구 · 공여약속하는 경우(7)이다. 다른 알선죄와는 달리, 알선상대방이 (공무원 아닌) '**금융회사 임직원**'이다. 마찬가지로 '**필요적 몰수**' 대상(10②)이다.

4) 각종 알선죄의 구성요건 비교 [표]로 정리하면 다음과 같다.

[비교 : 각종 알선(수재)죄(브로커범죄)의 구성요건]

	형법상 알선수뢰죄 (제132조)	특가법상 알선수재죄 (제3조)	특경법상 알선수재죄		변호사법위반죄 (제111조)
			제5조 제3항	제7조	
주체	공무원	**제한 없음**	금융회사 임직원	**제한 없음**	**제한 없음**
관련 직무	'다른 공무원의 직무에 속한 사항'	'공무원의 직무에 속한 사항'[1]	'다른 금융회사 임직원의 직무에 속한 사항'	'금융회사 임직원의 직무에 속한 사항'	'공무원 또는 의제공무원이 취급하는 사건'
행위	지위이용하여, '알선'에 관하여	'알선'에 관하여	지위이용하여, '알선'에 관하여	'알선'에 관하여	'청탁 또는 알선'한다는 명목으로
	(뇌물을) 수수 · 요구 · 약속	(금품 · 이익을) 수수 · 요구 · 약속	(금품 · 이익을) 수수 · 요구 · 약속	(금품 · 이익을) 수수 · 요구 · 약속 or 제3자에게 공여 · 요구 · 약속	(금품 · 향응 · 이익을) 수수 · 요구 · 약속 or 제3자에게 공여 · 요구 · 약속
비고 (법적 성격)	① (뇌물죄) 형법 제132조		① (뇌물죄) 형법 제132조 알선수뢰죄에 대응		
		② 알선죄 특가법 제3조		**② 알선죄** 특가법 제3조 알선수재죄에 대응	**② 알선죄** 특가법 제3조 알선수재죄에 대응
		(공무브로커)		**(금융브로커)**	**(사건브로커)**

1) '의제공무원'의 직무사항은 대상이 아님(주의). 이와 달리 변호사법위반죄는 성립 가능.

7. 증뢰죄와 증뢰물전달죄

> **제133조(뇌물공여 등)** ① 제129조부터 제132조까지에 기재한 뇌물을 약속, 공여 또는 공여의 의사를 표시한 자는 5년 이하의 징역 또는 2천만원 이하의 벌금에 처한다.
> ② 제1항의 행위에 제공할 목적으로 제3자에게 금품을 교부한 자 또는 그 사정을 알면서 금품을 교부받은 제3자도 제1항의 형에 처한다.

제1항의 증뢰죄(뇌물공여죄)는 제129조부터 제132조까지에 기재한 뇌물을 약속·공여 또는 공여의 의사표시를 하는 죄이다. 비신분범이다.

제2항의 증뢰물전달죄(제3자뇌물교부·취득죄)는 증뢰에 제공할 목적으로 제3자에게 금품을 교부하거나(=제3자'뇌물교부'죄), 제3자가 그 사정을 알면서 금품을 교부받는 죄(=제3자'뇌물취득'죄)이다.

수뢰죄와 마찬가지로, 보호법익은 직무행위의 불가매수성과 직무행위의 공정성에 대한 사회의 신뢰이고, 보호정도는 추상적 위험범이다.

(1) 증뢰죄: 뇌물공여죄

주체는 제한이 없다. 공무원도 다른 공무원에게 뇌물공여하면 주체가 된다. 알선수재한 자가 금품을 뇌물로 공무원에게 교부하면 (알선수재죄와 별도로) 뇌물공여죄가 성립한다(대판 2003.11.27. 2003도5095). 객체는 뇌물이다.

본죄의 행위는 약속·공여·공여의 의사표시이다. ㉠ '공여·약속'은 수뢰죄의 '수수·약속'과 필요적 공범관계에 있다. 다만, **"뇌물공여죄는 반드시 상대방 측에서 뇌물수수죄가 성립해야만 하는 것은 아니다"**(대판 2013.11.28. 2013도9003).[1] ㉡ '공여의 의사표시'는 공여자의 일방적 의사표시만으로 성립하므로, 수뢰죄 중 뇌물요구죄와 마찬가지로 필요적 공범이 아니다.

1) 공여 공여란 수수하도록 뇌물을 '제공하는 것'을 말한다. 상대방이 '수수할 수 있는 상태'에 두면 족하고, 현실적으로 수수하지 않더라도 무방하다. 따라서 공무원의 처나 가족에게 교부하는 것도 공여가 될 수 있다. 다만, 새롭게 제공되는 이익이 없는 경우에는 뇌물공여에 해당하지 않는다.[2]

---

1) [뇌물공여죄와 뇌물수수죄의 분리] "뇌물공여죄가 성립하기 위하여는, 뇌물을 공여하는 행위와 상대방 측에서 금전적으로 가치가 있는 그 물품 등을 받아들이는 행위가 필요할 뿐, 반드시 상대방 측에서 뇌물수수죄가 성립해야 하는 것은 아니다"(위 2013도9003). 예컨대, 공무원이 공여자가 제공한 금품의 뇌물성을 인식하지 못하는 등 수뢰죄가 성립하지 않는 경우에도, 증뢰죄는 성립한다.

2) [배임증재가 뇌물공여로 전환 여부] "배임수재자가 배임증재자로부터 무상으로 빌려받은 물건

공여의 의사표시 또는 약속을 한 후 이에 따라 공여한 경우 포괄하여 뇌물공여죄 1죄만 성립한다(포괄1죄). 문제는, 공무원이 **'기망 또는 공갈하여'** 뇌물을 수수한 경우 **'공여자의 증뢰죄 성립 여부'**이다(앞서 단순수뢰죄에서 詳述).

2) 약속 약속이란 뇌물의 제공과 수령에 관하여 증뢰자와 수뢰자 사이에 '의사의 합치'를 말한다. 공무원의 요구에 승낙하는 경우 및 자진하여 장차 뇌물의 제공을 약속하는 경우를 포함한다.

3) 공여의 의사표시 공여의 의사표시란 상대방에게 뇌물을 공여하겠다는 일방적 의사표시를 말한다. 명시적이든 묵시적이든 무방하다. 상대방이 인지할 수 있는 상태에 있으면 충분하고, 현실적으로 수수할 수 있는 상태가 될 필요도 없다(공여와 구별).

4) 의제공무원에게 공여등 공여의 상대방과 관련하여, 공무원에게 공여한 경우는 물론, 의제공무원에게 공여한 경우에도 본죄가 성립한다. 즉, 특별법상 의제공무원(예: 특가법상 정부관리기업체의 간부직원, 도시및주거환경정비법상 재건축조합장 등)도 공여의 상대방이 될 수 있다. 예컨대, '건설업자'가 '의제공무원에게' 직무와 관련하여 금품을 제공한 경우에도 **뇌물공여죄**가 성립한다(대판 1975.6.24. 70도2660; 2014.6.12. 2014도2393).[1]

(2) 증뢰물전달죄: 제3자뇌물교부 · 취득죄

증뢰물전달죄는 제3자뇌물'교부'죄와 제3자뇌물'취득'죄로 구성되어 있고, 양자는 필요적 공범관계(대향범)에 있다. 제3자뇌물교부죄는 증뢰의 목적이 필요한 목적범이나, 그 대향범인 제3자뇌물취득죄는 목적범이 아니다.

여기서 **제3자**란 "'**행위자**(증뢰자 · 수뢰자)와 **공동정범**' **이외의 자**"를 말한다(대판 2006.6.15. 2004도756). 제130조(제3자뇌물제공)의 '제3자'와 같다.[2]

1) 제3자뇌물교부죄 뇌물에 제공할 목적으로 제3자에게 금품을 교부하는 것이다. 주체는 제한이 없다. 객체는 금품이다.

을 사용하던 중 공무원이 된 경우, 배임증재자가 배임수재자에게 앞으로 물건은 공무원의 직무에 관하여 빌려주는 것이라고 하였더라도, 새로운 이익을 제공한 것으로 평가할 만한 사정이 없다면, 뇌물공여죄가 성립하지 않는다"(대판 2015.10.15. 2015도6232).

1) **[의제공무원에게 공여]** "정부관리기업체의 간부직원에게 뇌물을 공여하였다면, 이는 공무원에게 뇌물을 공여한 경우와 같이, 뇌물공여죄가 성립한다"(위 2014도2393).

2) **[제3자의 범위]** 따라서, '증뢰자와 독립한 제3자 지위에 있다고 보기 어려운 자'에게 증뢰자가 증뢰용 금품을 공여한 경우 제3자뇌물교부죄가 성립하지 않는다. 이와 달리, 증뢰자 · 수뢰자의 '방조범'은 본죄에서도 제3자에 해당한다(서울고판 2011.8.25. 2010노4943).

본죄는 제3자에게 증뢰용 금품을 '교부'함으로써 즉시 성립한다. 따라서 ㉠ 제3자가 그 금품을 실제로 공무원에게 **전달**하였는지 **여부**는 본죄의 성립에 영향이 없다. ㉡ 만약 제3자가 그 금품을 수뢰자에게 **실제로 전달**하였다면, 증뢰자(교부자)의 경우 본죄(제3자뇌물교부죄)가 뇌물공여죄에 흡수되어 **'뇌물공여죄' 1죄만이 성립**한다(서울고판 2011.8.25. 2010노4943). ㉢ 수뢰자가 제3자로부터 전달받은 금품을 곧바로 증뢰자에게 **반환**한 경우에도, 본죄(제3자뇌물교부죄)의 성립에는 영향이 없다(대판 1983.6.28. 82도3129).

2) 제3자뇌물취득죄 제3자가 그 사정을 알면서 금품을 교부받는 것이다. 공무원도 직무와 관련 없는 경우 본죄의 주체가 될 수 있다.[1]

본죄는 제3자에게 증뢰용 금품을 '교부받음'으로써 즉시 성립한다. 따라서 ㉠ "제3자가 교부받은 금품을 실제로 수뢰자에게 **전달**하였는지 **여부**는 본죄의 성립에 영향이 없다"(대판 1985.1.22. 84도1033). ㉡ 나아가 "제3자가 그 금품을 수뢰자에게 **실제로 전달**하였다고 하여, 제3자뇌물취득죄 외에 **별도로 뇌물공여죄가 성립하는 것은 아니다**"(대판 1997.9.5. 97도1572).

한편, 제3자가 "(공무원에게 제공할 금품을 받아 그 공무원에게 단순히 '전달'한 경우와는 달리) **자기 자신의 이득**을 취하기 위하여, 공무원이 취급하는 사건 또는 사무에 관하여 청탁한다는 등의 명목으로 금품 등을 교부받으면, **변호사법위반죄**만 성립하고, 본죄(제3자뇌물취득죄)는 성립할 여지가 없다"(대판 1986.3.25. 86도436; 2006.11.24. 2005도5567).[2]

3) 제3자의 배달사고 문제 제3자가 교부받은 금품의 일부만을 공무원에게 전달한 경우('배달사고')에, **관여자들**(전달받은 공무원, 제3자에게 교부한 교부자, 교부받아 전달한 제3자)의 죄책이 각각 문제된다. 각별한 주의가 필요하다.[3]

---

1) **[제3자뇌물취득죄의 주체와 공무원]** "본죄의 주체는 비공무원을 예정한 것이나 공무원일지라도 직무와 관계되지 않는 범위 내에서는 본죄의 주체에 해당될 수 있다. 피고인이 자신의 공무원으로서의 직무와는 무관하게 군의관 등의 직무에 관하여 뇌물에 공할 목적의 금품이라는 정을 알고 이를 전달해준다는 명목으로 취득한 경우라면 제3자뇌물취득죄가 성립된다"(대판 2002.6.14. 2002도1283).

2) **[알선수재죄와 증뢰물전달죄의 구별]** 제3자가 알선수재죄의 주체로서 공여자로부터 알선의 대가로 금품을 수수한 경우에 그 제3자는 특가법상 알선수재죄 또는 변호사법위반죄가 성립하고, 제3자가 단지 전달책으로서 공여자로부터 전달의 목적으로 증뢰용 금품을 교부받은 경우에는 제3자뇌물취득죄가 성립한다.

3) **[사례: 배달사고 문제]** 예컨대, 교부자가 증뢰 목적으로 제3자에게 5,000만원을 교부하였는데, 그 제3자가 4,000만원만 공무원에게 전달하고 1,000만원은 횡령한 경우의 죄책이다.

i) 공무원은, 실제로 수수한 4,000만원에 대해 특가법상 뇌물수수죄로 가중처벌된다.

ii) 교부자는, 전달된 4,000만원에 대해서는 '뇌물공여죄'만 성립하고(뇌물공여죄는 특가법상

제 2 절 공무방해에 관한 죄

Ⅰ. 총설

1. 의의 및 보호법익

1) 뜻 공무방해의 죄는 국가·공공기관의 공무집행을 방해하는 범죄이다. 공무원이 주체가 되는 직무상 범죄가 아니라, 공무원이 객체가 되는 일반인의 범죄이다.

2) 보호법익 공무방해의 죄는 그 보호법익이 국가기능인 **공무 그 자체**이고, 보호정도는 기본적으로 추상적 위험범이다. 행위객체(=공무원)와 보호객체(=공무)가 다른 범죄유형이다.

2. 구성요건 체계

공무방해의 죄는 일반 공무방해의 죄, 특별 공무방해의 죄, 특수공무방해의 죄로 구분된다. 제140조 내지 제142조의 미수범은 처벌한다(143).

범죄군	개별 구성요건
일반 공무방해의 죄 (국가의 공무작용)	기본: 공무집행방해죄(136①), 직무·사직강요죄(136②)
	수정: 위계공무집행방해(137)
특별 공무방해의 죄 (국가의 공무작용)	독립: 법정·국회회의장모욕죄(138)
	독립: 인권옹호직무방해죄(139)
	독립: 공무상표시무효죄(140①)
	독립: 공무상비밀침해죄(140②③)
	독립: 부동산강제집행효용침해죄(140의2)
	독립: 공용서류무효죄(141①)
	독립: 공용물파괴죄(141②)
	독립: 공무상보관물무효죄(142)

가중처벌규정이 없음), 나머지 1,000만원에 대해서는 제3자뇌물교부죄가 성립한다.

iii) 그 제3자는, 5,000만원에 대해 제3자뇌물취득죄가 성립한다(전달한 4,000만원에 대해 뇌물공여죄가 별도로 성립하는 것은 아니고, 나머지 1,000만원 횡령에 대해서도 불법원인급여물인 이상 횡령죄가 별도로 성립하는 것도 아니다).

<table>
<tr><td rowspan="2">특수공무방해의 죄
(국가의 공무작용)</td><td>가중: 특수공무집행방해죄(144①)
※ 대상: 위 일반/특별 범죄
(단, 위계공무방해죄/인권옹호직무방해죄는 제외)</td></tr>
<tr><td>결과적 가중범: 특수공무집행방해치사상죄(144①)</td></tr>
</table>

Ⅱ. 일반 공무방해의 죄

1. 공무집행방해죄

> **제136조(공무집행방해)** ① 직무를 집행하는 공무원에 대하여 폭행 또는 협박한 자는 5년 이하의 징역 또는 1천만원 이하의 벌금에 처한다.

공무집행방해죄는 직무를 집행하는 공무원에 대하여 폭행 또는 협박하는 죄이다. 공무방해죄의 기본적 구성요건이다. 보호법익은 '공무' 그 자체('국가기관 또는 공공기관의 사무')이고, 보호정도는 **추상적 위험범**이다(통설 · 판례).[1]

주체에는 제한이 없다. 반드시 공무의 집행 상대방일 필요도 없다. 제3자나 다른 공무원이라도 그 주체가 된다.

(1) 객체: 직무를 집행하는 공무원

객체는 '직무를 집행하는 공무원'으로 규정되어 있으나, 해석상 '**적법한**' 직무를 집행하는 공무원만으로 한정된다. '위법한' 직무집행에 대해서는 국민이 복종할 의무가 없기 때문이다. '위법한' 직무집행은 보호받을 수 없다.

1) 공무원 형법상 공무원이란 "'법령'에 근거하여 국가 또는 지방자치단체 및 이에 준하는 공법인의 사무에 종사하는 자로서, 그 노무의 내용이 단순한 기계적 · 육체적인 것에 한정되지 않는 자"를 말한다(대판 1978.4.25. 77도3709; 2015.5.29. 2015도3430). 행정부의 내부규정에 불과한 '예규'는 '법령'에 속하지 않는다. 외국공무원은 포함되지 않는다(즉, 우리나라의 공무만 보호대상). 판례도 같다. 즉, ㉠ 법령에 의하여 공무원으로 간주되는 자(=의제공무원), ㉡ **청원경찰**(대판 2009.1.15. 2008도9919), ㉢ 파출소의 방범원(대판 1991.3.27. 90도2930), ㉣ 전투경찰순경(대판 1992.8.18. 92도1244) 등은 공무원에 해당한다.

---

1) **[추상적 위험범]** 공무원에 대해 폭행 · 협박을 하면 곧 기수이고, '위계공무집행방해죄'와는 달리, 직무집행의 '현실적 방해'라는 결과발생은 필요 없다.

반면, 판례는 '예규에 근거한 자' 또는 '**단순한 기계적 · 육체적 노무자**'는 형법상 공무원에서 **세외한다**(주의). 즉, ㉠ 국민기초생활보장법상 '**자활근로자**'(대판 2011.1. 27. 2010도14484. 주민센터 사회복지담당 공무원의 '복지도우미'로 근무. 단순한 기계적 · 육체적 노무 종사), ㉡ 국민권익위원회 운영지원과 소속 '**기간제근로자**'(위 2015도3430. 청사 안전관리 및 민원인 안내 등을 담당. 국민권익위원회의 '훈령'에 근거하고, '국민연금' 가입), ㉢ ○○시장과 근로계약을 체결한 공무직근로자(대판 2025.12.11. 2025도15459. 노점상 단속지원업무) 등은 형법상 공무원에 해당하지 않는다.

2) 직무집행 '직무를 집행하는'이란 '공무원이 직무상 취급할 수 있는 사무를 행하고 있는'을 말한다. i) '직무'란 공무원이 지위 · 권한에 따라 법령에 근거하여 처리하는 사무이다. 반드시 '강제적 성질을 가진 사무'일 필요는 없다. "(사경제주체로서의 활동을 비롯한) 비권력적 작용도 포함된다"(대판 2003.12.26. 2001도6349). ii) 직무의 '집행'은 그 사무를 수행하는 것이다. 사람 · 물건에 대한 사무, 외부적 · 내부적 사무 처리를 불문한다. iii) 무엇보다 **집행'하는**'이란 행위자의 폭행 · 협박 시점에서 (공무원이) '구체적으로 직무를 **집행하고 있음**'(= '집행 중')을 의미한다. 즉, '직무집행을 개시하여 종료하기 전까지'이다(원칙).

문제는 직무집행의 '범위'이다. 직무집행은 i) 시간적으로 ㉠ '직무집행 중'은 물론, 직무집행과 밀접불가분의 관련이 있는 ㉡ 바로 '**직전**'의 준비행위 및 ㉢ '**직후**' 행위를 포함한다(대판 1999.9.21. 99도383). ii) "(공무원이 '직무수행에 직접 필요한 행위를 현실적으로 행하고 있는 때'뿐만 아니라) 직무수행을 위해 '**대기 중인 상태**'를 포괄하고, '**자기 자리에 앉아**' 있는 것만으로도 충분하며, 직무의 성질에 따라서는 '대기 자체'가 곧 직무행위인 경우도 있다"(대판 2002.4.12. 2000도3485). '**일시적 휴식**' 행위도 직무집행과 불가분 관계에 있을 때에는 여기에 포함된다. iii) 그러나, ㉠ 단순히 직무집행이 장차 '예상'된다는 것만으로는 부족하다. 따라서 직무집행을 위해 '**출근**'하는 공무원에 대해 폭행하는 것은 본죄에 해당하지 않는다(대판 1979.7.24. 79도1201). ㉡ 직무집행을 '종료'한 이후의 공무원에 대해 폭행하는 것도 본죄를 구성하지 않는다.

[판례사례: 직무집행의 범위 여부] i) [직무집행의 범위(포함)] '유죄' 사례로는, ㉠ 노사분규를 수습하다가 잠시 경비실 밖으로 나와 사태 동향을 파악하기 위해 현장에서 대기 또는 준비 중인 근로감독관을 폭행한 경우(위 2000도3485), 구체적 사무를 현실적으로 집행 중에 있지 않더라도, 집무시간 중 자기 자리에 착석하고 있는 지방법

원 지원의 서기과장을 폭행한 경우(대판 1957.3.29. 4290형상48), ㉡ 불법주차 차량에 불법주차 스티커를 붙였다가 이를 다시 떼어 낸 직후에 있는 주차단속 공무원을 폭행한 경우(위 99도383), ㉢ 야간 당직근무 중인 청원경찰이 불법주차 단속요구에 대해 즉시 단속하지 않고 '주간 근무자에게 전달하여 단속하겠다'고 했다는 이유로 폭행한 경우(대판 2009.1.15. 2008도9919. "야간 당직 근무자는 불법주차 단속권한은 없지만, 민원 접수를 받아 다음날 관련 부서에 전달하여 처리하고 있으므로 불법주차 단속업무는 야간 당직 근무자들의 민원업무이자 경비업무로서 본죄의 '직무집행'에 해당"), 등 '직무집행 중'에 해당한다.

ii) [직무집행의 범위(아님)] '무죄' 사례로는, ㉠ 시청 소속 수도검침원이 수도검침 차 피고인 집으로 가던 중 그 집과 약 32미터 떨어진 공터에서 피고인으로부터 폭행을 당한 경우(대판 1979.7.24. 79도1201) 등은 '직무집행 중'에 해당하지 않는다.

3) 적법성 본죄는 앞서 본 바와 같이 "**적법한 공무집행을 전제로 한다**"(대판 1982.11.23. 81도1872. '기술되지 않은 구성요건요소'). 형법은 '적법한' 직무집행만 보호하기 때문이다. 따라서 "위법한 직무행위를 하는 공무원에게 대항하여 폭행·협박을 가하였더라도, 공무집행방해죄가 성립하지 않는다"(대판 2011.5.26. 2010도10305).

첫째, 적법성의 **요건**이다. 직무집행이 적법하기 위한 요건은, 그 행위가 i) 당해 공무원의 '**추상적**(일반적) **직무권한**'에 속할 것, ii) 당해 공무원의 '**구체적 권한 내**'에 있을 것, iii) '법령이 정한 **절차와 방식**'을 갖출 것이다.1)

i) [추상적(일반적) 직무권한] 공무원의 직무는 법령에 의해 인적·시간적·장소적·사항적 범위가 정해져 있다. 그 범위를 넘는 직무집행은 위법하다. 예컨대, ㉠ 경찰관은 조세를 징수하거나 사법상의 분쟁에 관여할 권한이 없고, ㉡ 면사무소 공무원은 행정사무의 편의를 목적으로 설계도면의 제출을 요구할 권한이 없으며(대판 1982.11.23. 81도1872), ㉢ 법관은 수사상의 강제처분을 집행할 권한이 없다. 반면, ㉠ 공무원의 **내부적 사무분담**은 직무권한의 범위에 영향이 없기 때문에, 교통경찰관이 불심검문을 하는 것은 적법한 직무집행에 해당한다.

ii) [구체적 권한] 직무행위는 구체적인 '법령상의 요건'을 구비해야 한다. 예컨대, 체포·구속의 경우 형사소송법 제200조의2 이하에 규정된 체포·구속의 적법요건을 구비하지 못한 경우 위법한 공무집행이 된다. 예컨대, 사법경찰관은

1) [적법성의 요건] "여기서 적법한 공무집행이라고 함은 그 행위가 [㉠] 공무원의 추상적 권한에 속할 뿐 아니라, [㉡] 구체적으로도 그 권한 내에 있어야 하며, [㉢] 또한 직무행위로서의 요건과 방식을 갖추어야 하고, [㉣] 공무원의 어떠한 공무집행이 적법한지 여부는 행위 당시의 구체적 상황에 기하여 객관적·합리적으로 판단하여야 한다"(대판 2013.2.15. 2010도11281).

피의자를 체포할 추상적 권한은 있지만, 긴급체포의 요건(형소200의2①)을 갖추지 못한 경우 불법체포로서 위법한 직무집행이 된다.

[판례사례: '구체적 권한' 여부] i) [적법한 직무집행(=적법)] '유죄' 사례로는, ㉠ (적법한 불심검문) 검문 중이던 경찰관들이, 자전거를 이용한 날치기 사건 범인과 흡사한 인상착의의 피고인이 자전거를 타고 다가오는 것을 발견하고 정지를 요구하였으나 멈추지 않아, 앞을 가로막고 검문에 협조해 달라고 하였음에도 불응하고 그대로 전진하자, 따라가서 재차 앞을 막고 검문에 응하라고 요구하였는데(=적법한 불심검문), 이에 피고인이 경찰관들의 멱살을 잡아 밀친 경우(=본죄)(대판 2012.9.13. 2010도6203), ㉡ (적법한 불심검문) 경찰관 신분증을 제시하지 않았더라도, '검문하는 사람이 경찰관이고 검문하는 이유가 범죄행위에 관한 것'임을 피고인이 충분히 알고 있었다고 보이는 경우(대판 2014.12.11. 2014도7976), ㉢ 한밤 중에 음악을 크게 켜놓거나 소리를 지른다는 신고를 받고 출동한 경찰관이 문을 열어달라고 하였으나 거부당하여 전기차단기를 내리자(=적법한 즉시강제) 피고인이 식칼로 경찰관들을 찌를 듯이 협박한 경우(대판 2018.12.13. 2016도19417) 등은 '적법한' 직무집행에 해당한다.

ii) [위법한 직무집행(=위법)] '무죄' 사례로는, ㉠ 수사기관에 자진출석한 사람이 긴급체포의 요건을 갖추지 못하였음에도 실력으로 자신을 체포하려고 한 검사나 사법경찰관에게 폭행을 가한 경우(대판 2006.9.8. 2006도148), ㉡ 현행범인이라도 영장 없이 체포할 수 없는 경미한 범죄(법정형이 5만원 이하의 벌금, 구류 또는 과료인 범죄)에서 동행을 거절하는 사람을 강제로 연행하려는 경우(대판 1992.5.22. 92도506), ㉢ 구속영장을 발부받음이 없이 피의자를 보호실에 유치한 경우(대판 1994.3.11. 93도958), ㉣ 경찰관들이 특정 지역에서의 불법집회에 참가하려는 것을 막기 위하여, 시간적·장소적으로 근접하지 않은 다른 지역에서 집회예정장소로 이동하는 것을 제지하자(=위법한 직무집행. '경찰관직무집행법 제6조 제1항에 의한 행정상 즉시강제인 경찰관의 제지의 범위를 명백히 넘어서는 것'), 피고인들이 경찰관들을 PVC 파이프를 휘두르는 등 폭행한 경우(대판 2009.6.11. 2009도2114. 공무집행방해죄가 아닌 폭처법상 공동폭행죄) 등은 '위법한' 직무집행에 해당한다.

iii) [법령에 정한 절차·방식] 직무행위는 '법령상의 절차와 방식'에 따라야 한다.[1] 예컨대, 다만, (유효요건이 아니라) 사소한 절차나 훈시규정의 위반에 불과

1) [적법한 절차와 방식] 예컨대, 피고인 또는 피의자를 구속함에는 구속영장을 발부받아(형소73·201), 이를 제시하고(85·209), 범죄사실의 요지, 체포의 이유와 변호인을 선임할 수 있음을 말하고 변명할 기회를 주어야 하는(88·200의5. 이른바 '미란다 원칙') 등 형사소송법이 정하는 절차에 따라야 한다. 압수·수색영장은 야간집행이 금지되고(125·219), 여자의 신체 수색에는 성년의 여자를 참여하게 해야 한다(124·219).

한 경우에는 여전히 적법하다.

[판례사례: 법령에 정한 절차 · 방식 여부] i) [적법] '유죄' 사례로는, ㉠ 경찰관이 벌금 미납으로 지명수배중인 피고인에게 '형집행장이 발부되었음'을 고지하고 임의동행을 요구한 경우(대판 2013.9.12. 2012도2349. 형소법85③참조), ㉡ 교육인적자원부 장관이 약학대학 학제개편에 관한 공청회를 개최하면서 행정절차법상 통지 절차를 위반한 경우(대판 2007.10.12. 2007도6088) 등이 있다.

ii) [위법] '무죄' 사례로는, ㉠ 경찰관이 형집행장이 발부되어 있는 사실은 고지하지 않고 노역장유치 집행을 위해 피고인을 구인한 경우(대판 2017.9.26. 2017도9458) 등이 있다.

둘째, 적법성의 **판단시점**과 **판단기준**이다. 요컨대, "공무집행이 적법한지 여부는 '행위 당시'의 구체적 상황에 기하여 '객관적 · 합리적'으로 판단하고, '사후적'으로 순수한 객관적 기준에서 판단할 것은 아니다"(대판 2013.8.23. 2011도4763).[1]

i) 판단시점에 대해서는, ㉠ **행위표준설**('공무집행 당시'를 기준), ㉡ 재판시표준설(법원에 의한 재판시를 기준) 등이 대립하나, 통설 · 판례는 **행위표준설**('공무집행 당시'를 기준으로 한 '사전' 판단)의 입장이다.

ii) 판단기준에 대해서는, ㉠ **객관설**(법관표준설. '법원이' 법령의 해석을 통하여 객관적으로 판단한다는 견해), ㉡ 주관설(공무원표준설. 당해 '공무원이' 적법한 것으로 믿었느냐에 따라 결정한다는 견해. 오판의 위험이 있다), ㉢ 절충설(주관과 객관의 양면을 모두 고려하여 공무원의 진실한 공무집행인지 여부를 결정한다는 견해. 기준이 불안정하다), ㉣ 일반인표준설(일반인의 입장에서 공무원의 직무행위로 인정할 수 있으면 적법하다는 견해. 정확성에 문제가 있다) 등이 대립하나, 통설 · 판례는 **객관설**(법관표준설)의 입장이다.

셋째, 적법성의 **체계적 지위**이다. 이에 대해서는 ㉠ **구성요건요소설**(공무원의 위법한 직무집행에 대해 저항한 경우 애당초 구성요건에 해당하지 않는다는 견해. 즉, 적법성 요건

한편, "미란다 원칙의 고지는 체포를 위한 실력행사에 들어가기 이전에 '미리' 해야 하는 것이 원칙이다. 다만 달아나는 피의자를 쫓아가 붙들거나 폭력으로 대항하는 피의자를 실력으로 제압하는 경우에는, '붙들거나 제압하는 과정'에서 하거나, 그것이 여의치 않은 경우에라도 일단 '붙들거나 제압한 후에 지체없이' 행하였다면, 경찰관의 체포는 적법한 공무집행이다"(대판 2008.10.9. 2008도3640). "경찰관들이 체포를 위한 실력행사에 나아가기 전에 체포영장을 제시하고 미란다 원칙을 고지할 여유가 있었음에도, 애초부터 미란다 원칙을 '체포 후에 고지할 생각'으로 먼저 체포행위에 나선 행위는 적법한 공무집행이 아니다"(대판 2017.9.21. 2017도10866).

1) [적법성의 판단시점] "마찬가지로 현행범체포의 적법성은 체포 당시의 구체적 상황을 기초로 객관적으로 판단하여야 하고, 사후에 범인으로 인정되었는지에 의할 것은 아니다"(대판 2013.8.23. 2011도4763).

은 구성요건요소이고, 이에 대한 착오는 구성요건착오로서 고의를 조각), ㉡ 위법성요소설(공무원의 위법한 직무집행에 대해 저항한 경우 구성요건에는 해당하지만 정당방위로서 '위법성이 조각된다'는 견해. 적법성 요건은 위법성의 요소이고, 이에 대한 착오는 위법성의 착오라고 하는데, 이론적으로 정확히 말하면, '위법성조각사유의 전제사실에 관한 착오'), ㉢ 객관적 처벌조건설(적법성은 객관적 처벌조건이지 고의의 대상이 아니고, 이에 대한 착오는 범죄성립에 영향이 없다는 견해) 등이 대립한다. 생각건대, 구성요건요소설이 타당하다.[1] 다만, 직무집행의 '적법성'은 성질상 '**규범적 구성요건요소**'라는 점에 그 특수성이 있을 뿐이다. **다수설·판례도 구성요건요소설**의 입장이다. 판례는, "본죄는 직무집행이 적법한 경우에 한하여 성립하고, 적법한 공무집행이 아닌 경우 **본죄가 성립하지 않는다**"(대판 1991.9.24. 91도1314; 2007.4.13. 2007도1249 등)라고 수차례 판시하였다. 특히 '모욕죄의 현행범 체포 사건'에서 "현행범인 체포의 요건을 갖추지 못한 경우 적법한 공무집행이라고 볼 수 없으므로, 공무집행방해죄의 '**구성요건**'을 **충족하지 않는다**"(대판 2011.5.26. 2011도3682)라고 판시하여, '구성요건요소설'의 입장임을 분명히 하였다. 따라서 직무집행의 **적법성에 대한 착오**, 즉 적법한 공무집행을 하는 공무원에 대해 위법한 공무집행이라고 잘못 생각하고 폭행·협박한 경우 원칙적으로 고의가 조각된다.[2]

---

1) **[적법성(=구성요건요소설)]** 즉 ⓐ 적법성을 공무집행의 요건으로 해석하는 이상, '적법한' 공무집행에 대항하는 '방해(폭행·협박)'만이 본죄의 구성요건을 충족한다고 해석하는 것이 논리적이다. ⓑ 만일 '위법한' 공무집행에 대항하는 폭행·협박이라도 일단 '공무집행'의 방해라는 본죄의 구성요건을 충족하는 것으로 해석한다면, 직무집행의 적법성 확보를 통해 인권보장의 이념을 달성하려는 법의 목적(예: 엄격한 체포·구속 요건 등)에 반하게 된다. 따라서 구성요건요소설이 타당하다(='기술되지 않은 구성요건요소').

한편, 위법성요소설은 부당하다. 즉 ⓐ 위법한' 공무집행에 대항하는 정당한 저항에 대해서도 일단 '공무집행'의 방해라는 구성요건을 충족한다는 것은, 체계론상 문제가 있다. ⓑ '적법성'에 대해, 이를 보호대상인 '공무'의 요건으로 요구하면서, 동시에 이를 보호대상에 대한 공격행위인 '폭행·협박'의 '위법성표지'로 삼은 것은, 논리적 일관성도 없다. ⓒ '적법성'을 구성요건요소로 이해할 경우 적법한 공무집행에 대해 행위자만 경솔하게 '위법하다'고 오신한 경우에 고의가 조각되어 본죄의 성립이 부당하다는 문제는, 그 기초사실에 터잡은 미필적 고의로도 해결할 여지가 충분히 있다(위 4293형상852 참조).

또한, 객관적 처벌조건설은 위법한 직무집행에 대해 정당방위를 허용하지 않는다는 문제점이 있다.

2) **[불심검문 착오 사건]** "경찰관들이 강도강간미수 사건의 용의자와 인상착의가 비슷하다는 이유로 피고인을 검문하려고 하자, 피고인이 도망가다가 추격해온 경찰관들을 폭행하여 본죄와 상해죄로 기소된 사안에서, 피고인이 당시 경찰관들을 치한이나 강도로 오인함으로써 공무집행 자체 내지 그 적법성이나 자신의 경찰관들에 대한 유형력 행사의 위법성 등에 관하여 착오를 일으켰을 가능성을 배제하기 어렵다. 원심으로서는 당시 피고인이 자신이 처한 상황을 어떻게 인식하였는지, 피고인에게 착오가 인정된다면 그러한 착오에 정당한 사유가 존재하는지 여부 등에 관하여 면밀히 심리한 다음 범죄성립이 조각될 수 있는지 여부를 신중히 판단하여야 한

['위법한' 공무집행과 저항 과정에서의 '상해'(=정당방위)] "경찰관의 체포행위가 적법한 공무집행을 벗어나 불법하게 체포한 것으로 볼 수밖에 없다면, 피의자가 그 체포를 면하려고 반항하는 과정에서 경찰관에게 상해를 가한 것은, (상해죄의 구성요건에는 해당하나) 불법체포로 인한 신체에 대한 현재의 부당한 침해에서 벗어나기 위한 행위로서 정당방위에 해당하여 위법성이 조각된다"(대판 2017.9.21. 2017도10866).

※ 상해죄에서 위법성 조각 여부는 '상당성' 여부에 좌우된다.[1)]

※ (비교) 저항 과정에서 단순히 '폭행'만 가한 경우에는 애당초 본죄의 구성요건에 해당하지 않는다.

넷째, 적법성에 대한 착오의 효과이다. 공무집행 자체가 위법한 경우 그에 대항하는 행위는 구성요건해당성이 없지만, 행위자가 적법한 공무집행을 위법한 공무집행으로 오인하고 그에 저항하는 행위를 한 경우에는 그 법적 평가가 문제된다. 이에 대해 ㉠ 구성요건요소설은 고의가 조각된다고 이해하고, ㉡ 위법성요소설은 위법성조각사유의 전제사실에 관한 착오로 이해하며, ㉢ 객관적 처벌조건설은 적법성에 대한 인식 유무는 고의나 범죄성립에 영향이 없다고 이해한다. 요컨대, 구성요건요소설에 따를 경우 원칙적으로 고의가 조각된다. 다만, 공무집행의 적법성은 그 판단에 있어 법관의 객관적 법령해석이 필요한 '규범적 구성요건요소'라는 점에서, 행위자의 오인이 적법성요건을 너무 좁게 해석

다"(대판 2014.2.27. 2011도13999)고 한 사례이다.

여기서 "공무집행의 적법성...에 관하여 착오를 일으켰을 가능성... 그러한 착오에 정당한 사유가 존재하는 … 경우에 범죄성립이 조각될 수 있다"는 취지의 표현에 주목하여, 판례가 '적법성의 체계적 지위'에 대해 위법성요소설을 취하였다고 보는 견해도 있다.

그러나 공무집행방해죄가 아닌 '상해죄'의 경우 정당방위 등 위법성조각사유가 문제되는데, 이는 상해죄의 위법성조각사유의 전제사실의 착오에 관하여 판시한 것으로 보이고, 실제 환송 후 판결에서도 상해죄의 오상방위 문제로만 판단하였다. 따라서 이 판례는 여전히 공무집행방해죄에 관해서는 '구성요건요소설'의 입장으로 보인다.

1) [상해죄에서 위법성 조각 여부] [위법성 조각 사례] ㉠ 검사가 참고인 조사를 받는 줄 알고 검찰청에 자진출석한 변호사사무실 사무장을 합리적 근거 없이 긴급체포하자 그 변호사가 이를 제지하는 과정에서 위 검사에게 상해를 가한 것이 정당방위에 해당한다고 본 사례(위 2006도148), ㉡ 경찰관이 임의동행을 요구하며 손목을 잡고 뒤로 꺾어 올리는 등으로 제압하자 거기에서 벗어나려고 몸싸움을 하는 과정에서 경찰관에게 경미한 상해를 입힌 경우, 위법성이 결여된 행위(정당방위 등)라고 본 사례(대판 1999.12.28. 98도138) 등이 있다.
[위법성 인정 사례] 반면, 경찰관이 서울에서의 불법집회에 참가하려는 것을 막기 위하여, 피고인들이 제천에서 상경하려는 것을 제지하자, 피고인 중 1인이 배수로 뚜껑으로 경비차량의 뒷유리창을 파손하여 그 유리조각을 튀기는 방법으로 경찰관의 뒷머리 부위에 2주 상해를 가한 경우, 상해죄를 인정한 사례(대판 2008.11.13. 2007도9794. 명시적 언급은 없으나, 결국 정당방위의 상당성을 인정하지 않은 사례)도 있다.

하여 '포섭의 착오'를 일으킨 경우에는 '위법성의 착오'가 될 수도 있다(포섭의 착오는 위법성의 착오의 일종). 따라서 형법 제16조가 적용되고, 오인에 '정당한 이유'의 유무를 살펴보아야 한다.

판례도 같은 취지이다(대판 2024.7.25. 2023도16951).

[공무집행의 '적법성'에 대한 착오] "공무집행방해죄에서 공무집행의 적법성에 관한 피고인의 잘못된 법적 평가로 인하여 자신의 행위가 금지되지 않는다고 오인한 경우에는 그 오인에 '정당한 이유'가 있는지를 살펴보아야 한다. 이때 피고인의 오인에 정당한 이유가 있는지는 구체적인 행위 정황, 오인에 이르게 된 계기나 원인, 행위자 개인의 인식 능력, 행위자가 속한 사회집단에서 일반적으로 기대되는 오인 회피 노력의 정도와 회피 가능성 등을 고려할 때 피고인이 이러한 오인을 회피할 가능성이 있는지에 따라 판단하여야 한다."[1]

(2) 행위: 폭행 또는 협박

행위는 '공무원에 대하여 폭행 · 협박'하는 것이다.

---

1) [★ 적법성에 대한 착오(= 포섭의 착오): 택시승객 사건] (사안) 피고인이 00:00경 도로에서, 단속업무를 수행하던 순경 A(여)에게 갑자기 고성을 지르고 몸을 들이밀면서 다가갔고 이에 경위 B(남)이 급하게 밀쳐내는 방법으로 제지하자, B의 적법한 공무수행을 위법한 공무집행으로 오인하고 B에게 욕설하면서 B의 몸을 4회 밀쳤다. 공무집행방해로 기소되었다.

(판단) 제1심은 정당행위라는 이유로 무죄를 선고하였으나, 제2심은 위법성조각사유의 전제사실에 대한 착오에 해당하고 그 오인에 정당한 사유가 있다는 이유로 무죄를 유지하였다. 그러나 대법원은 "피고인이 위와 같은 행위로 나아가게 된 전제사실 자체에 관하여는 피고인의 인식에 어떠한 착오도 존재하지 않고, 다만 '경찰관 B의 직무집행의 적법성에 대한 피고인의 주관적인 법적 평가가 잘못되었을 여지가 있을 뿐'이다. 그러므로 피고인에게 위법성조각사유의 전제사실에 대한 착오가 있었다고 보기 어렵다", "공무집행이 적법한데도 위법하다고 오인한 경우에는 형법 제16조가 적용되므로 그 오인에 정당한 이유가 있는 때에 한하여 벌하지 아니한다"라고 하면서, 형법 제16조의 위법성의 착오로서 '정당한 이유'의 유무 판단으로 나아갔다.

(분석) 이는 적법성을 구성요건의 '규범적 요소'로 보는 출발점에 서서, 피고인의 오인은 규범적 구성요건요소에 대한 '포섭의 착오'이고, 포섭의 착오는 위법성의 착오의 일종이므로, 형법 제16조가 적용되고 '정당한 이유'의 유무가 관건이라고 판시한 사례이다.

한편, 구성요건적 고의는 '기술적 요소'에 대해서는 육감적 감지만으로 족하지만, '규범적 요소'에 대해서는 정신적 이해를 요한다. 그 이해의 정도(수준)는 소위 '문외한의 병행평가', 즉 '비전문가층의 평가에 평행한 (법관의) 평가'(Parallelwertung in der Laiensphäre)이다. 여기서 '문외한'이란 '비전문가층', 즉 일반인, 보통 · 평균인(단순한 일반인이 아니라 인과관계 · 주의의무 · 기대가능성 등에서의 일반인과 같이 '우수한 판단능력을 가진 사람')을 뜻하고, '소박한 인식'이란 이들의 '상식적 인식'을 말한다. 그 고의를 인정하기 위해서는, 이러한 수준에서 행위자가 규범적 요소의 법적 · 사회적 의미내용을 충분히 이해해야 한다. 예컨대, 문서위조죄에서 규범적 요소인 '문서'에 대한 고의를 인정하기 위해서는, 행위자가 형법상 문서의 개념까지 이해할 필요는 없지만, 그 '증명적 기능'은 알고 있어야 한다는 것이다. 경우에 따라서는 '규범적 요소에 대한 착오'가 '포섭의 착오'로서 '위법성의 착오'에 해당할 경우도 있다.

1) 광의의 폭행 · 협박 첫째, 폭행은 '사람'에 대한 직접 · 간접의 유형력 행사를 말한다(광의). 유형력이 직접 공무원의 '신체'에 가해질 필요는 없다. 그 '보조자(제3자) 또는 물건'에 가해진 것이라도, 공무원의 신체에 물리적으로 감응되어 직무집행을 방해할 정도이면, 공무원에 대한 간접폭행이 된다.[1] '음향'으로 상대방의 청각기관을 직접 자극하여 육체적 · 정신적 고통을 주는 행위도 유형력의 행사로서 포함된다(대판 2009.10.29. 2007도3584).

둘째, 협박은 상대방에게 공포심을 일으킬 만한 일체의 해악고지를 말한다(광의). 협박도 공무원에게 직접 가해질 필요가 없다. 제3자에 대한 협박이라도, 그 영향이 공무원에게 미쳐 직무집행을 방해할 정도이면(밀접관계), 공무원에 대한 간접협박이 된다. 해악의 내용, 고지의 방법도 제한이 없다. 동작이나 언어적 방법이든, 명시적 또는 묵시적 방법이든 상관 없다. 그러나 '자해나 자학행위'는 협박에 해당하지 않는다.

[판례사례: 광의의 폭행 · 협박] i) [광의의 폭행] '물건' 사례로는, ㉠ 파출소 사무실 바닥에 인분을 뿌리고, 재털이에 인분을 담아 바닥에 던지는 경우(대판 1981.3.24. 81도326), ㉡ 군의회 의원들이 회의장에 들어가지 못하도록 출입문을 가로 막은 경우(대판 1998.5.12. 98도662) 등이 있다.

'제3자' 사례로는, ㉠ 집행관에 대한 폭행이 아니라 그 보조자인 '인부'에 대해 폭행한 경우(대판 1970.5.12. 70도561) 등이 있다.

ii) [광의의 협박] (협박) '긍정' 사례로는, ㉠ 폭력전과 12범이 술집에서 출동한 경찰로부터 '조용히 하라'는 주의를 받은 것뿐인데, 새벽 4시에 파출소까지 뒤쫓아가서 "무슨 감정이 있느냐, 이 순사새끼들 죽고 싶으냐" 등의 폭언을 한 경우(대판 1989.12.26. 89도1204), ㉡ 가옥명도를 집행하는 집행관에게 욕설을 하고 마루 밑으로 떨어뜨리면서 불법집행이라고 소리친 경우(대판 1969.2.18. 68도44) 등이 있다.

반면, (협박) '부정' 사례로는, ㉠ 경찰관의 임의동행 요구에 대해, 문을 잠근 방안에서 면도칼로 앞가슴 등을 그어 피를 보이면서 '죽어버리겠다'고 한 경우(대판 1976.3.9. 75도3779. "자해자학행위는 '경찰관에 대한' 유형력의 행사나 해악의 고지로 볼 수 없다") 등은 여기서의 '협박'에 해당하지 않는다.

2) 폭행 · 협박의 정도: 현저성 원칙 이때 폭행 · 협박은 그 성질상 '공무집

---

1) [간접폭행] "공무집행방해죄의 폭행은 사람에 대한 유형력의 행사로 족하고 반드시 그 신체에 대한 것임을 요하지 아니하며, 또한 추상적 위험범으로서 구체적으로 직무집행의 방해라는 결과발생을 요하지도 아니한다"(대판 2018.3.29. 2017도21537).

행을 방해할 수 있을 정도'의 '적극적 저항'이라야 한다('현저성 원칙'). 따라서 ㉠ 공무원이 전혀 개의치 아니할 정도의 '경미한 폭행 · 협박'은 여기에 포함되지 않는다. ㉡ '소극적인 거동'이나 '불복종'도 여기에 해당하지 않는다. 예컨대, (공무원의 출입을 막기 위해) 닫혀 있는 문을 열어주지 않거나, 풀려진 맹견을 묶지 않는 것, (체포를 방해하기 위해) 앉아 있거나 누워 있는 것, (체포당하지 않으려고) 손을 뿌리치는 정도만으로는, 여기의 폭행에 해당하지 않는다.

[판례사례: 경미한 폭행 · 협박] i) [현저성 원칙] "공무집행방해죄에서 폭행 · 협박은 성질상 공무원의 직무집행을 방해할 만한 정도의 것이어야 한다. 경미하여 공무원이 개의치 않을 정도라면, 이에 해당하지 않는다"(대판 2007.6.1. 2006도4449).

ii) [무죄 사례] '무죄' 사례로는, ㉠ 피고인이 오락실 밖에서 기판이 든 박스를 옮기고 있던 의경을 뒤쫓아 가 '이 박스는 압수된 것이 아니다'라고 말하며 그의 손에 있던 박스를 들고 간 경우(위 2006도4449), ㉡ 피고인이 차량을 일단 정차한 다음 경찰관의 운전면허증 제시요구에 불응하고 다시 출발하는 과정에서, 경찰관이 잡고 있던 운전석 쪽의 열린 유리창 윗부분을 놓지 않은 채 어느 정도 진행하다가 차량속도가 빨라지자 더 이상 따라가지 못하고 손을 놓아버린 경우(대판 1996.4.26. 96도281) 등이 있다.

(3) 고의와 기수시기

1) 고의 미필적 고의로도 족하다. 별도로 '직무집행 방해의사'는 필요없다(대판 1995.1.24. 94도1949). 본죄는 위계공무집행방해죄와는 달리, 직무집행의 '현실적 방해'라는 결과발생이 필요 없기 때문이다(추상적 위험범).

직무집행의 적법성은 '구성요건요소'이므로, 이에 대한 인식도 고의의 내용이 된다. 적법성에 대한 착오는 구성요건착오로서 고의를 조각한다. 다만, "공무집행의 대상이 된 사실에 관하여 착오가 있었더라도, 일응 그 행위가 공무원의 적법한 행위라고 인정할 수 있는 경우에는 본죄의 공무집행에 해당된다"(대판 1961.8.26. 4293형상852).

2) 기수시기 미수는 처벌되지 않는다. 기수시기는 폭행 · 협박을 종료한 때이고, 직무집행이 현실적으로 방해될 것을 요하지 않는다. 협박의 경우에도 해악의 고지로써 상대방이 그 '의미를 인식'한 때(=인식설)에 기수가 되고, 상대방이 공포심을 일으켰는지 여부와도 관계 없다(대판 2007.9.28. 2007도606 전합).

(4) 죄수와 타죄 관계

1) 죄수: 공무원기준설 판례는 '공무의 개수(個數)'가 아니라 '공무원의 수'를 기준으로 죄수를 결정한다. 따라서 1개의 공무를 집행하는 '수인의 공무원'(예: 투캅스)을 '동시에 폭행'한 경우 '수개의 죄'가 성립하고, 사회통념상 '1개의 행위'이므로 **상상적 경합**이 된다(대판 2009.6.25. 2009도3505).[1)]

2) 공무집행방해와 상해 ㉠ '본죄와 폭행 · 협박죄'는 법조경합관계에 있다. 따라서 공무집행하는 공무원을 '폭행'한 경우에는 공무집행방해죄만 성립하고 **폭행죄는 흡수**된다(대판 1967.2.7. 66도1695). 그러나 ㉡ '본죄와 상해죄'는 상상적 경합관계에 있다. 즉, 공무집행하는 공무원을 폭행하여 '**상해**'를 가한 경우에는, 공무집행방해죄 이외에 '상해죄'가 별도로 성립하고, 양죄는 **상상적 경합**이 된다(대판 2009.6.25. 2009도3505 참조).

만일 '**위법한' 공무집행**에 대해 저항하는 과정에서, ㉠ '폭행'을 가했다면, 이는 공무집행방해죄를 구성하지 않고(폭행죄의 구성요건에 해당하되, 정당방위의 성립 여부가 문제), ㉡ '상해'를 가했다면, 이는 **상해죄의 구성요건**을 **충족**하되, 다만 정당방위 등 **위법성조각 여부**가 문제된다(위 2011도3682 참조).[2)]

3) 위력에 의한 공무방해: 업무방해죄 여부 공무집행방해죄의 행위수단은 폭행 · 협박일 뿐 위력은 아니다. 위력에 의한 공무방해의 경우 업무방해죄의 성립 여부가 문제된다. 공무를 업무방해죄의 업무에 포함시킬 수 있는지 여부에 대해, 견해가 대립하나, 판례는 부정설의 입장이다(대판 2009.11. 19. 2009도4166 전합). 즉, 공무집행방해죄와 업무방해죄는 보호법익이 다르기 때문에, **업무방해죄의 '업무'에 '공무'는 포함되지 않는다**는 것이다.[3)] 따라서 공무원의 공무집행을

---

1) **[죄수결정 기준(=공무원의 수), 상상적 경합]** "동일한 공무를 집행하는 여럿의 공무원에 대해 폭행 · 협박을 한 경우에는 공무원의 수에 따라 여럿의 공무집행방해죄가 성립하고, 폭행 · 협박이 동일한 장소에서 동일한 기회에 이루어진 것으로서 사회관념상 1개의 행위로 평가되는 경우에는 여럿의 공무집행방해죄는 상상적 경합 관계에 있다"(위 2009도3505).

2) **[★모욕죄의 현행범체포 사건: 상해죄 여부]** "경찰관의 체포 행위는, 현행범인 체포의 요건을 갖추지 못하여 적법한 공무집행이라고 볼 수 없으므로 공무집행방해죄의 구성요건을 충족하지 아니하고, 피고인이 그 체포를 면하려고 반항하는 과정에서 경찰관에게 상해를 가한 것은 불법체포로 인한 신체에 대한 현재의 부당한 침해에서 벗어나기 위한 행위로서 정당방위에 해당하여 위법성이 조각된다"(위 2011도3682).

3) **[업무방해죄와의 관계]** "업무방해죄와 공무집행방해죄는 그 보호법익과 보호대상이 상이하고, 업무방해죄의 행위유형에 비해 공무집행방해죄의 행위유형은 제한되어 있다. (중략) 형법이 업무방해죄와는 별도로 공무집행방해죄를 규정하고 있는 것은, 사적 업무와 공무를 구별하여 공무에 관해서는 폭행, 협박 또는 위계의 방법으로 그 집행을 방해하는 경우에 한하여 처벌하겠다는 취지이다. 따라서 공무원이 직무상 수행하는 공무를 방해하는 행위에 대해서는 업무방

방해하는 행위에 대해서는 공무집행방해죄만 성립할 뿐, 업무방해죄는 문제되지 않는나. 위력을 제외한 것은 국가기관이 개인에 비해 압도적인 물리력 행사가 가능하다는 점에서, 형법상 범죄성립요건도 엄격하게 규정한 것으로 이해된다. 폭행·협박 정도의 현저성 원칙과도 같은 맥락이다.

다만, "형법상 공무원 아닌 자의 업무(예: ○○시장과 근로계약을 체결한 공무직근로자의 노점상 단속지원업무)는 '공무원의 공무'가 아니므로 '업무방해죄에서의 업무'에 해당한다"(위 2025도15459).

4) 준강도죄·강도죄와의 관계 "체포를 면탈할 목적으로 [㉠] **절도범인**이 경찰관에게 폭행·협박을 한 경우 '준강도죄와 공무집행방해죄'는 **상상적 경합관계**에 있다. [㉡] **강도범인**이 경찰관에게 폭행을 가한 경우 '강도죄와 공무집행방해죄'는 **실체적 경합관계**에 있다"(대판 1992.7.28. 92도917).

2. 직무·사직강요죄

> **第136条(공무집행방해)** ② 공무원에 대하여 '그 직무상의 행위를 강요 또는 저지하거나 그 직을 사퇴하게 할 목적으로' 폭행 또는 협박한 자도 전항의 형과 같다.

직무·사직강요죄는 공무원에 대하여 '그 직무상의 행위를 강요 또는 저지하거나 그 직을 사퇴하게 할 목적으로' 폭행·협박하는 범죄이다. 공무원의 장래의 공무집행을 보호하는 범죄이다. 보호법익은 공무와 공무원 지위의 안전(다수설)이고, 추상적 위험범이다.

주체에는 제한이 없다. 객체는 공무원이고 행위는 폭행·협박이다. 공무원 개념, 폭행·협박의 개념은 공무집행방해죄에서와 같다. 다만 공무원은 현재 직무를 집행할 필요는 없고, 장래에 직무를 집행할 공무원이면 된다.

목적범으로, '그 직무상의 행위를 강요 또는 저지하거나 그 직을 사퇴하게 할 목적'이 있어야 한다. ㉠ '직무상 행위'란 공무원이 직무에 관하여 할 수 있는 일체의 행위를 말한다. 이미 현실화된 직무행위가 아니라, 행위자가 강요·저지를 의도하고 있는 관념화된 장래의 직무행위를 의미한다. 따라서 당해 공무원의 일반적·추상적 권한에 속하는 것이면 충분하고, 반드시 구체적 권한에 속할 필

해죄로 의율할 수는 없다"(위 2009도4166 전합).

사안은, 지방경찰청 민원실에서 민원인들이 진정사건의 처리와 관련하여 지방경찰청장과의 면담 등을 요구하면서 경찰관들에게 '큰소리로 욕설을 하고 행패를 부린 행위'에 대해, '위력'에 의한 '업무'방해죄의 성립을 부정한 사례이다.

요는 없다(다수설). 직무행위의 적법 여부와 관련하여, 강요의 경우에는 적법 여부를 불문하지만, 저지의 경우에는 적법한 직무행위일 것을 요한다(다수설). 직무강요는 그 자체가 위법하기 때문이다. ㉡ '강요'란 직무에 관계된 처분을 적극적으로 하게 하는 것을 말하고, '저지'란 공무원에게 그 직무를 소극적으로 하지 못하게 하는 것을 말한다. ㉢ '그 직을 사퇴하게 한다'는 것은 직무를 방해하기 위하여 사직하게 하는 경우는 물론, 직무집행과 관계 없이 '개인적 사정으로' 사직하게 하는 경우를 포함한다(다수설). 목적의 달성 여부는 그 성립에 영향이 없다.

3. 위계공무집행방해죄

제137조(위계에 의한 공무집행방해) 위계로써 공무원의 직무집행을 방해한 자는 5년 이하의 징역 또는 1천만원 이하의 벌금에 처한다.

위계공무집행방해죄는, 위계로써 공무원의 직무집행을 방해하는 죄이다. 본죄는 앞서 공무집행방해죄와 구별된다. 즉, 본죄는 ㉠ 행위수단이 폭행·협박이 아니라 **위계**이고, ㉡ 객체가 '**현재** 직무집행 중인 공무원'뿐만 아니라 '**장래** 직무집행이 **예상**되는 공무원'도 포함하며, ㉢ 위계의 상대방이 '공무원의 직무집행과 관련있는 **제3자**'도 포함한다. 보호법익은 공무이고(공무집행방해죄에서와 같다), 보호정도는 추상적 위험범설이 통설이지만 판례는 결과범 또는 **침해범설**을 따르고 있다.[1] 미수는 처벌하지 않는다(무죄).

(1) 객체: 공무원의 직무집행

객체는 '공무원의 직무집행'이다. 공무원의 개념은 앞서 공무집행방해죄에서와 같지만, 특히 '**장래** 직무집행이 **예상**되는 공무원'도 포함된다. 공무집행은 적법한 것이라야 하고, '권력적 작용'뿐만 아니라 (사경제주체로서의 활동을 비롯한) '**비권력적 작용**'도 포함된다(대판 2003.12.26. 2001도6349. 예: 감척어선의 입찰 심사와 낙찰자 결정 업무).

---

1) [침해범설] 이는 기수시기와도 관련된 문제이다. 즉 "상대방이 그릇된 행위나 처분을 하여야만 본죄가 성립한다"(대판 2003.2.11. 2002도4293).

우리와 달리 독일, 프랑스, 일본, 오스트리아 등은 폭행·협박이나 위력에 의한 공무집행방해를 처벌할 뿐, '위계' 사용에 대한 처벌 규정이 없다. 위계는 매우 넓은 개념이고, 행위 유형도 다양하므로, 적용범위의 축소나 합리적인 제한이 필요하다는 지적이 있다.

(2) 행위: 위계로써 (공무집행을) 방해

행위는 '위계로써 공무집행을 방해하는 것'이다.

1) 위계 '위계'란 "행위목적을 이루기 위해 상대방에게 오인, 착각, 부지를 일으키게 하여, 이를 이용하는 것"(대판 1995.5.9. 94도2990)을 말한다.[1] 위계의 상대방이 직접 그 직무를 담당하는 공무원일 필요는 없으므로, 제3자를 기망하여 공무원의 직무집행을 방해한 경우에도 위계에 해당한다.

따라서 "담당 공무원들 모두의 **공모 또는 양해** 아래 부정한 행위가 이루어졌다면, 오인 등을 일으킨 상대방이 없으므로, 위계에 해당하지 않는다"(대판 2015.2.26. 2013도13217). 예컨대, "교도관과 재소자가 **상호 공모**하여 재소자가 교도관으로부터 **담배**를 교부받아 이를 흡연한 행위 및 **휴대폰**을 교부받아 외부와 통화한 행위"는 위계에 해당하지 않는다(대판 2003.11.13. 2001도7045. '교도소 담배사건').

2) 공무집행의 방해 '방해'란 직무집행에 지장을 주거나 지장을 줄 위험을 야기시키는 것을 말한다. 문제는 본죄의 '방해'가 성립하기 위해서는 '구체적인 직무집행의 현실적 방해·곤란'에 이르러야 하는지 여부이다. 이는 기수시기와도 관련된 문제인데, 판례는 제137조의 문언 자체가 '직무집행의 방해'라는 구성요건을 명시적으로 규정하고 있으므로, '**구체적인 직무집행의 현실적 방해**(곤란)'라는 결과발생이 있어야 한다는 입장이다(침해범설). 다만, 판례는 방해의 결과발생에 이른 구체적인 시기에 대해 사안의 유형별로 달리 판단하고 있다. 이하 "1) 인·허가처분을 위한 허위자료제출, 2) 수사기관에 대한 허위진술·허위증거조작, 3) 금지규정·규율 위반, 4) 시험부정"으로 유형화한 다음, 아래의 '(3)' 항목에서 별도로 설명하기로 한다.

3) 기수시기 본죄가 성립하기 위해서는 현실적인 직무집행 방해의 결과발생이 필요한가? 견해가 대립하나, 판례는 침해범설의 입장이다. 즉, "**상대방이** 이에 따라 **그릇된 행위나 처분을 하여야만** 본죄가 성립한다. 만약 범죄행위가

---

1) [위계 아님] ㉠ "실제 건물점유자로서 명도집행을 저지할 수 있는 정당한 권능이 있었다면, 설령 그 점유사실을 입증하기 위한 수단으로 임대차계약서 사본을 제시하면서 그 실효된 사실을 고지하지 아니하고 자신이 정당한 임차인인 것처럼 주장하였더라도, '위계'에 해당하지 않는다"(대판 1984.1.31. 83도2290), ㉡ "국립대학교의 전임교원 공채심사위원인 학과장 갑이 지원자 을의 부탁을 받고 이미 논문접수가 마감된 학회지에 을의 논문이 게재되도록 도운 행위는 다소 부적절한 행위라고 볼 수 있지만, 그 후 갑이 연구실적심사의 기준을 강화하자고 제안한 것은 해당 학과의 전임교원 임용 목적에 부합하는 것으로서 공정한 경우에 해당하므로, 설사 갑의 행위가 결과적으로는 을에게 유리한 결과가 되었더라도, '위계'에 해당하지 않는다"(대판 2009.4.23. 2007도1554).

'구체적인 공무집행'을 '저지'하거나 '현실적으로 곤란'하게 하는 데까지는 이르지 않고 미수에 그친 경우에는, 본죄로 처벌할 수 없다"(위 2002도4293. 허위작성한 통보서를 시청에 제출하였으나, 그 제출 이전에 통보서가 무효임을 시청에 미리 알린 사례; 대판 2004.3.12. 2023도7760 사례도 참고). 즉, 여기에서 '방해'는 공무원의 '그릇된 행위나 처분'이 있을 것, 즉 구체적인 공무집행의 '저지 또는 현실적 곤란'이라고 한다.

4) 고의 '위계의 사용에 대한 고의' 이외에 '직무집행을 방해할 의사'도 필요한지 여부가 문제된다. 협의의 공무집행방해죄와는 달리 제137조의 문언 자체가 '직무집행을 방해한 자'라고 규정하고 있으므로, **'직무집행을 방해할 의사'**가 필요하다(대판 1970.1.27. 69도2260). 그리하여 판례는 '직무집행 방해의사'가 없는 경우 무죄를 선고하고 있다. 예컨대, ㉠ 피고인이 '생활에 궁하여 오로지 직장을 구해볼 의사'로 간첩이라고 허위 자수한 경우(위 69도2260), ㉡ 자가용 운전 중 사고를 낸 사람이 경찰관서에 신고하면서 '가해차량이 자가용이라면 피해자와 합의에서 불리하다'고 생각하여 '영업용택시를 운전하다가 사고를 냈다'고 허위 신고한 경우(대판 1974.12.10. 74도2841) 등은 '직무집행 방해의사'가 인정되지 않는다고 하였다.

(3) 유형별 고찰: 방해라는 결과발생의 구체적 시기

1) 인·허가처분을 위한 허위자료제출 무릇 행정관청이 출원에 의한 인·허가처분을 하는 경우 그 출원사유가 허위일 수 있음을 전제로 하여 인·허가 여부를 심사·결정한다('신고'의 경우 위계공무방해죄가 성립하지 않음).

문제는 인·허가신청에서 허위자료를 제출한 경우 '위계에 의한 방해' 여부인데, 이는 그 인과성 여부, 즉 **'불충분한 심사'**가 **원인인지**(=무죄), 아니면 **'위계행위'**가 **원인인지**(=유죄) 여부에 따라 결정된다. 즉, "[㉠] 행정관청이 사실을 **충분히 확인하지 아니한** 채 출원자가 제출한 '허위의 출원사유나 허위의 소명자료'를 **가볍게 믿고** 인·허가를 하였다면, 이는 행정관청의 **불충분한 심사**에 **기인한** 것으로 (출원자의 위계가 결과발생의 주된 원인이었다고 할 수 없어) 위계공무집행방해죄를 구성하지 않는다. [㉡] (출원자가 행정관청에 허위의 출원사유를 주장하면서 이에 부합하는 허위의 소명자료를 첨부하여 제출한 경우) 허가관청이 인·허가요건의 존부 여부에 관하여 나름대로 **충분히 심사**를 하였으나 출원사유 및 소명자료가 허위임을 **발견하지 못**하여 인·허가처분을 하게 되었다면(='허위임의 발견이 곤란한 적극적인 위계' 사용), 이는 출원인의 **위계행위가 원인**이 된 것이어서 위계공무집행방해죄가 성립된다"(대판 2002.9.4. 2002도2064).

요컨대, 인 · 허가를 위한 허위서류제출 사인에서는, '허위임의 발견이 곤란한 **적극적 위계**'의 사용 여부가 관건이다. 판례는 "구체적인 공무집행의 '저지 또는 현실적 곤란'에 이르러야" 하고, 허위신청에 따라 '그릇된 인 · 허가처분'을 하게 된 경우, 즉 담당공무원이 '나름대로 충분히 심사하였으나 허위자료임을 발견하지 못하여 그릇된 인 · 허가처분을 하게 된 경우'(즉, '허위임의 발견이 곤란한 적극적인 위계' 사용)에 본죄의 성립을 인정한다(다만, '인적사항을 변경한 호구부를 이용하여 입국한 후 외국인등록증을 발급받고 귀화신청서를 제출한 사안에서, '귀화허가가 없더라도' 외국인등록증을 발급받은 이상, 본죄를 인정한 주의 사례가 있다).1)

[판례사례: 인 · 허가신청에서 허위자료제출과 '위계에 의한 방해' 여부] i) [인과성 부정] **무죄** 사례로, ㉠ (불충분한 심사가 원인: 허위의 학력이 기재된 이력서만 제출받았으나, 담당공무원이 학력 서류를 제출받아 대조하였다면 허위임을 충분히 알 수 있었음) 대학교 시간강사 임용과 관련하여 허위의 학력이 기재된 이력서만을 제출하여 시간강사로 임용받았으나, 학위증이나 졸업증명서 등 학력 관련 서류의 제출을 요구하여 이력서와 대조 심사하였더라면 문제를 충분히 인지할 수 있었던 경우(대판 2009.1.30. 2008도6950), ㉡ (불충분한 심사가 원인: 허위의 소독작업결과서를 제출하여 수출검사 합격증명서를 발급받았으나, 담당공무원이 정당하게 조사하였다면 허위임을 쉽게 알 수 있었음) 수출입화물방제업체 운영자인 피고인이 국립식물검역소 출장소에 허위의 소독작업결과서가 첨부된 수출식물검사신청서를 제출하여 수출검사합격증명서를 발급받았으나, 담당공무원이 신청사유를 정당하게 조사하였다면 허위임을 알 수 있었을 터인데 그 사실 여부를 조사하지 아니한 채 신청사유 및 첨부서류가 진실한 것으로 가볍게 믿은 나머지 위 합격증명서를 발급한 경우(대판 2010.10.28. 2008도9590) 등에서는 담당공무원이 신청사유를 충분히 심사하지 못한 데에 기인한 결과이므로, 그 공무집행이 방해

1) [주의 사례] "불법체류를 이유로 강제출국 당한 중국 동포인 피고인이 중국에서 이름과 생년월일을 변경한 호구부(戶口簿)를 발급받아 중국 주재 대한민국 총영사관에 제출하여 변경된 명의로 입국사증을 받은 다음, 다시 입국하여 그 명의로 외국인등록증을 발급받고 귀화허가신청서까지 제출한 사안에서, 피고인이 동일성을 확인할 수 없도록 변경된 호구부를 중국의 담당관청에서 발급받아 위 대한민국 총영사관에 제출하였으므로, 영사관 담당직원 등이 호구부의 기재를 통하여 피고인의 인적사항 외에 강제출국 전력을 확인하지 못하였더라도, 사증 및 외국인등록증의 발급요건 존부에 대하여 충분한 심사를 한 것으로 보아야 하고, 이러한 경우 행정청의 불충분한 심사가 아니라 출원인의 적극적인 위계에 의해 사증 및 외국인등록증이 발급되었던 것이므로 '위계공무집행방해죄'가 성립한다. 또한 피고인의 위계행위에 의해 귀화허가에 관한 공무집행방해 상태가 초래된 것이 분명하므로, 귀화허가가 이루어지지 아니하였더라도 위 죄의 성립에 아무런 영향이 없다"는 이유로, '위계공무집행방해죄'를 인정한 사례(대판 2011.4.28. 2010도14696).

되었다고 단정할 수는 없어, 위계공무집행방해죄가 성립하지 않는다.

반면, ii) [인과성 인정] **유죄** 사례로, ㉠ (허위임의 발견이 곤란한 적극적인 위계: 허위의 호구부를 이용하여 비자를 발급받음) 외국 주재 한국영사관에 비자발급신청을 하면서 허위의 자료(범죄로 강제출국당한 전력이 있는 사람이 자신과 동일성을 확인할 수 없도록 비정상적인 방법으로 '생년월일 생략'으로 된 허위의 호구부 및 외국인등록신청서를 제출하여 강제출국당한 자임을 확인하지 못함)를 첨부·제출하여, 업무담당자가 충분히 심사하였으나 신청사유 및 소명자료가 허위임을 발견하지 못하여 신청을 수리한 경우(대판 2009.2.26. 2008도11862), ㉡ (허위임의 발견이 곤란한 적극적인 위계: 노숙자의 허위진단서를 제출하여 개인택시 양도·양수인가처분을 받음) 개인택시 운송사업 양도·양수를 위해 허위의 출원사유를 주장하면서 (질병이 있는 노숙자들을 양도인으로 위장시켜) 의사로부터 허위 진단서를 발급받아 이를 소명자료로 제출하여 양도·양수 인가처분을 받은 경우(대판 2002.9.4. 2002도2064), ㉢ (허위임의 발견이 어려운 적극적인 위계: 공사실적이 없어 입찰참가자격이 없는 사람이 허위의 공사실적증명서를 제출하여 낙찰받음) 지방자치단체의 공사입찰에 있어서 허위서류(변조된 서류를 토대로 작성된 허위 내용의 공사실적증명서)를 제출하여 입찰참가자격을 얻고 낙찰자로 결정되어 계약을 체결한 경우(대판 2003.10.9. 2000도4993), ㉣ (허위임의 발견이 곤란한 적극적인 위계: 허위의 간호보조원 교육과정 수료증명서를 작성·교부하여 간호보조원 자격시험의 응시자격을 인정받아 시험에 응시) 간호보조원 교육과정이수에 관한 사문서인 수료증명서의 허위작성 및 교부하여 시험관리당국에 제출하고 응시자격을 인정받아 시험에 응시한 경우(대판 1982.7.27. 82도1301), ㉤ (허위임의 발견이 곤란한 적극적인 위계: 허위의 편입신청서를 제출하여 산업기능요원 편입 및 파견근무를 승인받음) 병역법상의 지정업체에서 산업기능요원으로 근무할 의사가 없음에도 해당 지정업체의 장과 공모하여 허위내용의 편입신청서를 제출하여 관할관청으로부터 산업기능요원(=보충역) 편입을 승인받고, 나아가 관할관청의 실태조사를 회피하기 위하여 허위서류를 작성·제출하는 등의 방법으로 파견근무를 신청하여 관할관청으로부터 파견근무를 승인받은 경우(대판 2009.3.12. 2008도1321), ㉥ (허위임의 발견이 곤란한 적극적인 위계: 학원서의 추천서란 조작·허위기재) 고등학교 입학원서 추천서란을 사실과 다르게 조작·허위기재하여 그 추천서 성적이 고등학교입학전형의 자료가 된 경우(대판 1983.9.27. 83도1864) 등에서는 (관할관청의 불충분한 심사가 원인이 된 것이 아니라) 출원인의 '적극적인 위계'행위가 원인이 된 것이어서 위계공무집행방해죄가 성립한다.

인·허가와 달리, '신고'의 경우에는 '허위 신고'하였더라도 본죄를 구성하지 않는다(대판 2011.9.8. 2010도7034). 신고는 행정청에 대한 일방적 통고로 그 효과가 완성될 뿐, 그 신고내용에 따른 행정청의 처분을 예정하고 있는 것이 아니기 때문이다.[1] 그러나 '등기신청'은 단순한 '신고'가 아니다. "등기신청은 단순한 '신고'가 아니라 신청에 따른 **등기관의 심사 및 처분**을 **예정**하고 있기 때문이다"(위 2015도17297).[2] 따라서 "등기신청인이 (형식적 심사권만 있는) 등기관에게 '**허위의 확인서면을 제출**'하여 등기를 경료한 경우에도, 위계공무집행방해죄가 성립할 수 있다"(대판 2016.1.28. 2015도17297).

2) 수사기관에 대한 허위진술 · 허위증거조작 등 무릇 범죄사실을 수사할 경우 "**수사기관**은 피의자나 참고인의 진술 여하에도 불구하고, ㉠ '피의자를 확정'하고 그 '피의사실을 인정'할 만한 객관적인 모든 **증거를 수집 · 조사해야** 할 '**직무상 권한**[3]**과 의무**'가 있다. 이와 달리 **피의자**나 **참고인**은 수사기관에 **진실**만을 진술하거나 **증거**를 제출해야 할 **법률상 의무**가 없다"(대판 2009.6.11. 2008도9437). 더구나 수사기관은 ㉡ 체포 · 구속, 압수 · 수색 등 **강력한 강제수사 권한**까지도 보유하고 있다.

문제는 특히 피의자 등이 허위진술 · 허위자백 · 증거인멸 또는 허위증거를 제출한 경우 '위계에 의한 방해' 여부이다. 기본적으로 수사기관의 잘못된 결론이 '**불충분한 수사**'가 **원인인지**(=무죄), 아니면 '**위계행위**'가 **원인인지**(=유죄) 여부에 따라 결정된다. 다만, 앞서 본 행정관청의 인 · 허가에 비해, '**훨씬 더 엄격한**

---

1) [신고에서의 허위] "'신고'의 경우에는 신고서에 허위사실을 기재하거나 허위의 소명자료를 제출하였더라도, 그것만으로는 담당 공무원의 구체적이고 현실적인 직무집행이 방해받았다고 볼 수 없어, 특별한 사정이 없는 한 그러한 허위 신고는 위계공무집행방해죄를 구성하지 않는다. 신고는 행정청에 대한 일방적 통고로 그 효과가 완성될 뿐 이에 대응하여 신고내용에 따라 법률효과를 부여하는 행정청의 처분을 예정하고 있지 않기 때문이다"(위 2010도7034).

2) [사안: 등기신청시 허위자료 제출] "등기권리자와 법무사가 공모하여, '멸실된 등기필증'의 대체 서류로서 '등기신청에 필요한 확인서면'에, '등기의무자'의 위임이 필수적임에도 등기의무자의 무인 대신 등기권리자 자신의 무인을 찍어 이를 등기관에게 제출하고, 이에 따라 등기가 마쳐지게 된 이상, 위계공무집행방해죄가 성립한다"고 한 사례(위 2015도17297).

※ 위 사안에서 경료된 등기는 '실체관계에 부합하는 등기'로서 '불실'(=허위사실)이 아니기 때문에, '공정증서원본 불실기재'죄에는 해당하지 않는다.

3) [용어 오류: 권리와 권한] 권리란 '일정한 이익을 향유할 수 있도록 법이 인정하는 힘'이고, 권한이란 공법상 또는 사법상 '일정한 행위를 할 수 있는 법률상 범위'로서 '권능의 한계'라는 뜻의 줄임말이다. "권리의 행사에는 이익이 따르고, 권한의 행사에는 책임이 따른다."

이 점에서 대법원 판례 중 "수사기관이 수사할 때에는 … 모든 증거를 수집 · 조사해야 할 '권리'와 의무가 있다"(대판 1977.2.8. 76도3685; 2011.2.10. 2010도15986 등)라는 표현은, 무지하고 무책임한 부적절한 용어 사용이다. 여기서 '권리'는 '권한'의 명백한 오기이다. 더구나 헌법 제7조 제1항("공무원은 국민전체에 대한 봉사자이며, 국민에 대하여 책임을 진다")에 비추어 보면, 공법상 '권한'의 행사에 대해서는 그 지위나 권능(힘)보다 그 '한계'(책임)에 특히 유념할 필요가 있다(다만 2019.3.14. 2018도18646은 종래의 '권리'라는 표현을 '권한'으로 바로잡아 표현함).

기준'이 적용된다(강제처분 권한까지 있음을 상기할 것). 간명하게 말하자면, 피의자 등의 ㉠ **허위진술**, ㉡ **허위자백**, ㉢ **증거인멸**만으로는 위계에 해당하지 않고, ㉣ **허위증거**를 제출한 경우에도 '**적극적 허위증거 조작**'에 한하여 예외적으로 '위계에 의한 방해'가 인정된다(즉, '적극적으로 허위증거를 조작'하여 제출하고, '충실히 수사해도 허위임을 발견하지 못할 정도'에 이르러야 한다. "단순히 허위증거'를 제출해도 '수사기관이 충분한 수사를 하지 않은 이상' '위계에 의한 방해'가 아니다). 즉, "피의자나 참고인이 (피의자의 무고함을 입증하는 등의 목적으로) 수사기관에 대해 허위사실을 진술하거나 허위증거를 제출하였더라도, [㉠] 수사기관이 **충분한 수사를 하지 아니한 채** 허위의 진술과 증거만으로 잘못된 결론을 내렸다면, 이는 수사기관의 **불충분한 수사에 의한 것**으로서 (피의자 등의 위계에 의해 수사가 방해되었다고 볼 수 없어) 위계공무집행방해죄가 성립되지 않는다. [㉡] 피의자나 참고인이 (피의자의 무고함을 입증하는 등의 목적으로) '**적극적으로 허위의 증거를 조작**하여 제출'하였고, 그 증거조작의 결과 수사기관이 그 진위에 관해 나름대로 '**충실한 수사**를 하더라도 제출된 증거가 **허위임을 발견하지 못**하여 잘못된 결론을 내리게 될 정도'에 이르렀다면(=적극적 허위증거 조작+허위임을 발견 못할 정도), 이는 위계에 의해 수사기관의 수사행위를 **적극적으로 방해**한 것으로서 위계공무집행방해죄가 성립된다"(대판 2003.7.25. 2003도1609).

요컨대, 수사기관에 대한 허위진술·허위증거조작 등과 관련하여, i) "적극적 허위증거 조작 사안에서, 수사기관이 나름대로 충실한 조사를 했음에도 증거조작을 발견하지 못하여 잘못된 결론를 내리게 될 정도"에 이른 경우에 한하여 본죄가 성립한다. 그러나 ii) 단순한 **허위진술**·**허위자백**·**증거인멸**·(단순) **허위증거 제출**만으로는 본죄가 성립하지 않는다. 다만, 이 경우 다른 범죄가 성립할 여지는 있다. 즉 '범인 자처'의 허위자백은 범인도피죄가 성립하고(대판 1996.6.14. 96도1016),[1] '증거인멸'은 '방어권 남용 여부'에 따라 증거인멸죄가 문제된다(후술).

[판례사례: 수사방해와 '위계에 의한 방해' 여부] i) [적극적 허위증거 조작] 유죄 사례로, ㉠ (혈액 바꿔치기) 음주운전 중 교통사고를 낸 자가 타인의 혈액을 자신의 혈액인 것처럼 제출한 경우(위 2003도1609), ㉡ (소변 바꿔치기) 마약범죄 피의자가 타인의 소변을 자신의 소변인 것처럼 수사기관에 건네주어 필로폰 음성반응이 나오게 한 경우(대판 2007.10.11. 2007도6101), ㉢ (허위의 기증물관리대장 조작) 뇌물수수 피의자가

1) [범인자처: 범인도피죄] "범인 아닌 자가 수사기관에서 '범인임을 자처'하고 허위사실을 진술하여 진범의 체포와 발견에 지장을 초래하게 한 행위는 '범인은닉죄'에 해당한다"(위 96도1016). 정확히는 '범인은닉죄'가 아니라 범인'도피'죄임을 주의할 것.

직원으로 하여금 '허위의 기증물관리대장을 만들게' 하고 허위진술을 하게 하여 무혐의처분을 받은 경우(대판 2011.2.10. 2010도15986. '단순히 허위진술이나 증거은닉에 그치지 않고 적극적으로 증거를 조작한 것'), ㉣ (가짜 사무실 조성) 국가정보원 감찰실장이 검찰의 압수수색에 대비하여 '가짜사무실을 조성하고 허위문건을 작출하여 비치'하는 등 압수수색의 대상에 대해 압수수색을 하지 못하게 한 경우(대판 2011.2.10. 2010도15986) 등에서는 위계공무집행방해죄가 성립한다.

반면, ii) [인과성 부정] **무죄** 사례로, ㉠ (허위진술) "수사기관에 대해, 피의자가 (단순히) 허위자백을 하거나 참고인이 '허위진술'을 한 사실만으로는 위계공무집행방해죄가 성립되지 않는다"(대판 1971.3.9. 71도186), ㉡ (허위자백: 범인자처, 즉 '피의자로 자처하는 자') "甲이 피의자 乙과 공모한 다음, 甲이 '피의자 乙로 가장'하여 검사 앞에서 출석하여 허위진술한 경우, 범인은닉죄(정확히는 범인'도피'죄)만 성립하고, 위계공무집행방해죄는 성립하지 않는다"(대판 1977.2.8. 76도3685), ㉢ (증거인멸) "피의자나 참고인 등이 (적극적으로 피의자의 무고함을 입증하는 등의 목적으로) '허위의 증거를 조작하여 제출한 것'이 아니라 단순히 '증거를 감추거나 없애 버린 것'만으로는 위계로써 수사기관에게 오인·착각·부지를 일으키게 했다고 할 수 없다"(대판 2009.6.11. 2008도9437). 위계공무집행방해죄가 성립하지 않는다.

3) 금지규정·규율 위반 한편, 개별 법령에서 어떤 행위의 금지를 명하고 그 위반행위에 대해 벌칙을 규정하면서, 나아가 공무원으로 하여금 그 금지규정의 위반 여부를 감시·단속하게 하는 경우가 있다. 이 경우 그 공무원은 금지규정 위반행위의 유무를 '**감시·확인하고 단속할 권한과 의무**'가 있다. 예컨대, 교통경찰관은 교통단속에 관한 권한과 의무가 있고, 교도관은 수용자 등의 규율위반에 관한 권한과 의무가 있다(즉, 교도관은 수용자의 규율 위반을 '감시·단속하여 징벌에 회부할 권한과 의무'가 있다).

문제는 '위계에 의한 방해' 여부인데, 이는 그 인과성 여부, 즉 '**위계행위**'가 **원인인지**(=유죄), 아니면 '**불충분한 감시·단속**'이 **원인인지**(=무죄) 여부에 따라 결정된다. 즉, "[㉠] 그와 같은 행위가 이에(다음 ㉡의 경우) 이르지 않고 **단순히 공무원의 감시·단속을 피하여 금지규정에 위반**한 것에 불과하다면, 이는 공무원의 **불충분한 감시·단속**에 기인한 것이어서 위계공무집행방해죄가 성립되지 않는다. (반면) [㉡] 만약 어떠한 행위가 공무원이 관계 법령에 따라 금지규정 위반행위의 유무를 **충분히 감시하여 확인하고 단속하더라도 이를 발견하지 못할 정도**에 이른 것이라면, 이는 (위계에 의하여 공무원의 감시·단속업무를 적극적으로 방해한 것으로서) 위계공무집행방해죄가 성립된다"(대판 2010.4.15. 2007도8024).

요컨대, 금지규정 · 규율 위반 사안에서, 판례는 담당공무원이 '나름대로 충실히 감시 · 단속했더라도 그 위반행위를 발견하지 못할 정도'에 이른 경우에 본죄의 성립을 인정한다.

[판례사례: 금지규정 · 규율 위반과 '위계에 의한 방해' 여부] i) [인과성 부정] 무죄 사례로, ㉠ ('파워매직세이퍼'를 뿌려 과속단속 회피) 과속단속카메라에 촬영되더라도 불빛을 반사시켜 차량 번호판이 식별되지 않도록 하는 기능이 있는 제품('파워매직세이퍼')을 차량 번호판에 뿌린 상태로 차량을 운행한 행위(대판 2010.4.15. 2007도8024. "교통단속업무를 구체적 · 현실적으로 수행하는 경찰공무원에 대해, '그가 충실히 직무수행하더라도 통상적인 업무처리과정 하에서는 사실상 적발이 어려운 것'이라고 보기 어렵다"), ㉡ 미결수용자가 집사변호사를 통해 회사의 업무를 보고받고 문서를 회사에 전달하게 한 행위(대판 2022.6.30. 2021도244. "변호인접견에서 구체적인 변호활동 여부, 주고받는 서류의 '내용', 대화 등은 교도관의 심사나 감시 · 단속의 대상이 아니므로, 실질적으로 접견교통권 행사의 한계를 일탈하였더라도, 그 행위가 '위계'에 해당한다거나 그로 인해 교도관의 구체적이고 현실적인 직무집행이 방해되었다고 보기 어렵다") 등에서는 '구체적인 공무집행의 현실적 곤란에 이를 정도가 아니라서' 본죄가 성립하지 않는다.

반면, ii) [인과성 인정] 유죄 사례로, ㉠ (변호사접견으로 휴대전화 몰래 반입) 변호사가 접견을 핑계로 수용자를 위해 휴대전화와 증권거래용 단말기를 구치소 내로 몰래 반입하여 이용하게 한 행위(대판 2005.8.25. 2005도1731. "구체적 · 현실적으로 감시 · 단속업무를 수행하는 교도관에 대해, '그가 충실히 직무수행하더라도 통상적인 업무처리과정 하에서는 사실상 적발이 어려운 것'에 해당한다") 등에서는 '구체적인 공무집행의 현실적 곤란에 이를 정도라서' 본죄가 성립한다.

4) 시험부정 시험부정 사안에서, 판례는 '현실적인 방해'라는 결과발생이 없더라도 본죄의 성립을 **폭넓게 인정**한다.

예컨대, ㉠ (커닝) 시험장소 내에서 시험감독관의 감시의 틈을 타서 시험답안지의 해답이 적히 쪽지를 다른 수험생(甲)에게 전달한 경우(대판 1967.5.23. 67도650. "甲의 행위 여하에 불구하고 공무원의 시험감독에 관한 직무집행을 방해한 경우에 해당한다"), ㉡ (대리응시) 시험감독자를 속이고 운전면허시험에 대리로 응시한 경우(대판 1986.9.9. 86도1245),[1] ㉢ (사전 문제입수) 입학고사실시 전에 그 고사문제를 담당공무

1) [대리응시] 시험주관자가 공무원이 아닌 경우에는, 본죄가 아니라 '업무'방해죄가 성립한다. 대리응시를 위해 시험장에 들어가는 행위는, 건조물침입죄에 해당한다(대판 1967.12.19. 67도1281).

원 모르게 부정한 방법으로 입수하여 그 문제내용을 미리 알고 응시한 경우(대판 1966.4.26. 66도30), ㉣ (감독부정) 시험감독관이 특정 응시자의 경미한 부정행위(다른 응시자의 답안을 몰래 보고 쓰는 정도의 행위 등)를 눈감아 준 경우(대판 1996.1.26. 95도2461) 등에서는 '현실적 방해 여부와 관계 없이' 본죄가 성립한다.

5) 기타 사례 그 밖에 본죄가 문제되는 중요한 쟁점사례들이 있다.

첫째, '공무원의 다른 공무원에 대한 위계 사용'은 본죄가 성립한다. 즉, ㉠ '어업허가를 받을 수 없는 자의 출원에 대한 심사담당 공무원'이 출원사유가 허위임을 알면서도 위계로써 결재권자의 결재를 받아낸 경우, 본죄가 성립한다(대판 1997.2.28. 96도2825). 이는 (출원자가 허위의 출원사유나 허위의 소명자료를 제출한 경우와는 달리) 더 이상 출원에 대한 적정한 심사업무를 기대할 수 없게 되었기 때문이다. 한편, 이 경우 '작위범인 위계공무집행방해죄'와 '부작위범인 직무유기죄'의 죄수관계가 문제되나, 직무위배의 위법상태가 위계공무집행방해 행위 속에 포함되어 있는 것이기 때문에, 작위범인 본죄만 성립하고, 부작위범인 직무유기죄는 따로 성립하지 않는다(위 96도2825). ㉡ '담당자 아닌 공무원'이 (출원인의 청탁을 들어줄 목적으로) 자신의 업무 범위에 속하지도 않는 업무에 관하여 그 일부를 담당공무원을 대신하여 처리하면서 위계를 써서 담당공무원으로 하여금 인·허가처분을 하게 한 경우에도, 본죄가 성립한다(대판 2008.3.13. 2007도7724). 이는 (허가관청의 불충분한 심사가 그 원인이 아니라) '담당자 아닌 공무원'의 위계행위가 원인이 된 것이기 때문이다.

둘째, '법원의 재판'은 본죄와 상관 없다(본죄 아님). 즉, ㉠ 가처분신청시 허위주장을 하거나 허위증거를 제출하여 법원의 가처분결정을 받은 경우에는, 본죄가 성립하지 않는다. "법원은 당사자의 허위 주장 및 증거 제출에도 불구하고 진실을 밝혀야 하는 것이 그 직무이기 때문이다"(대판 2012.4.26. 2011도17125). 그것만으로 법원의 구체적이고 현실적인 어떤 직무집행이 방해되었다고 볼 수 없다. ㉡ 민사소송을 제기하면서 피고의 주소를 허위기재하여 소송서류를 허위주소로 송달케 한 경우에도, 본죄가 성립하지 않는다. "그것만으로는 법원공무원의 구체적이고 현실적인 어떤 직무집행이 방해되었다고 할 수는 없기 때문이다"(대판 1996.10.11. 96도312. '송달업무 또는 재판업무 그 자체를 방해하였다고 볼 수 없다'). 즉, '의제자백에 의한 판결편취'의 경우 판례는 허위주소로 송달된 이상 그 송달은 부적법하여 무효라는 입장이다(대판 1978.5.9. 75다634 전합; 2020.6.11. 2020다8586. 이른바 '항소설').

셋째, 무기명투표 방해는 '비밀성 침해 여부'가 관건이 된다. 즉, ㉠ 지방의회 의장선거의 투표용지에 누가 어떤 후보에게 투표하였는지 구별할 수 있도록 **투표용지에 표시**하여 투표가 행해진 경우, 그 자체만으로 본죄가 성립한다. 왜냐하면 무기명투표의 비밀성을 침해하는 행위로서 의원들 및 의장의 직무집행이 방해되었기 때문이다(대판 2009.9.10. 2009도6541), ㉡ 지방의회 의장선거에서 '갑'을 의장으로 추대하기로 하고 투표용지의 기표위치를 미리 정하기로 공모하여 투표가 행해진 경우에는, 본죄가 성립하지 않는다. 왜냐하면 투표내용을 공개하는 것으로 평가하기 어려운 이상, 임시의장의 직무집행이 방해되었다고 보기에 부족하기 때문이다(대판 2021.4.29. 2018도18582).

Ⅲ. 특별 공무방해의 죄

1. 법정 · 국회회의장모욕죄

> 제138조(법정 또는 국회회의장 모욕) '법원의 재판 또는 국회의 심의를 방해 또는 위협할 목적으로' 법정이나 국회회의장 또는 그 부근에서 모욕 또는 소동한 자는 3년 이하의 징역 또는 700만원 이하의 벌금에 처한다.

법정 · 국회회의장 모욕죄는, '법원의 재판 또는 국회의 심의를 방해 또는 위협할 목적으로' 법정이나 국회회의장 또는 그 부근에서 모욕 또는 소동하는 죄이다. 보호법익은 법원의 재판기능 또는 국회의 심의기능이고, 보호정도는 추상적 위험범이다.

주체에는 제한이 없다. 피고인 · 증인 · 방청인뿐만 아니라 검사 · 변호인 또는 국회의원도 주체가 될 수 있다. 행위는 '법정이나 국회회의장 또는 그 부근에서' '모욕 또는 소동'하는 것이다. ㉠ '모욕'이란 경멸의 의사를 표시하는 것을 말한다. 모욕의 상대방에는 제한이 없다. 즉 법관이나 국회의원에 대한 것은 물론, 증인이나 검사에 대한 것도 포함한다. 그러나 증인의 선서거부 · 증언거부는 소송법상 별도의 제재사유가 될 뿐 '모욕'에 해당하지 않는다(통설). ㉡ '소동'이란 재판 또는 심의를 방해할 정도의 소란행동을 말한다. ㉢ 장소적으로 '법정이나 국회회의장 또는 그 부근에서' 이루어져야 하고, 시간적으로 '재판이나 심리중 또는 그 직전이나 직후에' 이루어져야 한다(즉, 휴정이나 휴회 중에도 방해 · 소동도 포함된다).[1] 여기서의 '법정'에는 '헌법재판소의 심판정'도 포함된다(대판 2021.8.26.

---

1) [국회회의장 소동죄] "갑 정당 당직자들이 국회 외교통상 상임위원회 회의장 앞 복도에서, 한

2020도12017. '법정소동죄').

목적범으로, '법원의 재판 또는 국회의 심의를 방해 또는 위협할 목적'이 있어야 한다. ㉠ "법원의 재판에는 '**헌법재판소의 심판**'도 포함된다"(위 2020도12017). ㉡ '위협할 목적'이란 사법작용이나 입법작용의 정상적 진행을 해하겠다는 목적을 말한다. 목적의 달성 여부는 그 성립에 영향이 없다.

2. 인권옹호직무방해죄

> 제139조(인권옹호직무방해) 경찰의 직무를 행하는 자 또는 이를 보조하는 자가 인권옹호에 관한 검사의 직무집행을 방해하거나 그 명령을 준수하지 아니한 때에는 5년 이하의 징역 또는 10년 이하의 자격정지에 처한다.

인권옹호직무방해죄는 '경찰의 직무를 행하는 자 또는 이를 보조하는 자'가 '인권옹호에 관한 검사의 직무집행을 방해'하거나 '그 명령을 준수하지 아니'하는 죄이다. "인권침해 소지가 가장 많은 수사 분야에서 국민의 인권과 자유를 보호하기 위해, 헌법과 법률은 '검사'에게 사법경찰관리의 수사에 대한 지휘와 감독을 맡게 하는 등 절차법적 차원에서 '인권보호 기능'을 수행하게 하고 있다"(대판 2010.10.28. 2008도11999). 보호법익은 국가의 기능 중 '검사의 인권옹호 직무'이고, 보호정도는 추상적 위험범이다(다수설).

주체는 '경찰의 직무를 행하는 자 또는 이를 보조하는 자'로서, 진정신분범이다. 전자는 사법경찰관이고, 후자는 사법경찰리를 의미한다. 사실상 이를 보조하는 사인은 제외된다.

객체는 '인권옹호에 관한 검사의 직무집행 또는 명령'이고, 행위는 '그 직무집행의 방해 또는 그 직무명령의 불준수'이다. ㉠ '인권옹호에 관한 검사의 직무집행'이란 검사의 강제처분에 대한 집행지휘(형소법81·115·209), 체포·구속장소 감찰(동법198의2) 등이다. '방해'란 그 직무집행에 지장을 주거나 지장을 줄 위험을 발생하게 하는 것을 말한다. ㉡ '검사의 인권옹호에 관한 직무명령'이란 "사법경찰관리의 강제수사를 둘러싼 헌법이 보장하는 인권 가운데, 주로 '신체적 인권'에 대한 침해를 방지하고 이를 위해 필요하고도 밀접불가분의 관련성 있는 검사의 명령' 중 '그에 위반할 경우 사법경찰관리를 형사처벌까지 함으로써 준수

미FTA 협정 비준동의안의 상정 등 심의를 방해할 목적으로, 소화전에 연결된 소방호스를 이용하여 회의실 내에 물을 분사한 것은 '국회회의장 소동죄'에 해당한다"(대판 2013.6.13. 2010도13609).

되도록 해야 할 정도로 인권옹호를 위해 꼭 필요한 검사의 명령'"(위 2008도11999)으로 제한된다. '불준수'란 그러한 검사의 직무명령에 복종하지 아니하는 것이다.[1] ㉢ 그 직무집행이나 직무명령은 "법적 근거를 가진 '적법한 것'이어야 한다"(위 2008도11999; 헌재 2007.3.29. 2006헌바69).

인권옹호직무명령 불준수죄와 직무유기죄는 법조경합 중 특별관계가 아니라 상상적 경합관계에 해당한다(위 2008도11999).

3. 공무상표시무효죄

> **제140조(공무상비밀표시무효)** ① 공무원이 그 직무에 관하여 실시한 봉인 또는 압류 기타 강제처분의 표시를 손상 또는 은닉하거나 기타 방법으로 그 효용을 해한 자는 5년 이하의 징역 또는 700만원 이하의 벌금에 처한다.

공무상표시무효죄는 공무원이 그 직무에 관하여 실시한 봉인 또는 압류 기타 강제처분의 표시를 손상 또는 은닉하거나 기타 방법으로 그 효용을 해하는 죄이다. 보호법익은 '강제처분의 표시기능'(통설) 또는 '(공무원의 그 직무에 관해 행해진) 공무 그 자체'(대판 1961.4.21. 4294형상41)[2]이고(=강제처분의 '표시' 자체를 보호), 보호정도는 침해범(통설)이다.

(1) 객체: 봉인 또는 압류 기타 강제처분의 표시

객체는 '공무원이 그 직무에 관하여 실시한 봉인 또는 압류 기타 강제처분의 표시'이다. 여기에서 '공무원'이란 널리 법령에 의하여 공무에 종사하는 직원을 말한다. 공무집행방해죄에서와 같다.

1) 봉인 또는 압류 기타 강제처분의 표시 i) '봉인'이란 공무원이 물건에 대한 임의처분을 금지하기 위해 (개봉금지·열람금지·내용물 발췌금지 등의 의사를 표시하여) 그 물건에 실시한 봉함 기타 이와 유사한 물적 설비를 말한다. ii) '압류'란 공무원이 직무상 보관할 물건을 '자기의 점유로 옮기는' 강제처분을 말한다(예: 민사집행법상의 유체동산에 대한 압류·가압류, 점유이전금지가처분에서 채무자의 점유를 풀고 '집

---

1) [인권옹호직무명령 불준수죄] 검사가 긴급체포 등 강제처분의 적법성에 의문을 갖고 대면조사를 위한 피의자 인치를 2회에 걸쳐 명령하였으나 사법경찰관이 이를 이행하지 않은 경우, 인권옹호직무명령불준수죄와 직무유기죄의 상상적 경합을 인정한 사례(위 2008도11999).

2) [보호법익: 공무 그 자체] "본죄의 보호법익은 공무원의 그 직무에 관하여 (행)하여진 공무 그 자체를 보호하자는 것이니, 그 공무는 그 집행에서 절차상의 하자가 있었더라도, 객관적 일반적으로 그가 공무원에 의하여 그 직무에 관하여 하여진 것이라고 일응 인정할 수 있는 상태하에 있는 이상, 보호하여야 한다"(위 4292형상41).

행관의 점유로' 옮기는 처분, 명도단행가처분에서 채무자의 점유를 풀고 '집행관의 점유로' 옮기는 처분, 국세징수법상의 동산 또는 유가증권에 대한 압류 등). iii) '기타의 강제처분'이란 압류에 속하지 않는 일체의 강제처분으로서, 공무원이 (물건을 자기의 점유로 옮기지 아니한 채) 타인에 대해 일정한 작위 또는 부작위를 명하는 처분을 말한다. iv) 압류 기타 강제처분의 '표시'란 압류 기타 강제처분을 명시하기 위해 시행한 표시로서, 봉인 이외의 것을 말한다(예: 압류된 유체동산에 게시하는 '공시서' 등).[1)]

v) 문제는 '부작위를 명하는 가처분'이다.

['부작위를 명하는 가처분'의 2유형(='보관명령 결합' 부작위가처분, '단순' 부작위가처분) **과 공무상표시무효죄 여부]** i) [부작위가처분의 2유형] '부작위를 명하는 가처분 결정'이란 채무자에 대해, 일정한 행위의 금지를 명하거나, 채권자의 행위에 대한 수인의무를 명하는 가처분이다. 여기에는 (가) 부작위 명령과 함께, 집행관의 목적물 보관을 명하는 가처분('보관명령 결합' 부작위가처분),[2)] (나) 집행관의 보관을 수반하지 않고, 단순히 부작위 명령만을 부과하는 가처분('단순' 부작위가처분)[3)]이 있다.

ii) ['보관명령 결합 부작위가처분' 위반 행위(= 본죄 성립)] 우선, (가)의 경우('집행관보관명령이 결합된 부작위가처분')에는, 채권자가 집행관에게 집행을 위임함으로써 집행이 행해지는데, 집행관은 채권자·채무자의 참여 하에 '목적물이 집행관의 보관 하에 있음을 밝히는 공시'를 목적물의 적당한 곳에 붙이고, 채무자에게 '가처분의 취지'를 고지함으로써 집행을 실시한다.

따라서 '보관명령 결합 부작위가처분'의 경우에는 채무자의 그 위반행위에 대해서는 본죄가 성립한다(판례).

iii) ['단순 부작위가처분' 위반 행위(= 본죄 아님)] 반면, (나)의 경우('단순 부작위가처분')에는, 채무자에게 '가처분의 내용'을 고지함으로써 족하고, 원칙적으로 집행이라는 관념이 존재하지 않는다. 즉, 통상의 가압류·가처분은 그 집행이 이루어져야 효

1) [공시서] 공시서에는 채권자·채무자의 이름, 압류물의 표시, 압류연월일, 어떠한 집행사건으로 물건이 압류되었다는 취지, 집행관의 직과 이름 등이 기재되고, 집행관의 직인이 찍힌다.

2) [집행관보관명령이 결합된 부작위 가처분] 동산 또는 부동산에 대한 점유이전금지가처분이 대표적이다. 점유이전금지가처분결정은 목적물에 대한 채무자의 점유를 풀어 이를 채권자가 위임하는 집행관에게 인도할 것을 명한다.

3) [단순 부작위 가처분] 공사금지가처분, 출입금지가처분, 점유방해금지가처분, 공사방해금지가처분 등이 이에 해당한다. 다만, 이러한 가처분의 경우에도 점유이전금지가처분이 결합될 수 있다. 즉, 목적물의 소유권 등과 같이 점유·사용할 수 있는 권리에 기하여 가처분을 신청하는 경우에는, 부작위를 명하는 가처분 외에 점유이전금지가처분이 결합되는 경우가 많고, 이때에는 단순 부작위가처분과 달리 집행의 단계가 필요하게 된다. 예컨대, ㉠ 공사금지가처분을 신청하면서 이미 진행된 공사의 제거를 신청하는 경우, 또는 ㉡ 채무자가 건축 중인 건물을 점유하면서 공사를 방해하는 경우에는, 공사중지명령 내지 공사방해의 금지명령과 함께 집행관보관명령이 부가된다.

력이 발생하지만, '단순 부작위 가처분'은 채무자에게 부작위의무만을 부과할 뿐, 별도의 집행행위가 필요 없고, 그 명령 위반의 경우 대체집행(민사집행법260) 또는 강제집행(동261)에 의하여 그 의무의 이행을 강제할 수 있다.

따라서 '단순 부작위가처분'의 경우에는 집행관이 그 취지를 '공시'하지 아니한 이상 '표시' 자체가 존재하지 않으므로, 채무자의 단순 부작위가처분의 위반 행위는 본죄에 해당하지 않는다는 점에 이견이 없다. 판례도 같은 입장이다. 즉, 대법원 2008. 12.24. 선고 2006도1819 판결에서 '단순 부작위가처분' 위반 행위에 대해 본죄의 성립을 부정한 이래,[1] 같은 입장을 유지하고 있다(대판 2010.9.30. 2010도3364; 2016.5.12. 2015도20322 등). 이와 배치되는 그 이전의 판례들은 전혀 고려할 바 없다.

2) **표시의 현존** "행위 당시에 **강제처분의 표시**가 '현존'할 것을 요한다"(대판 1997.3.11. 96도2801). 행위 당시 그 표시가 '부존재'하거나 제3자에 의해 이미 '박리·손괴'되어 압류표시로서의 효력을 상실한 경우에는 본죄가 성립하지 않는다.

한편, 채권자측의 점유 수취에 의하여 부동산 **명도집행이 완료**된 경우에는 그 이후 점유침범 행위는 본죄에 해당하지 않는다. 즉, "채권자가 점유를 수취하여 명도집행이 끝났을 때에는 본죄에 의해 보호될 강제처분 상태는 종료되어 (사인私人의 점유 하에 있게 되므로), 그 점유를 침범한 행위는 (그 인도집행의 뜻을 기재한 표목을 빼어버리고 그 토지에 들어갔더라도) 본죄에 해당하지 않는다"(위 4294형상41; 대판 1985.7.23. 85도1092).[2]

3) **표시의 적법성 여부** 강제처분 표시의 **적법성 여부**가 문제된다. 즉, 그 봉인 등의 표시에 '절차상 또는 실체상의 하자가 있는 경우'에도 본죄가 성립하는지 여부가 문제된다. 위법한 표시임에 명백하여 법률상 '당연무효 또는 부존재'인 경우에는 본죄의 객체가 되지 않지만, 그 표시가 현존하는 이상 '객관적·

---

1) [단순 부작위 가처분: 2006도1819] "집행관이 '법원으로부터 피신청인에 대해 부작위를 명하는 가처분이 발령되었음'을 고시하는 데 그치고, 나아가 봉인 또는 물건을 자기의 점유로 옮기는 등의 구체적인 집행행위를 하지 아니하였다면, 단순히 피신청인이 위 가처분의 부작위명령을 위반하였다는 것만으로는, 공무상 표시의 효용을 해하는 행위에 해당하지 않는다".

2) [부동산 명도집행의 완료 후의 건물침입] "채권자측이 출석하여 집달리로부터 점유를 수취함으로써 명도집행이 완료된 경우에는, 그 점유는 집달리로부터 이탈되어 채권자 사인(私人)의 점유하에 있다 할 것이므로,「수하를 막론하고 출입을 금함」이라는 집달리의 표시는 (법률상 아무런 효력을 발생할 수 없는 것으로서) 무의미할 뿐 아니라, 공무원의 직무에 관한 강제처분 상태는 종료되고 *사인(私人)의 점유*하에 있었다 할 것이므로, 그 점유를 침범한 행위는 공무상 표시무효죄에 해당되지 않는다"(위 4294형상41). "건물에 대한 채무자의 점유를 해제하고 이를 채권자에게 인도하여 강제집행이 완결된 후의 점유침범 행위는 공무상 표시무효죄에 해당하지 않는다"(위 85도1092). 그 후 이에 대한 입법적 보완책으로 1995년 형법개정에서 부동산강제집행효용침해죄(140의2)가 신설되었다.

일반적으로 공무원이 직무상 실시하는 것으로 인정할 수 있는 상태'인 경우에는 '적법한 절차에 의해 취소되지 않는 한, 본죄의 객체가 된다. 즉, 판례에 따르면, "공무원이 그 직권을 남용하여 '위법하게 실시한 봉인 또는 압류 기타 강제처분의 표시'임이 '명백'하여 법률상 '당연무효 또는 부존재'인 경우에는, 그 봉인 등의 표시는 공무상표시무효죄의 객체가 되지 않는다. 그러나 공무원이 실시한 봉인 등의 표시에 **'절차상 또는 실체상의 하자가 있더라도'** (그 표시가 현존하는 이상) '객관적 · 일반적으로 그것이 공무원이 그 직무에 관하여 실시한 봉인 등으로 인정할 수 있는 상태'에 있다면, **적법한 절차에 의해 취소되지 않는 한**, 본죄의 객체로 된다"(대판 2001.1.16. 2000도1757).[1)]

요컨대, 여기서 적법성이란 '근거법령상의 적법성'이 아니라 '형법상의 **형식적 적법성**'(=공무상 표시의 형법상 보호필요성)을 뜻하고, 그 '**표시의 유효성**이 유지되는 한' 여전히 본죄의 객체가 된다. 그 결과, ㉠ 그 표시가 현존하는 이상, 적법한 절차에 의해 압류 등이 취소되지 않는 한, '**채무를 변제**하였다'는 등 피보전권리의 부존재를 이유로 압류 등의 효력이 부정되는 것은 아니며, 여전히 본죄의 객체가 된다. 마찬가지 이유에서, ㉡ "가압류결정에 대한 취소처분이 없는 이상, '채권변제의 합의'나 그 '집행의 취소합의'만으로는 가압류결정집행의 효력이 소멸될 수 없다"(대판 1972.8.29. 72도1603).

(2) 행위: 손상 · 은닉 · 기타 방법으로 효용 해함

행위는 '손상 · 은닉 · 기타 방법으로 그 효용을 해하는 것'이다.

1) 손상 · 은닉 · 기타 방법으로 효용을 해함 '손상'이란 봉인 등을 물리적으로 파괴하거나 훼손하는 것(예: 봉인 등의 파괴 · 훼손 · 분리이동 등)을 말하고, '은닉'이란 소재를 불분명하게 하여 그 발견을 어렵게 하는 것(예: 원래 장소에서 다른 장소로 옮기거나 숨김)을 말하며, '기타 방법으로 효용을 해한다'는 것은 "그 밖의 방법으로 그 표시 자체의 효력을 사실상 감쇄 또는 멸각시키는 것(그 표시의 근거인 처분의 법률상 효력까지 상실케 한다는 의미는 아니다)"(대판 2018.7.11. 2015도5403)을 말한다. '부작위'로도 가능하다(예: 압류된 골프장시설의 대표이사가 적절한 조치 없이 개장하여 봉인이 훼손되었음에도 이를 방치하는 것, 대판 2005.7.22. 2005도3034).[2)]

---

1) [사안] 유체동산의 가압류집행에 있어 그 가압류공시서의 기재에 다소의 흠이 있으나 그 기재 내용을 전체적으로 보면 그 가압류목적물이 특정되었다고 인정할 수 있어 그 가압류가 유효하다고 본 사례(위 2000도1757).

2) [부작위] 압류된 골프장시설을 보관하는 회사의 대표이사가 위 압류시설의 사용 및 봉인의 훼

[판례사례] i) 유죄 사례로는, ㉠ 점유이전금지가처분이 집행된 후 그 피신청인인 직접점유자가 간접점유자에게 점유를 이전한 경우(대판 1980.12.23. 80도1963), ㉡ 점유이전금지가처분이 집행된 후 제3자로 하여금 그 건물에서 카페영업을 하게 한 경우(대판 2004.10.28. 2003도8238), ㉢ 압류물을 보관 장소로부터 상당한 거리의 다른 장소로 '임의로 이동'시킨 경우(대판 1992.5.26. 91도894), ㉣ 집행관이 유체동산에 가압류집행하면서 채무자에게 보관시키자, 채무자가 그 유체동산을 포함한 점포를 '제3자에게 양도하고 그 열쇠를 넘겨주어 점유를 이전'한 경우(위 2015도5403),[1] ㉤ 부동산의 점유이전금지가처분 채무자가 그 가처분의 집행취지가 기재된 '고시문'이 부착된 이후 다른 사람에게 '부동산의 점유를 이전'한 경우(대판 2025.12.4. 2024도6213) 등은 본죄가 성립한다.

ii) 반면, 무죄 사례로는 ㉠ 집행관이 유체동산에 가압류집행하면서 채무자에게 보관시켰는데, 채무자가 가압류된 상태 그대로 '종전과 같은 용법으로 **사용**'한 경우(대판 2008.12.24. 2008도7407. 가압류의 효력은 처분행위의 '금지'일 뿐, 종전과 같은 '사용'까지 금지하는 것은 아니기 때문), ㉡ 가처분 채무자 아닌 '**제3자**'가 온천수 사용금지 가처분결정에 위반하여 온천수를 이용한 경우(대판 2007.11.16. 2007도5539. 그 가처분집행은 '가처분채무자에 대해' 부작위명령을 집행한 것에 불과하기 때문),[2] ㉢ 압류표시된 유체동산에 대해 채무자가 '**불가피한 사정**으로 **채권자의 승낙**을 얻어' 압류물을 이동시켰으나 집행관의 승인은 얻지 못한 경우(대판 2004.7.9. 2004도3029. '그 효용을 해한' 경우 아님) 등은 본죄가 성립하지 않는다.

2) 착오: 강제집행의 효력에 대한 오인 판례는 이를 '법률의 착오'로 본다. 즉, "그 봉인 등의 표시가 법률상 효력이 없다고 믿은 것은 법규의 해석을 잘못하여 행위의 위법성을 인식하지 못한 것이므로, 그와 같이 믿은 데에 정당한 이유가 없는 이상, 그와 같이 믿었다는 사정만으로는 공무상표시무효죄의 죄책을 면할 수 없다"(대판 2000.4.21. 99도5563).

손을 방지할 수 있는 적절한 조치 없이 골프장을 개장하여 봉인이 훼손되게 한 경우, 부작위(방치)에 의한 공무상표시무효죄의 성립을 인정한 사례(위 2005도3034).

1) **[가압류표시의 효용을 해함]** "집행관이 유체동산을 가압류하면서 이를 채무자에게 보관하도록 한 경우 그 가압류의 효력은 압류된 물건의 처분행위를 금지하는 효력이 있으므로, 채무자가 가압류된 유체동산을 제3자에게 양도하고 그 점유를 이전한 경우, 이는 가압류집행이 금지하는 처분행위로서, '가압류표시 자체의 효력을 사실상으로 감쇄 또는 멸각시키는 행위'(=가압류표시의 효용을 해함)에 해당한다. 이는 채무자와 양수인이 가압류된 유체동산을 원래 있던 장소에 그대로 두었더라도 마찬가지이다"(위 2015도5403).

2) **[남편에 대한 출입금지가처분과 제3자인 아내의 위반(=본죄 아님)]** "남편을 채무자로 한 출입금지가처분 명령의 효력은 그 처에게는 미치지 아니하므로, 그 처가 이를 무시하고 출입금지된 밭에 들어가 작업을 한 경우 본죄가 성립하지 않는다"(대판 1979.2.13. 77도1455).

4. 공무상비밀침해죄

> **제140조(공무상비밀표시무효)** ② '공무원이 그 직무에 관하여 봉함 기타 비밀장치한 문서 또는 도화'를 개봉한 자도 제1항의 형과 같다.
> ③ 공무원이 그 직무에 관하여 봉함 기타 비밀장치한 문서, 도화 또는 전자기록등 특수매체기록을 기술적 수단을 이용하여 그 내용을 알아낸 자도 제1항의 형과 같다.

공무상비밀침해죄는 공무원이 그 직무에 관하여 봉함 기타 비밀장치한 문서 또는 도화를 개봉하거나(제2항), 공무원이 그 직무에 관하여 봉함 기타 비밀장치한 문서, 도화 또는 전자기록등 특수매체기록을 기술적 수단을 이용하여 그 내용을 알아내는(제3항) 죄이다. 비밀침해죄(316)에 비해 불법이 가중된 구성요건이다. 보호법익은 공무상 비밀이고, 보호정도는 추상적 위험범이다(제3항의 죄도 그 내용을 알아내면 충분하고, 그 내용을 이해까지 할 필요는 없기 때문이다).

구성요건은 '공무원이 그 직무에 관하여 봉함 기타 비밀장치한 것'을 제외하면, 비밀침해죄에서와 같다. 본죄의 미수는 처벌한다(143).

5. 부동산강제집행효용침해죄

> **제140조의2(부동산강제집행 효용침해)** '강제집행으로 명도 또는 인도된 부동산'에 침입하거나 기타 방법으로 강제집행의 효용을 해한 자는 5년 이하의 징역 또는 700만원 이하의 벌금에 처한다.

부동산강제집행효용침해죄는, 강제집행으로 명도 또는 인도된 부동산에 침입하거나 기타 방법으로 강제집행의 효용을 해하는 죄이다. 1995. 12. 29. 개정으로 신설되었다. 보호법익은 국가의 강제집행기능(부동산에 한정)이고, 보호정도는 침해범이다.

주체에는 제한이 없다. 객체는 '강제집행으로 명도 또는 인도된 부동산'이다. '명도'란 건물 안에 있는 점유자의 동산을 밖으로 배출하여 그 안을 완전히 비운 후 그 점유를 이전하는 것, '인도'란 단순한 점유의 이전을 의미한다. '퇴거'집행된 부동산도 객체에 포함된다(대판 2003.5.13. 2001도3212).[1] 강제집행은 물론 적법해야 한다.

---

1) [부동산강제집행 효용침해죄] 퇴거집행이 완료된 후 그 지상주차장에 침입한 경우에 부동산강제집행 효용침해죄를 인정한 사례(위 2001도3212).

행위는 '침입하거나, 기타 방법으로 강제집행의 효용을 해하는 것'이다. '침입'이란 권리자의 의사에 반하여 부동산의 경계 안으로 들어가는 것, '기타 방법'이란 침입 이외에 권리자의 권리행사를 방해하는 일체의 행위(예: 부동산의 '훼손' 또는 '출입구에 장애물설치' 등), '강제집행의 효용을 해한다'는 것은 권리자가 그 부동산을 용도에 따라 사용·수익하거나 권리행사하는 데 지장을 초래하는 일체의 행위를 말한다. 강제집행과 시간적 근접성이 필요하다. 미수를 처벌한다(143). 침해범·결과범의 일종이므로, 강제집행의 효력이 상실되거나, 권리자의 권리실현이 지장을 받게 되었을 때 기수가 된다.

6. 공용서류등무효죄

제141조(공용서류 등의 무효) ① 공무소에서 사용하는 서류 기타 물건 또는 전자기록등 특수매체기록을 손상 또는 은닉하거나 기타 방법으로 그 효용을 해한 자는 7년 이하의 징역 또는 1천만원 이하의 벌금에 처한다.

공용서류등무효죄는 '공무소에서 사용하는 서류 기타 물건 또는 전자기록등 특수매체기록'을 손상 또는 은닉하거나 기타 방법으로 그 효용을 해하는 죄이다. 손괴죄의 일종이지만 그 객체가 공용물이다. 보호법익은 공용서류등의 효용이며, 보호정도는 침해범이다. 주체에는 제한이 없다.

(1) 객체: 공용서류등

1) 공용서류등 '공무소에서 사용하는 서류 기타 물건 또는 전자기록등 특수매체기록'이다. 공무소란 공무원이 직무를 수행하는 관공서 기타 조직체를 말한다. '서류'란 문서보다 넓은 개념으로, 계속적 기능·증명적 기능·보장적 기능을 요하지 않는다.

2) 사용의 뜻 특히 '공무소에서 **사용하는** 서류'란 '공무소에서 **사용 중**이거나 사용할 목적으로 **보관하고 있는** 서류'(대판 1999.2. 24. 98도4350)를 말한다. "공무소에서 사용하는 서류인 이상, **공문서·사문서를 불문**하고(대판 1999.2.24. 98도4350), **정식절차**를 밟아 접수되었는지 또는 **완성**되어 **효력**이 발생되었는지 여부도 **불문**한다(대판 1982.10.12. 82도368)". 즉, 일반인이 작성한 문서(=사문서)라도 공무소에 보관된 것이면 이에 포함된다. 또한 "[㉠] 공문서로서의 **효력이 생기기 이전의 서류**, [㉡] 정식의 접수 및 결재 **절차를 거치지 않은 문서**, [㉢] 결재 상신 과정에서 반려된 문서 등도 포함되고, [㉣] **미완성의 문서**라도 본죄의 성립

에는 영향이 없다"(대판 2020.12.10. 2015도19296).

예컨대, ㉠ **미완성**의 진술서(위 2003도3945),[1] 작성자와 피의자가 서명날인 또는 무인한 것이 아니어서 공문서로서의 효력이 없는 피의자신문조서(대판 1980.10.27. 80도1127), ㉡ 작성권한 없는 기관이 작성하여 공문서가 될 수 없는 문서(대판 1961.8.26. 4294형상262), ㉢ **위조**문서, 허위로 작성한 공용문서(대판 1972.9.26. 72도1132), ㉣ 수사기록에 **편철되지 않은** 진술조서(위 82도368), ㉤ 보존기간이 경과한 문서, 재작성 내지 구술보고가 가능한 문서(위 4294형상262) 등도 모두 본죄의 객체가 된다. 반면, ㉥ '공무원이 **폐기할 의도로 건네준 진술서**'(위 98도4350)는 공용서류라는 성질을 상실한다.[2]

(2) 행위: 손상 · 은닉 · 기타 방법으로 효용 해함

'손상 · 은닉 · 기타 방법으로 그 효용을 해하는 것'이다. '손상'이란 물리적 파괴나 훼손하는 것을 말하고,[3] '은닉'이란 그 발견을 불가능 · 곤란하게 하는 것을 말하며, '기타 방법으로 효용을 해한다'는 것은 그 밖의 방법으로 효용을 상실시키거나 현저하게 감소시키는 것을 말한다. 기타 방법에는 제한이 없다. 예컨대, ㉠ 서류를 **바꿔 갈아끼운** 경우(대판 1982.12.14. 81도81. '공용서류무효죄'),[4] ㉡ 세무공무원이 상속세신고서 및 세무서 작성의 부과결정서 등을 **임의로 반환**한 경우(대판 1981.8.25. 81도1830. '공용서류무효죄') 등은 본죄(=공용서류'무효')가 성립한다. 반면, ㉢ "정당한 권한 없이 효용을 해할 것을 요하므로, 작성 권한 있는 공무

---

1) [미완성인 경찰 작성의 진술조서 (=공용서류)] "경찰이 작성한 진술조서가 미완성이고 작성자와 진술자가 서명 · 날인 또는 무인한 것이 아니어서 공문서로서의 효력이 없다고 하더라도 '공무소에서 사용하는 서류'가 아니라고 할 수는 없다"(위 2003도3945). 이를 편철하지 않고 함부로 숨긴 것은 본죄(=공용서류은닉죄)가 성립한다고 한 사례.

2) [폐기할 의도로 건네준 진술서 (=공용서류 아님)] "형사사건을 조사하던 경찰관이 스스로의 판단에 따라 자신이 보관하던 진술서를 임의로 피고인에게 넘겨준 것이라면, 위 진술서의 보관책임자인 경찰관은 장차 이를 공무소에서 사용하지 아니하고 폐기할 의도하에 처분한 것이므로, 위 진술서는 더 이상 '공무소에서 사용하거나 보관하는 문서'가 아닌 것이 되어 공용서류로서의 성질을 상실하였다"(위 98도4350). 경찰관은 본죄로 기소되지 않았고, 이를 건네받은 피고인이 찢은 사안에서, 공용서류손상죄에 해당하지 않는다고 한 사례.

3) [공용물건 손상] 면사무소에 비치되어 정상 작동되던 소화기 9대의 분말액과 질소가스를 빼낸 경우(대판 2011.2.24. 2010도14262. '공용물건손상죄')

4) [바꿔 갈아끼움(=효용 해함)] "피고인이 군에 보관중인 피고인 명의의 건축허가신청서에 첨부된 설계도면을 떼내고 건축사협회의 도면등록 일부인(日附印. 날짜도장)을 건축허가 신청당시 일자로 소급 변조하여 새로 작성한 설계도면을 그 자리에 바꿔 가철한 사안에서, 바꿔 갈아끼운 행위는 공용서류 무효죄가 성립하고, 변조하여 가철한 행위는 공문서변조죄에 해당하며, 양죄는 실체적 경합 관계라고 한 사례"(위 81도81).

원이 상사의 결재 단계에서 그 내용을 정당하게 변경하는 경우는 물론, '내용을 허위로 변경'한 경우 (허위공문서작성죄에 해당할지언정) 공용서류의 효용을 해하는 것은 아니다"(대판 1995.11.10. 95도1395).

7. 공용물파괴죄

> 제141조(공용물의 파괴) ② 공무소에서 사용하는 건조물, 선박, 기차 또는 항공기를 파괴한 자는 1년 이상 10년 이하의 징역에 처한다.

공용물파괴죄는 '공무소에서 사용하는 건조물, 선박, 기차 또는 항공기'를 파괴하는 죄이다. 보호법익은 국가의 기능이며, 보호정도는 침해범이다.

객체는 '공무소에서 사용하는 건조물, 선박, 기차 또는 항공기'이고, 자동차는 포함되지 않는다. 공익건조물파괴죄(367)와 다르다. '파괴'란 건조물 등의 실질을 해하여 본래의 용도에 따른 사용이 불가능하거나 현저히 곤란하게 되는 것(=중요부분 효용상실)을 말한다. 손괴보다 물질적 훼손의 정도가 큰 경우이다.

8. 공무상보관물무효죄

> 제142조(공무상보관물의 무효) 공무소로부터 보관명령을 받거나 공무소의 명령으로 타인이 관리하는 자기의 물건을 손상 또는 은닉하거나 기타 방법으로 그 효용을 해한 자는 5년 이하의 징역 또는 700만원 이하의 벌금에 처한다.

공무상보관물무효죄 '공무소로부터 보관명령을 받거나 공무소의 명령으로 타인이 관리하는 자기의 물건'을 손상 또는 은닉하거나 기타 방법으로 그 효용을 해하는 죄이다. 보호법익은 공무상보관물의 효용이고, 보호정도는 침해범이다. 권리행사방해죄(323)의 특별규정이다.

주체는 해당 물건의 소유자이다. 해석상 신분범에 해당한다. 객체는 '공무소로부터 보관명령을 받거나 공무소의 명령으로 타인이 관리하는 자기의 물건'이다. '보관명령'이란 민사집행법 제189조의 보관명령을 말하고, 단순한 '채권가압류명령의 송달'은 보관명령에 해당하지 않는다(대판 1983,7.12. 83도1405).[1] 행위는

---

1) [공무상보관물 무효죄 여부] 제3채무자가 채권가압류결정의 정본을 송달받고서도 가압류된 채권을 변제한 경우, 채권가압류결정의 송달이 '공무상 보관명령'(142)이나 '강제처분의 표시'(140①)가 아니므로, 공무상보관물 무효죄 또는 공무상표시무효죄가 성립하지 않는다고 한 사례(위 83도1405).

'손상 또는 은닉하거나 기타 방법으로 그 효용을 해하는 것'이다. 공무상표시무효죄(140)에서와 같다.

Ⅳ. 특수공무방해의 죄

1. 특수공무집행방해죄

> **제144조(특수공무집행방해)** ① 단체 또는 다중의 위력을 보이거나 위험한 물건을 휴대하여 제136조, 제138조와 제140조 내지 전조의 죄를 범한 때에는 각조에 정한 형의 2분의 1까지 가중한다.

특수공무집행방해죄는, 단체 또는 다중의 위력을 보이거나 위험한 물건을 휴대하여, 제136조(공무집행방해죄 · 직무강요죄), 제138조(법정 · 국회회의장모욕죄)와 제140조 내지 제143조(공무상표시무효죄 · 공무상비밀침해죄 · 부동산강제집행효용침해죄 · 공용서류등무효죄 · 공용물파괴죄 · 공무상보관물무효죄 등과 그 미수범)의 죄를 범하는 죄이다. 행위방법의 위험성으로 불법이 가중되는 가중적 구성요건이다. 보호법익은 위 열거된 죄의 그것과 같고, 보호정도도 마찬가지이다.

특수, 즉 '단체 또는 다중의 위력을 보이거나 위험한 물건을 휴대하여'의 개념은 특수폭행죄(261)에서와 같다. 판례는 '휴대하여'를 '널리 **이용하여**'라고 해석하고, 자동차로 직무집행 중인 경찰관을 충격한 경우에도 본죄에 해당한다고 한다(대판 2008.2.28. 2008도3). 그러나 이는 피고인에게 불리한 유추해석이므로, 입법적 보완이 요구된다.

2. 특수공무집행방해치사상죄

> **제144조(특수공무집행방해)** ② 제1항의 죄를 범하여 공무원을 상해에 이르게 한 때에는 3년 이상의 유기징역에 처한다. 사망에 이르게 한 때에는 무기 또는 5년 이상의 징역에 처한다.

특수공무집행방해치사상죄는, 특수공무집행방죄를 범하여 공무원을 상해 또는 사망에 이르게 하는 죄이다. 치사상의 결과로 인해 불법이 다시 가중되는, 특수공무집행방해죄의 **결과적 가중범**이다. 보호법익은 신체의 생리적 기능 또는 생명을 포함하고, 보호정도가 치사상에 대해서는 침해범이다.

(1) 특수공무집행방해'치상'죄

1) **부진정 결과적 가중범** '치상'죄의 경우 '부진정 결과적가중범'으로 해석된다. 즉, "특수공무집행방해치상죄는 중한 결과인 상해에 대해 과실이 있는 경우뿐만 아니라 고의가 있는 경우까지도 포함하는 '부진정결과적가중범'이다"(대판 1995.1.20. 94도2842). 중한 결과인 상해에 대해 '고의'가 있는 경우 (본죄가 아니라) 만일 특수공무집행방해죄와 상해죄의 상상적 경합만을 인정한다면, 형의 불균형이 발생하기 때문이다. 즉, 중한 결과에 대해 (불법이 가벼운) '과실'만 있는 경우 본죄로 가중처벌하는 것과 비교할 때, (불법이 무거운) 고의 있는 경우가 더 가볍게 처벌되는 부당한 결과가 초래된다는 것이다.

2) **죄수** 부진정결과적가중범의 경우 판례는, "고의범과 결과적가중범의 법정형을 비교하여, [㉠] **고의범에 대해 '더 무겁게 처벌'**하는 규정이 '있는' 경우에는, 결과적가중범 외에 **고의범도 성립**하고 양자는 **상상적 경합**이 된다. [㉡] 고의범에 대해 '더 무겁게 처벌'하는 규정이 '없는' 경우에는, 결과적가중범이 고의범에 대해 **특별관계**에 있으므로, **결과적가중범만 성립**한다(즉 결과적가중범의 법정형이 더 무거운 경우 또는 양자의 법정형이 동일한 경우에는, 결과적가중범만 성립하고, 이와 법조경합인 고의범은 별도의 죄를 구성하지 않는다)"(대판 2008.11. 27. 2008도7311)라고 한다.

따라서 '특수공무집행방해'와 '특수상해'의 고의가 모두 있는 경우 특수공무집행방해'치상'죄('상해' 포함)만 성립하고, 특수상해죄는 별도로 성립하지 않는다. 즉, "(행위자가) 공무원에 대해 위험한 물건을 휴대하여 **고의로** 상해를 가한 경우에는, **특수공무집행방해'치상'죄**(3년 이상의 유기징역)**만 성립**할 뿐, 이와는 별도로 '폭처법위반(집단·흉기 등 상해)죄(3년 이상의 유기징역)'를 구성하지 않는다"(위 2008도7311). 그런데 폭처법은 2016. 1. 6. 개정되어 '폭처법위반(집단·흉기 등 상해)죄'는 삭제되었으며, 형법상 '특수상해죄'(258의2. 1년 이상 10년 이하의 징역)가 신설되었다. 그 결과 현행 형법 하에서도 **특수공무집행방해'치상'죄만 성립**할 뿐, '특수상해죄'는 별도로 성립하지 않는다(주의).[1)]

---

1) [**★사례: 특수상해와 특수공무집행방해'치상'**] (사례) 갑은 을 소유의 오토바이를 임의로 타고 가다가 을에게 현행범체포되었는데, 그 신병을 인계받은 경찰관 P로부터 신분증제시를 요구받자, 소지하고 있던 전자충격기로 경찰관 P에게 충격을 가하여 기절시켰다.

(갑의 죄책) 전자충격기는 위험한 물건이고, 기절은 상해에 해당(대판 1996.12.10. 96도2529)하므로, 특수상해죄와 특수공무집행방해치상죄에 해당한다. 그러나 상해의 고의범(특수상해죄)에 대해 '더 무겁게 처벌'하는 규정이 '없는' 경우이므로, 법정형이 더 무거운 특수공무집행방해'치상'죄(결과적가중범)만 성립할 뿐, 특별관계에 있는 특수상해죄는 별도로 성립하지 않는다.

(2) 특수공무집행방해'치사'죄

1) 진정 결과적 가중범 '치사'죄의 경우 '진정 결과적가중범'으로 해석된다. 즉, '치사'죄의 경우에는 중한 결과에 대해 고의범인 살인죄의 법정형이 더 무겁기 때문에 특수공무집행방해'치사'죄를 굳이 '부진정 결과적가중범'이라고 해석할 필요가 없다. 따라서 행위자가 '특수공무집행방해'와 '살인'의 고의가 모두 있는 경우 특수공무집행방해'치사'죄(무기 또는 5년 이상의 징역)와 살인죄(사형, 무기 또는 5년 이상의 징역)의 상상적 경합이 된다.

2) 결과적 가중범의 공동정범 공무집행방해의 집단행위 과정에서 일부가 치사상의 결과에 이르게 한 경우 다른 일부에게 그 결과발생에 대한 예견가능성이 있었다면, 그 다른 일부도 특수공무집행방해치사상의 공동정범이 성립한다(대판 1990.6.22. 90도767). 한편, 판례는 부수적 파생범죄에 대해 '암묵적인 의사의 상통'만으로 (공모)공동정범의 성립범위를 확대하여 인정하고 있다. 즉, "부수적인 다른 범죄가 파생되리라고 예상하거나 충분히 예상할 수 있는데도, 그러한 가능성을 외면한 채 이를 방지하기에 족한 합리적인 조치를 취하지 아니하고 공모한 범행에 나아갔다가 결국 그와 같이 예상되던 범행들이 발생하였다면, 비록 그 파생적인 범행 하나하나에 대하여 개별적인 의사의 연락이 없었더라도, 당초의 공모자들 사이에 그 범행 전부에 대하여 공동정범(암묵적인 공모와 기능적 행위지배가 존재)이 성립한다"(대판 2007.4.26. 2007도428; 2010.12.23. 2010도7412).

제 3 절 도주와 범인은닉의 죄

Ⅰ. 총설

1. 의의 및 보호법익

1) 뜻 도주의 죄는 법률에 따라 체포·구금된 자가 스스로 도주하거나 제3자가 그 도주를 원조하는 범죄이다. 범인은닉의 죄는 (범인 아닌 자가) 벌금 이상의 형에 해당하는 죄를 범한 자를 은닉·도피하게 하는 범죄이다.

2) 보호법익 도주의 죄는 그 보호법익이 국가의 구금기능 또는 구금권이고(통설), 보호정도는 침해범이다. 범인은닉의 죄는 그 보호법익이 국가의 형사사

법기능(수사권 · 재판권 · 형집행권 등)이고, 보호정도는 추상적 위험범이다.

2. 구성요건 체계

도주와 범인은닉죄는 도주죄, 도주원조죄, 범인은닉죄로 구분된다. 즉, 도주죄에는 스스로 도주하는 경우와 제3자가 이를 원조하는 경우가 있다.

범죄군	개별 구성요건
도주죄 (국가의 구금기능)	기본: 단순도주죄(145①)
	가중: 특수도주죄(146)
	독립: 집합명령위반죄(145②)
도주원조죄 (국가의 구금기능)	기본: 도주원조죄(147)
	가중: 간수자 도주원조죄(148)
범인은닉죄 (국가의 형사사법기능)	기본: 범인은닉 · 도피죄(151①)
	※ 친족간 특례(151②)

Ⅱ. 도주의 죄

1. 단순도주죄

> **제145조(도주)** ① 법률에 따라 체포되거나 구금된 자가 도주한 경우에는 1년 이하의 징역에 처한다.

도주죄는 법률에 따라 체포되거나 구금된 자가 스스로 도주하는 범죄이다. 체포 · 구금된 자만이 그 주체가 되므로 진정신분범이다.

도주죄는 즉시범이다. 체포 · 구금된 자가 간수자의 실력적 지배를 '벗어나면' 기수가 되고 도주행위도 종료된다. 도주라는 말뜻에 맞는 해석이다.

(1) 주체: 법률에 따라 체포 · 구금된 자

1) 법률에 따라 법률에 근거하여 '적법하게' 체포 · 구금된 경우를 의미한다. 여기서 적법성은 '**형식적 적법성**'을 의미하며 '실질적 적법성'까지 필요한 것은 아니다. 따라서 ㉠ 체포 · 구금된 자가 도주한 이후 그 원인된 범죄사실에 대해 무죄판결이 확정되더라도 이미 성립한 도주죄에는 영향이 없다. 그러나 ㉡ '위법한 체포 · 구금상태에 있는 자'는 본죄의 주체가 될 수 없다(예: 불법하게 연행된 자, 임의동행되었다가 경찰서 보호실에 유치된 자, 불법체포로부터 6시간 상당이 경과한 후에 긴

급체포된 자 등. 대판 2006.7.6. 2005도6810).[1)]

2) 체포된 자 "체포영장에 의한 체포(형소200의2) · 긴급체포(동200의3) · 현행범체포(동212)된 자 등을 말한다. 체포된 자에 대해 도주죄가 성립하기 위해서는, 실행의 착수 당시 체포 대상자가 '체포자의 실력적 지배' 아래에 있어야 한다"(대판 2025.6.26. 2025도3061).[2)]

3) 구금된 자 미결구금자, 수형자 등을 의미한다. 즉, ㉠ 피의자 · 피고인으로서 구속영장에 의해 구금된 자(=미결구금자), '구속 후 감정유치된 자', **법정구속**되어 피고인 대기실로 인치된 피고인(대판 2023.12.28. 2020도12586),[3)] ㉡ 유죄판결을 받고 형의 집행을 위하여 교도소에 구금된 자(=수형자), '환형처분으로 노역장에 유치된 자', '형집행장으로 구인된 자'('수형자'와 다름없어 포함) 등이 그러하다. 나아가, ㉢ '보호처분으로 소년원에 수용되어 있는 자'도 실질적으로 구금된 것과 차이가 없으므로 주체에 포함된다.

그러나 ㉣ '치료감호법상 치료감호처분을 받은 자'는 별도의 처벌규정(동법 52①)이 있다는 점에서, 특별법이 우선 적용된다(법조경합).

4) 문제: 구인된 자 우선, ㉠ 구속영장 실질심사를 위해 '구인된 피의자'는 주체에 포함된다. 체포와 구인 모두 구금 이전에 잠정적으로 신체의 자유를 박탈하는 강제처분이고,[4)] 구인된 경우 구속기간은 구인한 날부터 기산되고 미결구금일수에도 산입(형소203의2)되기 때문이다. ㉡ 법원의 소환에 불응하여 '구인된 피고인'도 포함된다. 그러나 ㉢ 증인은 국가구금권 실현의 직접 대상이 아니므로, **'구인된 증인'**은 본죄의 주체가 될 수 없다.

---

1) [법정구속] "(집행절차가 개시되어) 교도관이 법정에서 곧바로 피고인에 대한 신병을 확보하였다면 구속의 목적이 적법하게 달성된 것"(2020도12586).

2) [체포 여부] "체포자가 체포 대상자의 신체에 대하여 직접적이고 현실적인 실력을 행사하는 등으로 체포 대상자의 신체적 활동 또는 행동의 자유를 체포자의 지배 아래에 두었다고 볼 수 있는지를 기준으로 판단해야 한다"(위 2025도3061). 절도현장인 매장에서, 출동한 경찰이 '미란다원칙을 고지한 뒤 단지 지켜보고 있었다는 것'만으로는 체포가 완료되었다고 보기 어렵다고 한 사례(=무죄).

3) [불법체포된 자] 사법경찰관이 피고인을 수사관서까지 동행한 것이 사실상의 강제연행, 즉 불법체포에 해당하고, 불법체포로부터 6시간 상당이 경과한 후에 이루어진 긴급체포 또한 위법하므로 피고인이 불법체포된 자로서 형법 제145조 제1항에 정한 '법률에 의하여 체포 또는 구금된 자'가 아니어서 도주죄의 주체가 될 수 없다고 한 사례(2005도6810).

4) '구인'은 특정인을 강제력에 의하여 특정 장소까지 '인치'하는 것을 말하고, '구금'이란 강제력에 의하여 특정인을 특정 장소에 '가두어'(=감금) 그 의사에 따른 장소적 이동을 금지하는 것을 말한다. 형사소송법상 '구속'은 피고인 또는 피의자의 신체의 자유를 구속하는 대인적 강제처분으로서 '구인'과 '구금'을 포함하는 개념이다(형소69).

5) 제외 한편, i) 여기서 구금은 '**현실로 구금**된 것'을 의미하므로, 석방상태인 ⓐ 보석 중인 자, ⓑ 구속집행정지 중인 자, ⓒ 가석방 중인 자, ⓓ 형집행정지 중인 자 등은 주체에서 제외된다. ii) 여기서 구금은 '**국가구금권**(=형사사법기능)의 실현'을 의미하므로, 그와 무관한 ⓐ 전염병예방법에 의해 격리수용된 자(동법42), ⓑ 아동복지시설에 수용된 자(아동복지법12), ⓒ 경찰관직무집행법상 보호 중에 있는 자(동법4) 등도 그 주체에서 제외된다.

(2) 행위: 도주

도주는 체포·구금된 자가 구금상태로부터 이탈하는 것을 말한다. 작위든 부작위든 수단·방법을 불문한다. **일시적 이탈**로도 충분하므로, 다시 돌아올 생각으로 이탈하더라도 도주에 해당한다.

(3) 실행의 착수와 기수시기

1) 착수시기 본죄의 미수는 처벌한다(149). 실행의 착수는 구금상태로부터 이탈하는 행위를 개시한 시점이다(예: 수용거실의 문을 열기 시작한 때).

2) 기수시기 기수시기는 "간수자의 실력적 지배를 이탈한 상태에 이르렀을 때"이다. 따라서 수용시설을 벗어나지 못하였거나 계속 추적 중인 경우라면 아직 기수가 아니다.

본죄는 '**즉시범**'이다(판례). 즉 "도주죄는 즉시범으로, 범인이 간수자의 실력적 지배를 '이탈'한 상태에 이르렀을 때에 기수가 되어 도주행위가 종료한다. 도주죄의 범인이 도주행위를 하여 **기수에 이른 이후**에 (제3자가 가담하여) '범인의 도피를 도와 주는 행위'는 (도주죄의 공범 또는 도주원조죄가 아니라) **범인도피죄**에 해당할 뿐이다"(대판 1991.10.11. 91도1656). 주의를 요한다.

2. 집합명령위반죄

> **제145조(집합명령위반)** ② 공무소에서 사용하는 건조물, 선박, 기차 또는 항공기를 파괴한 자는 1년 이상 10년 이하의 징역에 처한다.

집합명령위반죄는 법률에 따라 구금된 자가 천재지변·사변 그 밖에 법령에 따라 잠시 석방된 상황에서 정당한 이유 없이 집합명령에 위반하는 범죄이다. 진정신분범이고 진정부작위범이다.

석방사유는 천재지변이나 사변 그 밖에 법령이다. 본죄의 미수는 처벌한다

(149). 그러나 진정부작위범의 경우 미수범 성립은 사실상 불가능하다.

3. 특수도주죄

제146조(특수도주) 수용설비 또는 기구를 손괴하거나 사람에게 폭행 또는 협박을 가하거나 2인 이상이 합동하여 전조 제1항의 죄를 범한 자는 7년 이하의 징역에 처한다.

특수도주죄는 수용설비 또는 기구를 손괴하거나, 사람에게 폭행 또는 협박을 가하거나, 2인 이상이 합동하여 도주하는 범죄이다. 미수는 처벌한다(149). 여기서 손괴는 손괴죄와 달리, 물리적 훼손만을 의미한다. 즉, 단순히 수갑을 풀고 달아나는 것만으로는 손괴에 해당하지 않는다(단순도주죄).

Ⅲ. 도주원조의 죄

1. 도주원조죄

제147조(도주원조) 법률에 의하여 구금된 자를 탈취하거나 도주하게 한 자는 10년 이하의 징역에 처한다.

도주원조죄는 법률에 의하여 구금된 자를 '탈취'하거나 '도주하게' 하는 범죄이다. 탈취죄는 독립된 범죄유형이지만, 도주하게 하는 죄는 단순도주죄의 교사·방조행위를 독립된 구성요건으로 규정한 것이다.[1] 구금된 자가 스스로 도주하는 도주죄에 비해 비난가능성이 크기 때문에, 법정형이 훨씬 무겁다. 본죄의 미수는 처벌하고(149), 예비·음모도 처벌한다(150).

도주원조행위는 (단순)**도주죄가 기수에 이르기 전**에 행해져야 한다(이미 구금상태에서 벗어났다면 도주원조죄의 객체가 될 수 없다). 즉, "도주죄의 범인이 도주행위를 **하여 기수에 이르른 이후**에 **범인의 도피를 도와 주는 행위는, 범인도피죄**에 해당할 수 있을 뿐 도주원조죄에는 해당하지 아니한다"(위 91도1656).

도주죄와 도주원조죄는 **필요적 공범관계**에 있으므로 총칙상의 공범규정이 적용되지 않는다. 따라서 구금된 자가 타인을 교사하여 자기를 도주하게 한 경우에도 (도주원조죄의 교사범이 아니라) 단순도주죄만 성립한다.

---

1) [도주원조: 교사 또는 방조] "도주원조죄는 도주죄에 있어서의 범인의 도주행위를 야기시키거나 이를 용이하게 하는 등 그와 공범관계에 있는 행위를 독립한 구성요건으로 하는 범죄"(위 91도1656).

2. 간수자도주원조죄

> 제148조(간수자의 도주원조) 법률에 의하여 구금된 자를 간수 또는 호송하는 자가 이를 도주하게 한 때에는 1년 이상 10년 이하의 징역에 처한다.

간수자도주원조죄는 법률에 의하여 구금된 자를 간수 또는 호송하는 자가 이를 도주하게 하는 범죄이다. 간수자 또는 호송자의 신분으로 인해 형이 가중되는 구성요건으로 부진정신분범이다. 본죄의 미수는 처벌하고(149), 예비·음모도 처벌한다(150).

Ⅳ. 범인은닉의 죄

1. 범인은닉·도피죄

> 제151조(범인은닉과 친족간의 특례) ① 벌금 이상의 형에 해당하는 죄를 범한 자를 은닉 또는 도피하게 한 자는 3년 이하의 징역 또는 500만원 이하의 벌금에 처한다.
> ② 친족 또는 동거의 가족이 본인을 위하여 전항의 죄를 범한 때에는 처벌하지 아니한다.

범인은닉·도피죄는 ('범인 이외의 자'가) 벌금 이상의 형에 해당하는 '죄를 범한 자를' 은닉 또는 도피하게 하는 범죄이다. 장물죄, 도주원조죄, 증거인멸죄 등과 같이 본범을 비호하는 사후종범적 성격을 갖는 독립된 구성요건이다. 보호법익은 국가의 형사사법기능이고, 보호정도는 추상적 위험범이다.[1] 또한 범인은닉·도피죄는 **계속범**이다.

(1) 주체: 범인 이외의 자

1) 범인 이외의 자 '범인(본인) 이외의 자'는 누구나 주체가 될 수 있다. 친족 또는 동거가족도 주체에 해당하지만, 범인과의 신분관계로 인하여 처벌되지 않는다.

그러나 **범인 자신은 제외된다**. 구성요건의 문언상 '죄를 범한 자'와 '그를 은닉·도피하게 한 자'가 구별되는 이상 여기서 '은닉·도피하게 한 자'는 '죄를

1) [범인도피죄: 추상적 위험범] "범인도피죄는 범인은닉 이외의 방법으로 범인에 대한 수사·재판 및 형의 집행 등 형사사법의 작용을 곤란 또는 불가능하게 하는 행위를 말하는 것으로서 그 방법에는 아무런 제한이 없고, 범인도피죄는 위험범으로서 현실적으로 형사사법의 작용을 방해하는 결과가 초래되어야만 하는 것은 아니다"(대판 2004.3.26. 2003도8226).

범한 자'가 아닌 '타인', 즉 '범인 이외의 자'만을 의미하는 것이 된다. 따라서 범인 스스로 도피하는 행위는 치벌되지 않는다(대판 2014.4.10. 2013도12079). 즉 범인의 자기 도피행위는 구성요건해당성이 없고, 범인 자신은 본죄의 정범이 될 수 없다.

2) 문제①: 공범자간의 은닉 · 도피 일찍이 '공동정범 중 1인이 다른 공동정범을 도피하게 한 경우에도 본죄가 성립할 수 있다'는 취지의 판례(대판 1958.1.14. 57도393)가 있었다. 그러나 "공범 중 1인(甲)의 (자신을 위한) 도피행위는 자신의 범행에 대한 방어권행사이므로, 이러한 자기 도피가 다른 공범(乙)을 도피시키는 결과가 되더라도, 본죄는 성립하지 않는다"(대판 2018.8.1. 2015도20396).[1)]

3) 문제②: 범인의 자기은닉 · 도피의 교사 특히 범인(乙)이 타인(甲)을 교사하여 자기를 은닉 · 도피하게 한 경우에 그 범인(乙) 자신은 본죄의 교사범이 성립하는지 여부가 문제된다(이때 정범 甲은 '범인은닉 · 도피죄'가 성립될 수 있다). 문제는 이를 교사한 범인 자신의 죄책인데, 판례는 본죄('범인은닉 · 도피죄')의 교사범 성립을 인정한다. 즉, 판례는, "범인(乙)이 도피를 위하여 타인(甲)에게 도움을 요청하는 행위는, 무조건 교사범이 성립하는 것이 아니라, 방어권의 남용으로 볼 수 있는 때에 한하여 교사범에 해당할 수 있다"(대판 2014.4.10. 2013도12079)라고 한다. 절충설의 입장이다. 별도의 항목으로 따로 서술한다.

(2) 객체: 벌금 이상의 형에 해당하는 죄를 범한 자

1) 벌금 이상의 형에 해당하는 죄 '벌금 이상의 형에 해당하는 죄'란 법정형에 벌금형 또는 그 이상의 형이 포함되어 있는 범죄를 말한다(벌금형이 선택형이라도 무방하다). 형법각칙의 모든 범죄가 벌금 이상의 형에 해당하므로, 형법각칙의 죄를 범한 자는 모두 본죄의 객체가 된다.

2) 죄를 범한 자 우선, i) [정범 · 공범 등] '죄를 범한 자'란 정범뿐만 아니라 교사범 · 방조범, 예비 · 음모를 한 자를 모두 포함한다.

---

1) [공범자간의 도피: 1인의 방어권행사와 다른 공범의 도피 여부] "범인도피죄는 타인을 도피하게 하는 경우에 성립할 수 있는데, 여기에서 타인에는 공범도 포함되나 범인 스스로 도피하는 행위는 처벌되지 않는다. 또한 공범 중 1인(甲)이 그 범행에 관한 수사절차에서 참고인 또는 피의자로 조사받으면서 자기의 범행을 구성하는 사실관계에 관하여 허위로 진술하고 허위 자료를 제출하는 것은 자신의 범행에 대한 방어권 행사의 범위를 벗어난 것으로 볼 수 없다. 이러한 행위가 다른 공범(乙)을 도피하게 하는 결과가 된다고 하더라도 범인도피죄로 처벌할 수 없다. 이때 공범(乙)이 이러한 행위를 교사하였더라도 범죄가 될 수 없는 행위를 교사한 것에 불과하여 범인도피교사죄가 성립하지 않는다"(2015도20396).

ii) [처벌조건 · 소송조건] 여기서 '죄를 범한 자'라고 하기 위해서는 구성요건에 해당하고 위법 · 유책할 뿐만 아니라 처벌조건 · 소송조건까지 갖추어 **유죄판결의 가능성**이 있는 자를 의미한다(통설). 즉 '범죄성립요건 및 소송조건'을 모두 갖출 '가능성'이 있는 자를 말한다. 예컨대, ㉠ 친고죄에서 '피해자의 고소가 없으나 **아직 고소기간 내**'인 자는 여전히 **소추나 처벌의 가능성**이 그대로 남아 있으므로 본죄의 객체가 된다. ㉡ 특히, 반의사불벌죄인 교특법위반(치상) 사건에서 '**자동차종합보험에 가입된** 사실'만으로는 운전자의 **소추나 처벌의 가능성**이 없다고 단정할 수 없다(대판 2000.11.24. 2000도4078).[1]

반면, 소추나 처벌의 가능성이 명백히 없게 된 자는 본죄의 객체에서 제외된다. 예컨대, ㉠ 고소기간의 경과, **고소권의 소멸**에 의해 소추나 처벌의 가능성이 없게 된 자, ㉡ 마찬가지로 무죄나 면소판결의 확정, 형의 폐지, **공소시효의 완성** 또는 사면에 의해 소추나 처벌의 가능성이 없게 된 자, ㉢ **형면제사유**가 존재하여 소추나 처벌의 가능성이 없게 된 자 등은 모두 객체에서 제외된다. 즉, "형사소추나 처벌 받을 가능성이 (명백히) 없는 자를 도피하게 한 경우에는, **국가의 형사사법작용을 저해할 위험이 없어** 범인도피죄가 성립하지 않는다"(위 2000도4078).

iii) [수사중인 자, 수사개시 이전인 자] 판례에 따르면, 유죄판결의 가능성이 있는 자라면, "공소제기되거나 유죄의 판결을 받은 자뿐만 아니라 범죄의 혐의를 받아 '**수사 중인 자**'(=수사대상이 되어 있는 자)도 포함되고"(대판 1982.1.26. 81도1931 ; 1983.3.23. 83도1486), "**나아가** (벌금 이상의 형에 해당하는 죄를 범한 자라는 것을 인식하면서도 도피시킨 당시에는) '**아직 수사대상이 되어 있지 않은 자**'(=수사개시 이전인 자)라도 범인도피죄가 성립한다"(대판 2003.12.12. 2003도4533)고 한다. 본죄는 "형사사법에 관한 국권의 행사를 방해하는 행위를 처벌하려는 것"(위 81도1931)임을 그 논거로 한다.[2]

iv) [진범 아닌 자] 여기서 '죄를 범한 자'는 반드시 '진범'이어야 하는가? 이에 대해서도 판례는 일관되게 '**진범 아닌 자**'도 포함된다는 입장이다. 즉, "범인

---

1) [★교특법위반(치상) 사건에서 종합보험 가입] "자동차종합보험 가입은 교특법4①에 규정된 '공소를 제기할 수 없다'는 특례로서 (소극적) 소송조건인데, 피해자가 나중에 사망하거나 또는 (운전자가) 음주나 과속 운전 등의 단서조항에 해당하는 경우에는, 그 특례가 적용되지 않기 때문(동법3②)이다"(위 2000도4078).

2) [수사개시 이전의 자] 부도수표발행죄(부수법2②)의 경우 '수표가 부도나기 전날' 그 사정을 알면서 수표발행인을 은닉한 자 또한 본죄가 성립한다(대판 1990.3.27. 89도1480).

도피죄는 수사, 재판 및 형의 집행 등에 관한 국권의 행사를 방해하는 행위를 처벌하려는 것이므로, '죄를 범한 자'는 범죄의 혐의를 받아 수사대상이 되어 있는 사람이면, 그가 **진범인지 여부를 묻지 않고** 이에 해당한다"(대판 1982.1.26. 81도1931; 2014.3.27. 2013도152)는 것이다. 즉 "범죄의 혐의를 받아 수사대상이 되어 있는 자는 '그후 무혐의로 석방되었더라도' 본죄의 성립에는 영향이 없다"(위 81도1931)고 한다.

(3) 행위: 은닉 또는 도피하게 함

1) 은닉　은닉이란 **장소를 제공**하여 범인을 숨겨 주는 행위를 말한다. 음식을 제공하고 범인을 재워주는 것 등이다. 은닉은 "장소를 제공하여 체포를 면하게 하는 것만으로 성립한다"(대판 2002.10.11. 2002도3332).[1]

2) 도피하게 함　'도피하게 한다'는 것은 **은닉 이외의 방법**으로 수사기관의 범인 발견·체포를 불가능 또는 곤란하게 하는 일체의 행위를 말한다. 그 수단·방법에는 아무런 제한이 없으나, "적어도 **은닉행위에 비견될 정도로** 수사기관의 발견·체포를 곤란하게 하는 행위, 즉 범인을 **직접 도피**시키는 행위 또는 도피를 **직접적으로 용이**하게 하는 행위(='직접' 지원)에 한정된다"(대판 2003.2.14. 2002도5374; 2011.4.28. 2009도3642). 그러나 "그 자체로는 도피를 직접 목적으로 한 것이라고 보기 어려운 행위로 인하여, **간접적으로** 범인이 안심하고 도피할 수 있게 한 경우(='간접' 지원)는 도피에 포함되지 않는다"(위 2009도3642).

[판례사례: 도피 여부] i) 도피 **긍정사례**(적어도 도피를 '직접' 지원한 경우)로는, ㉠ 지명수배중인 범인에게 자신의 운전면허증·신용카드 등을 빌려주고, 자동차를 구입하여 제공한 경우(대판 2003.5.30. 2003도111), ㉡ 도피중인 범인에게 공범을 만나게 해주고 도피를 용이하게 한 경우(대판 1990.12.26. 90도2439), ㉢ 범인의 부탁으로 다른 사람 명의로 대신 임대차계약을 체결해 준 경우(대판 2004.3.26. 2003도8226),[2] ㉣ 경찰간부가 공범이 더 있다는 것을 숨긴 채 허위보고하고, 조사를 받고 있는 범인에게

---

1) [은닉] 굳이 범인에 대해 지배복종관계까지 있을 필요는 없다. "범인은닉죄라 함은 죄를 범한 자임을 인식하면서 장소를 제공하여 체포를 면하게 하는 것만으로 성립한다 할 것이고, 죄를 범한 자에게 장소를 제공한 후 동인에게 '일정 기간 동안 경찰에 출두하지 말라'고 권유하는 언동을 하여야만 범인은닉죄가 성립하는 것이 아니며, 또 그 권유에 따르지 않을 경우 강제력을 행사하여야만 한다거나, 죄를 범한 자가 은닉자의 말에 복종하는 관계에 있어야만 범인은닉죄가 성립하는 것은 더욱 아니다."(위 2002도3332).

2) 비록 임대차계약서가 공시되는 것은 아니라 하더라도 수사기관이 탐문수사나 신고를 받아 범인을 발견하고 체포하는 것을 곤란하게 하여 범인도피죄에 해당한다고 한 사례.

다른 공범이 더 있음을 실토하지 못하게 한 경우(대판 1995.12.26. 93도904. 박종철 고문치사 사건), ⓜ 사제가 죄지은 자를 소극적으로 고발하지 않는 것에 그치지 아니하고 적극적으로 은신처 마련, 도피자금 제공 등을 해준 경우(대판 1983.3.8. 82도3248. 사제의 정당행위 아님) 등은 '도피'에 해당한다.

ii) 반면, 도피 **부정**사례(도피를 '간접' 지원한 것에 불과한 경우)로는, ㉠ 범인의 가족을 도와 범인이 안심하고 도피생활을 할 수 있도록 한 경우(대판 1995.3.3. 93도3080. '사회적 상당성이 있는 행위'), ㉡ 주점 개업식 날 찾아 온 범인에게 '도망다니면서 이렇게 와 주니 고맙다. 항상 몸조심하고 주의하여 다녀라. 열심히 살면서 건강에 조심하라'고 말한 경우(대판 1992.6.12. 92도736. '통상적인 안부인사') 등은 도피에 해당하지 않는다.

한편, 변호사가 피의자 · 피고인에게 진술거부권을 행사하도록 권유하거나, 증언거부권자에게 증언을 거부하도록 권유하는 것은 도피에 해당하지 않는다. 소송법상 허용된 권리의 행사를 권유한 것에 불과하기 때문이다.

3) 문제: 수사기관에서의 허위진술 수사기관에서 '**참고인**'이 범인에 관하여 조사받으면서 알고 있는 사실을 단순히 **묵비**하거나 **허위진술**한 경우에는 범인이 석방되었더라도 '도피'에 해당하지 않는다.[1] 참고인은 수사기관에서 진실만을 진술해야 할 법률상 의무가 없고 형법상 위증죄는 오로지 공판정에서의 '증인'만을 대상으로 하기 때문이다. 즉, "수사기관은 범죄사건을 수사함에 있어서 피의자나 참고인의 진술 여하에 불구하고 피의자를 확정하고 그 피의사실을 인정할 만한 객관적인 제반 증거를 수집 · 조사하여야 할 권리(註 정확히는 '권한')와 의무가 있다"(대판 2008.12.24. 2007도11137)는 것이다. 따라서 이러한 법리는 '**피의자**'의 경우에도 그대로 적용된다.

[판례사례: 도피 부정(단순 묵비 · 허위진술)] i) 참고인사례로는, ㉠ 참고인이 경찰관에게 범인의 이름을 알면서도 '허무인의 이름을 대고' 구체적인 인적사항은 모른다고 진술한 경우(대판 2008.6.26. 2008도1059), ㉡ 참고인이 '목격한 범인'과 '체포된 사람'이 동일함에도 '동일한 사람이 아니'라고 허위진술을 하여 범인이 석방된 경우(대판 1987.2.10. 85도897. ※ 이유 참고),[2] ㉢ 참고인이 실제의 범인이 누군지도 정확하게 모

1) [증거위조죄 여부] 참고인의 허위진술은 증거 자체를 위한 것도 아니므로 증거위조죄도 되지 않는다(대판 1993.4.7. 94도3412).

2) [참고인의 진실의무 여부 (소극)] "위와 같이 보지 않는다면, 참고인은 항상 수사기관에 대하여 진실만을 진술하여야 할 법률상의 의무를 부담하게 되고, 추호라도 범인에게 유리한 허위진술

르는 상태에서 '범인이 아닐지도 모른다고 생각하면서도 범인으로 지목'하는 허위진술하여, 지목된 사람이 구속기소됨으로써 실제의 범인이 용이하게 도피하는 결과가 초래된 경우(대판 1997.9.9. 97도1596. ※ 한계사안-이유참고),[1] ㉣ 신원보증인이 '신원보증서에 피의자의 인적사항을 허위 기재'하여 제출한 경우(대판 2023.2.14. 2002도5374)[2] 등은 '도피'에 해당하지 않는다.

ii) 피의자 사례로는, ㉠ 피의자가 절도사건과 관련하여 '공범의 이름'을 단순히 묵비한 것(대판 1984.4.10. 83도3288), ㉡ 오락실 공동운영자인 피의자가 '단독으로 운영하였다'고 허위진술하여 공범의 존재를 숨긴 것(위 2007도11137), ㉢ 게임장·오락실·PC방의 종업원(이른바 '바지사장')인 피의자가 단순히 (자신이) '실제 업주'라고 허위진술한 경우(대판 2012.8.30. 2010도13694) 등은 '도피'에 해당하지 않는다.

그러나 '**참고인**'이 수사기관을 **적극적으로 기만**하여 착오에 빠지게 함으로써 범인의 발견 또는 체포를 곤란 내지 불가능하게 할 정도의 허위진술을 한 것이라면, 범인도피죄가 성립한다. '**피의자**'의 경우에도 그대로 적용된다.

[판례사례: 도피 긍정(적극적 기만)] ㉠ (범인 자처) 범인 아닌 자가 수사기관에 '범인임을 자처'하고 허위진술을 하여 진범의 체포와 발견에 지장을 초래하게 한 경우(대판 1996.6.14. 96도1016), ㉡ (범인 조작) '**범인을 조작**'하여 범인 아닌 자로 하여금 범인으로 가장케 하고 조사받도록 한 경우(대판 1967.5.23. 67도366), ㉢ (바지사장의 적극적 기만) 이른바 '바지사장'이 '실제 업주'라고 진술하면서 나아가, '게임장 등의 운영 경위, 자금 출처, 게임기 등의 구입 경위, 점포의 임대차계약 체결 경위 등에 관하여서까지' 적극적으로 허위로 진술하거나 허위 자료를 제시하여, 그 결과 수사기관이 실제 업주

을 하면 모두 처벌받게 되는 결과가 되어 법률에 의한 선서를 한 증인이 허위의 진술을 한 경우에 한하여 위증죄가 성립된다는 형법의 규정취지와 어긋나기 때문이다(위계에 의한 공무집행방해죄에서도 참고)"(위 85도897).

1) [범인 허위지목: '도피' 아님] "그것만으로는 참고인에게 적극적으로 실제의 범인을 도피시켜 국가의 형사사법의 작용을 곤란하게 할 의사가 있었다고 볼 수 없다"(97도1596).

2) [★★ 신원보증서 허위 기재: '도피의사' 없음] "수사절차에서 작성되는 신원보증서는 체포된 피의자 석방의 필수적인 요건이거나 어떠한 법적 효력이 있는 것은 아니고, 다만 피의사건이 비교적 경미한 경우 피의자와 일정한 관계에 있는 신원보증인이 수사기관에 대하여 피의자의 신분, 직업, 주거 등을 보증하고 향후 수사기관이나 법원의 출석요구에 사실상 협조하겠다는 의사를 표시하는 것으로서 피의자나 신원보증인에게 심리적인 부담을 줌으로써 수사기관이나 재판정에의 출석 또는 형 집행 등 형사사법절차상의 편의를 도모하는 것에 불과하여 보증인에게 법적으로 진실한 서류를 작성·제출할 의무가 부과된 것은 아니므로, 신원보증서를 작성하여 수사기관에 제출하는 보증인이 피의자의 인적 사항을 허위로 기재하였다고 하더라도, 적극적으로 수사기관을 기망한 결과 피의자를 석방하게 하였다는 등 특별한 사정이 없는 한, 그 행위만으로 범인도피죄를 구성하지는 않는다"(2002도5374).

를 발견 또는 체포하는 것이 곤란 내지 불가능하게 될 정도에까지 이른 경우(대판 2013.1.10. 2012도13999; 위 2010도13694) 등은 '도피'에 해당한다.

[요약: 도피의 판단기준 (적극적 기만 여부)] "수사기관은 범죄사건을 수사함에 있어서 피의자나 참고인의 진술 여하에 불구하고 피의자를 확정하고 그 피의사실을 인정할 만한 객관적인 제반 증거를 수집·조사하여야 할 권리(註 '권한'의 오기)와 의무가 있다. 따라서 참고인이 수사기관에서 범인에 관하여 조사를 받으면서 그가 알고 있는 사실을 묵비하거나 허위로 진술하였다고 하더라도, 그것이 적극적으로 수사기관을 기만하여 착오에 빠지게 함으로써 범인의 발견 또는 체포를 곤란 내지 불가능하게 할 정도가 아닌 한, 범인도피죄를 구성하지 않는다. 이러한 법리는 피의자가 수사기관에서 공범에 관하여 묵비하거나 허위로 진술한 경우에도 그대로 적용된다."(위 2007도11137)

4) **부작위에 의한 도피** 은닉·도피행위는 부작위에 의해서도 가능하다. 다만 그 주체는 보증인지위, 즉 범인을 발견·체포할 작위의무 있는 자에 한정된다. 예컨대, 경찰관이 지명수배 중인 범인을 발견하고 검거할 수 있었음에도 이를 묵인한 경우 범인도피죄가 성립한다. 그러나 일반인은 범인을 체포·신고할 작위의무가 없으므로 범인을 알면서도 부작위한 경우 본죄가 성립하지 않는다.

5) **기수시기** 범인을 은닉 또는 도피하게 함으로써 기수가 되고(추상적 위험범), 현실적으로 형사사법 작용을 방해하는 결과가 초래될 필요는 없다.

본죄는 '**계속범**'이다(판례). 즉 "범인도피행위가 계속되는 동안에는 범죄행위도 **계속**되고, 행위가 끝날 때 비로소 범죄행위가 종료된다. 공범자(甲등)의 (진범 A에 대한) **범인도피행위 도중에**, 그 범행을 인식하면서 공동의 범의를 가지고 기왕의 범인도피 상태를 이용하여 스스로 범인도피행위를 계속한 자(피고인)는 범인도피죄의 **공동정범**이 성립한다"(대판 1995.9.5. 95도577). "이는 공범자의 범행을 **방조**한 경우도 마찬가지다"(대판 2012.8.30. 2012도6027).[1]

1) [계속범과 방조] 甲이 진범 乙의 사기 범행을 자신이 저질렀다고 허위자백하였는데, 그 후 甲의 사기 피고사건 변호인으로 선임된 자(피고인)가 甲과 공모하여 진범 乙을 은폐하는 허위자백을 유지하게 한 경우 변호인(피고인)은 범인도피'방조'죄가 성립한다고 한 사례.

(4) 고의

미필적 고의로도 충분하다. 벌금 이상의 형에 해당하는 죄에 대한 인식은 범인이 행한 죄에 대한 인식으로 충분하고, 그 법정형이 벌금 이상이라는 것에 대한 인식까지 필요한 것은 아니다(대판 2000.11.24. 2000도4078).

(5) 죄수

범인을 도피케 하여 직무를 유기한 때에는 범인도피죄만 성립하고 직무유기죄는 별도로 성립하지 않는다. 예컨대, 범인을 검거해야 할 경찰관이 오히려 범인을 도피케 한 경우에는 **작위범인 범인도피죄만이 성립**하고 부작위범인 직무유기죄는 따로 성립하지 않는다(대판 1996.5.10. 96도51). 직무위배의 위법상태가 범인도피행위 속에 포함되어 있는 것이기 때문이다.

2. 공범: 범인의 자기은닉 · 도피의 교사

(1) 범인의 자기은닉 · 도피의 교사

범인(乙)이 타인(甲)을 교사하여 자기를 은닉 · 도피하게 한 경우에, 그 타인(甲)은 물론 본죄의 정범이 성립될 수 있다. 문제는 이를 교사한 범인(乙) 자신의 죄책인데, 본죄의 교사범이 성립하는지 여부가 문제된다. 학설이 대립하고, 판례는 긍정설(정확히는 절충설)의 입장이다.

1) 학설 i) 긍정설은 타인을 교사하여 범인은닉죄를 범하게 하는 것은 범인 자신이 이를 행하는 경우와는 정상을 달리하므로, 자기비호권의 한계를 일탈한 것이고, 기대가능성이 없다고 할 수 없기 때문에 교사범이 성립한다는 견해이다. 반면, ii) **부정설**은 타인을 교사하여 자기를 은닉하게 하는 것은 자기비호의 연장에 불과하고 기대가능성이 없는 행위이며, 정범이 될 수 없는 자가 공범으로 처벌받는 것은 논리적 모순이기 때문에 교사범이 성립할 수 없다는 견해이다. iii) 생각건대, 부정설이 타당하다. 범인의 추가적 행위불법은, 기존 범죄의 양형조건으로 참작하여 그 선고형량 결정에 반영하면 충분할 것으로 본다.

2) 판례 판례는 **절충설**의 입장에서, 범인의 자기은닉 · 도피의 교사에 대해, '방어권의 남용 여부'를 기준으로 하여, '방어권의 남용으로 형사사법에 중대한 장애를 초래'한 경우에는 본죄의 교사범 성립을 인정하고 있다. 즉 "범인(乙)이 도피를 위하여 타인(甲)에게 도움을 요청하는 행위는, 무조건 교사범이 성립

하는 것이 아니라, **방어권의 남용**으로 볼 수 있는 때에 한하여 교사범에 해당할 수 있다"라고 한다. 판례에 따르면, "범인이 도피를 위해 타인에게 도움을 요청하는 행위가 '**통상적 도피행위의 범주**'에 속하는 한 처벌되지 않지만, '**방어권의 남용**으로 형사사법에 중대한 장애를 초래'하는 것이라면 처벌된다"(대판 2014.4.10. 2013도12079).[1] 범인이 스스로 은닉·도피하면 본죄가 성립하지 않지만, 범인이 타인을 교사하여 범인 자신을 은닉·도피케 하면 '방어권의 남용'인 경우에 본죄의 교사범이 성립한다는 것이다(그 타인은 본죄의 정범).

i) '방어권의 범위 내', 즉 '**통상적인 도피**행위의 범주'에 속하는 예로는, ㉠ 범인이 타인에게 '자동차를 이용하여 목적지까지 이동시켜 달라'고 부탁하는 경우, ㉡ 도피 중이던 범인이 소재가 드러날 것을 염려하여 후배에게 '대포폰을 구해 달라'고 요청하여 '**대포폰**을 개설' 받은 경우(위 2013도12079. 대포폰 개설교사 사건. 이는 '자기 자신이 직접 행한 도피행위의 범주'에 속한다) 등이고,

ii) '**방어권의 남용**'으로 볼 수 있는 예로는, ㉠ 범인이 타인으로 하여금 그 타인이 범인이라고 '**허위의 자백**'을 하게 한 경우(대판 2000.3.24. 2000도20; 위 2013도120379), ㉡ 음주운전의 범인이 타인인 지인에게 전화를 걸어 음주단속 현장으로 나오게 한 다음, 그로 하여금 '교통경찰관이 주취운전자 적발보고서 작성이나 재차 음주측정을 못하도록 제지'하고 그에게 "어떻게 좀 해 보라"고 계속 재촉한 경우(대판 2006.5.26. 2005도7528) 등이다.

이러한 판례의 입장은, ㉠ 위증죄에서 **피고인의 자기사건 위증교사**는 물론(대판 2004.1.27. 2003도5114), ㉡ 증거인멸죄에서 **범인의 자기증거인멸의 교사**(대판 2016.7.29. 2016도5596), ㉢ 무고죄에서 **자기무고의 교사**(대판 2008.10.23. 2008도4852)에도 그대로 적용된다.

---

1) [범인의 자기도피의 교사: 절충설(판례)] "범인 스스로 도피하는 행위는 처벌되지 아니하므로, 범인이 도피를 위하여 타인에게 도움을 요청하는 행위 역시 *도피행위의 범주에 속하는 한* 처벌되지 아니하며, 범인의 요청에 응하여 범인을 도운 타인의 행위가 범인도피죄에 해당한다고 하더라도 마찬가지이다. 다만 범인이 타인으로 하여금 허위의 자백을 하게 하는 등으로 범인도피죄를 범하게 하는 경우와 같이 그것이 방어권의 남용으로 볼 수 있을 때에는 범인도피교사죄에 해당할 수 있다. 이 경우 방어권의 남용이라고 볼 수 있는지 여부는, 범인을 도피하게 하는 것이라고 지목된 행위의 태양과 내용, 범인과 행위자의 관계, 행위 당시의 구체적인 상황, 형사사법의 작용에 영향을 미칠 수 있는 위험성의 정도 등을 종합하여 판단하여야 한다" (위 2013도12079).

(2) 공범자간의 은닉 · 도피의 교사

공범자 중 1인(甲)이 다른 공범자(乙)를 '교사'하여 그(乙)로 하여금 '허위진술과 허위자료 제출'을 하게 한 경우에, 교사자(甲)는 본죄의 교사범이 성립하는가의 문제이다. 판례는 "공범 중 1인(乙)의 (자신을 위한) 도피행위가 **자신의 범행에 대한 방어권행사**라면, 이러한 자기도피가 다른 공범(甲)을 도피시키는 결과가 되더라도, 본죄는 성립하지 않는다. 이때 다른 공범(甲)이 이를 '교사'하였더라도 범죄가 될 수 없는 행위를 교사한 것에 불과하여 범인도피교사죄가 성립하지 않는다"(대판 2018.8.1. 2015도20396)[1]라고 한다.

이러한 판례의 입장은 증거인멸죄에서 **범인의 자기증거인멸의 교사**에도 그대로 적용된다(2016도5596).

[판례사례: 콜라텍 허위양도사건] "(A에 대한 채무자인) 甲이 乙에게 콜라텍을 '허위양도'함으로써 양자는 강제집행면탈죄의 공동정범관계인데, 그중 1인인 甲이 다른 공범자 乙에게 '콜라텍을 실제로 매수하여 운영하고 있다'고 허위진술해 달라고 부탁하자, 이에 乙은 수사기관에서 '자신이 실제로 콜라텍을 매수하여 운영하고 있다'고 허위로 진술하고 허위의 계좌거래내역을 제출한 경우, 乙의 허위진술 · 허위자료 제출은 자기 도피(乙 자신의 범행에 대한 방어권행사의 범위 내)에 해당하므로 (설령 다른 공범 甲을 도피하게 하는 결과가 되더라도) 범인도피죄가 성립하지 않는다. 이때 다른 공범 甲은, 범죄가 될 수 없는 행위를 교사한 것에 불과하여 범인도피'교사'죄가 성립하지 않는다" (위 2015도20396).

※ 교사자 甲은 공범종속성 및 제한종속형식에 따라 교사범이 성립하지 않음.

1) [공범자간의 도피 : 1인의 방어권행사와 다른 공범의 도피 여부] "범인도피죄는 타인을 도피하게 하는 경우에 성립할 수 있는데, 여기에서 타인에는 공범도 포함되나 범인 스스로 도피하는 행위는 처벌되지 않는다. 또한 공범 중 1인(甲)이 그 범행에 관한 수사절차에서 참고인 또는 피의자로 조사받으면서 자기의 범행을 구성하는 사실관계에 관하여 허위로 진술하고 허위 자료를 제출하는 것은 자신의 범행에 대한 방어권 행사의 범위를 벗어난 것으로 볼 수 없다. 이러한 행위가 다른 공범(乙)을 도피하게 하는 결과가 된다고 하더라도 범인도피죄로 처벌할 수 없다. 이때 공범(乙)이 이러한 행위를 교사하였더라도 범죄가 될 수 없는 행위를 교사한 것에 불과하여 범인도피교사죄가 성립하지 않는다"(2015도20396).

[자기 사건(자기도피 등)의 교사 : 자기의 형사사건 또는 징계사건]

<table>
<tr><th colspan="2"></th><th>도주죄</th><th>범인도피죄</th><th>위증죄</th><th>증거인멸죄
★</th><th>무고죄
★★</th></tr>
<tr><td colspan="2">자기 스스로</td><td>○</td><td>×</td><td>–</td><td>×</td><td>×</td></tr>
<tr><td rowspan="2">타인에게
도움요청
⇒
교사죄?</td><td>방어권
범위 내</td><td rowspan="2">도주죄</td><td>×</td><td rowspan="2">위증
교사
죄</td><td>×</td><td rowspan="2">무고
교사
죄</td></tr>
<tr><td>방어권
범위 밖</td><td>범인도피
교사죄</td><td>증거인멸
교사죄</td></tr>
<tr><td colspan="2">판례
[자기사건의 교사죄?]

(1) 교사자 기준
(자기도피/은닉 교사)</td><td></td><td>(무죄) 대포폰 개설 교사
[(갑)범인도피교사?]
(2013도12079)

(교사자의
도피행위 범주내)
=통상적 도피
<u>=> 방어권범위 내</u></td><td></td><td>(무죄) 안마의자 은닉 교사
[(갑)증거은닉교사?]
(2016도5596)

(교사자의
방어권 범위내)</td><td></td></tr>
<tr><td colspan="2">(2) 피교사자 기준
(피교사자의
방어권 범위 내)</td><td></td><td>(무죄) 콜라텍 허위진술 교사
[(갑)범인도피교사?]
(2015도20396)
→(을)허위자료제출

(공범관계에 있는
피교사자<u>(을)의
방어권 범위 내</u>)

=(을)방어권남용 ×
(자기범행은닉과
밀접불가분관계,
자기도피와 동일–
적법행위의 기대
가능성 ×)
⇒(을)갑을 도피케
하는 결과라도,
<u>갑에 대한 도피죄 ×</u>

⇒(갑) 자기도피
교사죄 ×
(범죄가 될 수 없는
행위를 교사한 것
에 불과)</td><td></td><td>(무죄)노조회의록 조작 교사
[(갑)증거변조교사?]
(2009도13151)

(공범관계에 있는
피교사자<u>(을)의
방어권 범위 내</u>)

=(을)자기방어권의
한계 일탈 ×
⇒(을) 범인이므로
증거변조죄 ×

⇒(갑) 을의 증거변조
에 교사죄 ×
(공범종속성)

*간접정범 (X)
⇒(갑) 정범 안 되니
(간접)정범도 안됨
+ 자기방어권의 한계
일탈(도) X</td><td>*공동
정범
(X)</td></tr>
</table>

3. 친족간의 특례

제151조(범인은닉과 친족간의 특례) ① 벌금 이상의 형에 해당하는 죄를 범한 자를 은닉 또는 도피하게 한 자는 3년 이하의 징역 또는 500만원 이하의 벌금에 처한다.
② 친족 또는 동거의 가족이 본인을 위하여 전항의 죄를 범한 때에는 처벌하지 아니한다.

(1) 의의

친족 또는 동거의 가족이 본인을 위하여 범인은닉·도피죄를 범한 때에는 '처벌하지 아니한다'. 이는 **책임조각사유**로 이해되고 있다(통설·실무).[1] 즉 친족간의 밀접한 정의(情誼)에 비추어 적법행위의 기대가능성이 없기 때문에 **책임이 조각되어** 범죄가 성립되지 않는다(=무죄판결)는 것이다.

(2) 적용범위

1) 주체 범인은닉·도피행위의 주체는 '친족' 또는 '동거의 가족'이다. 친족 등의 개념은 민법의 규정에 따른다. 판례는 ㉠ "**사실혼관계에 있는 자**(예: 동거녀)는 여기서의 '친족'에서 **제외된다**"(대판 2003.12.12. 2003도4533)라고 하고, 또한 ㉡ '혼인 외의 출생자'가 범인인 '자신의 생부'를 도피하게 한 경우 **생부**가 '혼인 외의 출생자'를 **인지하지 않은 상태라면** 이 특례(151②)를 적용할 수 없다(대판 2024.11.28. 2022도10272)[2]라고 한다.

1) [실무: 책임조각사유설] 부산고판 1993.2.28. 92노1513 등.

2) ['혼인 외의 출생자'와 '인지 전 생부'] "[1] 여기서의 친족은 민법이 정한 법률상의 친족을 말한다. 혼인외 출생자의 경우 모자관계는 인지 없이 법률상의 친자관계가 인정될 수 있지만, 부자관계는 부의 인지에 의하여만 법률상 친자관계가 발생한다. 따라서 생부가 혼인외 출생자를 인지하지 않은 경우에는 생부와 혼인외 출생자 사이에 법률상 친자관계가 발생하지 않으므로 혼인외 출생자의 행위에 대해 '특례조항'(151②)을 적용할 수 없다.

[2] ㉠ 입법자는 '친족 또는 동거가족'에 한하여만 '처벌하지 아니하겠다.'는 의사를 분명히 한 것으로 볼 수 있다. ㉡ 법률의 유추적용은 법률의 흠결을 보충하는 것으로서 법적 규율이 없는 사안에 대하여 그와 유사한 사안에 관한 법규범을 적용하는 것인데, '특례조항'의 적용범위에 관하여 어떤 법률의 흠결이 있다고 볼 수도 없다. 따라서 ㉢ 적법행위에 대한 기대불가능성 유무에 따라 '특례조항'을 유추적용하는 것은 허용될 수 없다. 유추적용을 허용할 경우 입법자가 명확하게 설정한 '특례조항'의 적용범위가 확장되어 입법자의 의도에 반하게 되고, 유추적용의 기준이 불분명하여 법적 안정성이나 예측가능성이 저해되며, 이로 인하여 형사처벌의 불균형이라는 부당한 결과가 발생할 수도 있다. 그러므로 ㉣ 생부가 인지하지 않아 법률상 친자관계가 발생하지 않은 경우에는 비록 생부와 혼인외 출생자 사이의 자연적 혈연관계로 말미암아 도피시키지 않을 것을 기대하기 어려운 경우가 있다고 하더라도 '특례조항'을 유추적용할 수는 없다"(위 2022도10272).

[사건의 경과] ㉠ 제1심(무죄)은 '특례조항'을 유추적용하여 무죄를 선고하였고, ㉡ 제2심(무죄)도 검사의 항소를 기각하여 무죄를 유지하였다. 그러나 ㉢ 대법원(파기환송)은 유추적용할

2) 목적: 본인을 위하여 ‘본인(범인)을 위하여’란 **범인의 형사책임상의 이익**(예: 구속 · 형사소추 · 유죄판결 · 형집행 등을 회피하거나 면할 이익)을 위한 것을 의미하며, 재산상 이익 · 명예보호 등은 포함되지 않는다. ‘본인을 위하여’는 것이라야 하므로, ‘본인의 불이익’을 위한 경우나 다른 ‘공범자의 이익’을 위한 경우에는 특례가 적용되지 않는다. 다만, ‘본인의 이익을 위한 것이 동시에 공범자의 이익을 위한 것’도 되는 경우에는 특례가 적용된다고 봄이 타당하다.

(3) 공범관계

1) 원칙 친족특례는 **친족에게만 적용**되며, 친족 아닌 제3자(공범도 마찬가지)에게는 적용되지 않는다. 즉, 친족(신분자)이 친족 아닌 자(비신분자)와 공범으로 본죄를 범한 경우에, 특례는 친족에게만 적용되며, 친족 아닌 자에게는 적용되지 않는다. 특히 여기서의 친족은 ‘**소극적 신분**’이기 때문에 형법 제33조의 ‘공범과 신분’ 규정(적극적 신분)은 적용되지 않는다. 따라서 친족 아닌 제3자에 대해서는 ‘공범종속성의 일반원칙’에 따라 해결하면 된다.

2) 제3자가 친족을 교사 · 방조 제3자가 친족을 교사 · 방조하여 친족이 범인은닉죄를 범하게 한 경우이다. 신분자인 친족은 책임이 조각되어 처벌되지 않지만, 비신분자인 제3자는 (책임이 조각되지 않으므로) 제한종속형식에 따라 본죄의 교사범 · 방조범이 성립한다.

3) ‘친족’이 제3자를 교사 · 방조 문제는 ‘친족’이 제3자를 교사 · 방조하여 제3자가 범인은닉죄를 범하게 한 경우이다. 비신분자인 제3자는 범인은닉죄의 정범이 성립하나, 문제는 ‘신분자인 **친족**’에 대해 그 교사 · 방조범이 성립하는지 여부이다. 유죄설(긍정설)과 **무죄설**(부정설, 다수설)이 대립한다. ㉠ 유죄설은 신분자라도 비호권의 남용이 되므로 교사범등의 성립을 인정하고, ㉡ 무죄설은 역시 기대불가능하다는 이유에서 특례가 적용된다고 한다.

판례는 ‘범인’이 제3자를 교사하여 자신을 은닉 · 도피하게 하는 경우(범인의 자기은닉 · 도피의 교사) ‘범인’에게 유죄를 인정하는데(대판 1996.9.24. 96도1382), ‘친족’의 경우에도 마찬가지일 것으로 보인다(유죄설 추정). 그러나 친족이 정범인 경우에는 처벌하지 않으면서 공범인 경우에 처벌한다는 것은 균형에 맞지 않는다는 점, 친족에 대해서는 여전히 기대가능성이 없다는 점 등에 비추어 책임조각을

수 없다는 이유로 파기환송하였다. 그런데 ㉣ 환송심(무죄)에 이르러 생부가 피고인을 인지하였고 인지의 소급효(민법860)에 따라 범행 당시 법률상 친자관계가 인정된다는 이유로 제1심의 무죄판결을 유지하고 검사의 항소를 기각하였다.

인정하는 것이 타당하다(무죄설).

(4) 범인의 자기도피의 교사·방조: 정범이 친족인 경우

1) '범인'이 친족을 교사·방조 이는 '범인'이 친족을 교사·방조하여 친족이 범인은닉죄를 범하게 한 경우이다. 신분자인 친족은 책임이 조각되어 처벌되지 않는데(=무죄), 이 경우 **판례**는 '범인'에 대해 본죄의 **교사·방조범 성립**을 인정하고 있다(=유죄). 즉, "범인이 자신을 위하여 타인으로 하여금 '허위의 자백'을 하게 하여 범인도피죄를 범하게 하는 행위는 **방어권의 남용**으로 범인도피교사죄에 해당한다. 그 '타인'이 친족간의 특례(151②)에 의하여 처벌을 받지 아니하는 친족 또는 동거 가족에 해당한다 하여, 달리 볼 것은 아니다"(대판 2006.12.7. 2005도3707)고 한다. 범인이 친족을 '교사'한 경우 비록 친족이 책임조각으로 처벌되지 않지만(=무죄), '범인'은 범인도피죄의 교사범이 성립한다는 것이다. 또한 "이 법리는 범인이 스스로 '방조'하는 경우에도 마찬가지로 적용된다"(대판 2008.11.13. 2008도7647)고 한다.

2) 판례사례: '범인'에 대해 교사·방조범 인정 다음과 같다(중요).

i) [교사죄 인정: 형(범인) → 동생(도피죄의 정범)] "무면허 운전으로 사고를 낸 사람(=형)의 동생을 경찰서에 대신 출두시켜 피의자로 조사받도록 한 행위는 범인도피 '교사죄'를 구성한다"(위 2005도3707). ※ 동생은 범인도피 무죄(책임조각).

ii) [방조죄 인정: 남편(범인) → 아내(도피죄의 정범)] "피고인(=남편)이 (이미 범인도피의 범행을 결의한) 처의 피고인을 위한 범인도피범행을 돕기 위하여 처에게 사고 발생 경위, 도주 경위 등에 관하여 상세한 정보를 제공하여 주는 등의 방법으로 처로 하여금 심리적으로 안정할 수 있도록 함으로써 범인도피범행을 '방조'하였다"는 이유로 범인도피'방조죄'를 인정한 사례(위 2008도7647). ※ 처는 무죄.

제 4 절 위증과 증거인멸의 죄

Ⅰ. 총설

1. 의의 및 보호법익

1) 뜻 위증의 죄는 법률에 의하여 선서한 증인이 허위의 진술을 하거나, 법률에 의하여 선서한 감정인·통역인·번역인이 허위의 감정·통역·번역을 하

는 범죄이다. 증거인멸의 죄는 타인의 형사사건·징계사건에 관한 증거를 인멸·위조·변조하거나, 위조·변조한 증거를 사용하거나(증거인멸), 증인을 은닉·도피하게 하는(증인은닉) 범죄이다.

2) **보호법익** 위증의 죄와 증거인멸의 죄는 모두, 그 보호법익이 **국가의 사법기능**이고, 보호정도는 추상적 위험범이다.

2. 구성요건 체계

도주와 범인은닉죄는 도주죄, 도주원조죄, 범인은닉죄로 구분된다. 즉, 도주죄에는 스스로 도주하는 경우와 제3자가 이를 원조하는 경우가 있다.

범죄군	개별 구성요건
위증죄 (국가의 사법기능)	기본: 단순위증죄(152①), 허위감정·통역·번역죄(154)
	가중: 모해위증죄(152②), 모해허위감정·통역·번역죄(154)
	※ 자백·자수(153)
증거인멸죄 (국가의 사법기능)	기본: 증거인멸등죄(155①), 증인은닉·도피죄(155②)
	가중: 모해증거인멸등죄(155③)
	※ 친족간 특례(155④)

Ⅱ. 위증의 죄

1. 단순위증죄

> **제152조(위증)** ① 법률에 의하여 선서한 증인이 허위의 진술을 한 때에는 5년 이하의 징역 또는 1천만원 이하의 벌금에 처한다.

위증죄는 법률에 의하여 선서한 증인이 허위의 진술을 하는 범죄이다. 선서한 증인만이 본죄의 주체가 되는 '진정신분범'이며, 스스로 허위의 진술을 한 경우에만 성립하는 '자수범'이다. 따라서 간접정범의 형태로 본죄를 범할 수는 없다. 보호법익은 국가의 사법기능(국가의 사법기능 및 징계기능)이고, 보호정도는 추상적 위험범이다.

(1) 주체: 법률에 의하여 선서한 증인

1) **법률에 의한 선서** 증인이 '선서하지 않고' 증언하거나, 선서해도 '법률에 의하지 않고' 선서한 경우에는, 본죄가 성립하지 않는다. 법률에 의한 선서란

"'법률'에 근거하여 법률이 정한 절차에 따라 '유효'하게 행해진 선서"(대판 2010.1.21. 2008도942 전합)를 말한다. i) [법률] '법률'이란 선서에 관한 법률 규정 또는 법률의 위임에 따른 명령 기타 하위법규 규정을 말한다. 민사소송(동법319이하), 형사소송(동법156이하), 행정소송(동법8), 비송사건(비송사건절차법10), 징계사건(법관징계법22 · 검사징계법26), 국회에서의 증언(국회증언 · 감정법7이하) 등이 여기에 해당한다. 증인 선서는 '법률에 정한 기관'(예: 법원 · 국회)에 대해 행해져야 한다. 만일 '선서받을 **권한 없는 기관**'에 대해 행해진 것(예: 참고인의 수사기관에 대한 선서)이라면, 이는 '법률에 의한 선서'가 아니다. ii) ['유효'인 선서] '유효'한 선서라야 한다. 선서가 '무효'인 경우에는 위증을 해도 본죄가 성립하지 않는다. 예컨대, ㉠ **선서무능력자**(16세 미만의 자 · 선서의 취지를 이해하지 못하는 자. 민소322 · 형소159)가 선서하고 증언한 경우 그 선서는 무효이므로 위증죄가 성립하지 않는다(대판 1957.3.8. 4290형상23). ㉡ **심문절차**로 진행되는 '소송비용확정 신청사건'(대판 1995.4.11. 95도186)이나 '가처분 신청사건'(대판 2003.7.25. 2003도180)에서, 증인으로 출석한 제3자가 선서하고 진술한 경우에도, "그 선서는 법률상 근거가 없어 무효이므로 위증죄는 성립하지 않는다." iii) ['사소한 절차상의 하자'] '사소한 절차상의 하자'는 본죄의 성립에 영향이 없다. 예컨대, 위증의 벌을 경고받지 않은 경우(선서서를 낭독하고 기명날인 또는 서명한 이상 위증의 벌을 몰랐다고 할 수 없음), 허위진술한 후 나중에 선서한 경우(대판 1974.6.25. 74도1231),[1] 관할위반 법원에서 한 선서의 경우 등은, 위증죄의 성립에 영향이 없다.

2) 증인 증인이란 법원 또는 법관에 대해 과거의 경험사실을 진술하는 제3자(즉, '피고인 아닌 자')를 말한다. i) [피고인, 당사자] 증인적격이 없는 자는 본죄의 주체가 될 수 없다. 예컨대, ㉠ 당해 **'형사피고인'**은 **증인적격이 없다**. 피고인은 헌법상 진술거부권이 있고, 우리 법제상 피고인이 증인으로서 증언하는 제도는 존재하지 않는다. ㉡ 당사자인 법인의 대표자(대판 2012.12.13. 2010도14360), ㉢ 민사소송의 당사자(대판 1998.3.10. 97도1168) 또한 증인이 아님은 분명하다. ii) [공동피고인] 판례에 따르면, **'공범인 공동피고인'**(예: 합동절도죄로 함께 기소된 공범자들)은 **증인적격이 없다**. 즉, "공범인 공동피고인은 당해 소송절차에서는 피고인의 지위에 있으므로, 다른 공동피고인에 대한 공소사실에 관하여 증인이 될 수 없다. 다만, **소송절차가 분리**되어 피고인의 지위에서 벗어나게 되면, 다른 공동

---

1) [허위진술 후 선서와 위증죄의 기수시기] "위증죄의 기수시기는 신문진술을 종료한 때이다(진술후에 선서를 명하는 경우는 선서종료한 때 기수가 된다)".

피고인에 대한 공소사실에 관하여 증인이 될 수 있다"(대판 2008.6.16. 2008도3300). 증인적격 없는 자는 위증죄의 주체가 될 수 없다는 것이다. 반면, **'공범 아닌 공동피고인'**(피고인과 별개의 범죄사실로 기소되어 병합심리 중인 공동피고인. 예: 쌍방폭행 사건의 당사자들)은 증인적격이 있다.

iii) [증언거부권자 등] 우선, ㉠ "증언거부권자가 **증언거부권을 포기**하고 선서한 후 위증한 경우에는, 위증죄가 성립한다. 형사소송법상 증언거부권을 인정하여 위증죄로부터 탈출구를 마련하고 있는 만큼, 적법행위의 **기대가능성**이 없다고 할 수 없기 때문이다"(대판 1987.7.7. 86도1724 전합). 또한, ㉡ "**이미 유죄의 확정판결을 받은 자**가 별건으로 기소된 공범의 형사사건에서 자신의 범행사실을 부인하는 증언을 한 경우에도, 위증죄가 성립한다"(대판 2008.10.23. 2005도10101). "이미 유죄판결이 확정된 자는 증언거부권 자체가 없고, 사실대로 진술할 **기대가능성**이 있기 때문이다"(위 2011도11994).

3) 형사소송에서 증언거부권을 고지받지 못한 경우 문제는 '형사소송에서 재판장이 증언거부권을 고지하지 아니한 경우'이다. 민사소송법과 달리, **형사소송법은** 재판장의 **증언거부권 고지 제도**(형소160)를 명문으로 규정하고 있다.[1] 증인신문은 '법률이 정한 절차'를 준수하여 적법하게 이루어진 경우라야 한다. 따라서 판례는, **형사소송에서는** 재판장이 증언거부권을 고지하지 않음으로써 증언거부권이 있는 증인이 **증언거부권을 고지받지 못한 경우**, 원칙적으로 위증죄의 성립을 부정한다. 다만, 판례는 예외적으로 '증인보호에 사실상 장애가 초래되었다고 볼 수 없는 경우'에는 위증죄의 성립을 인정한다. 판례상, "(증인이 형사소송에서 재판장으로부터 증언거부권을 고지받지 못한 경우) 위증죄의 구성요건인 '법률에 의하여 선서한 증인'에 해당하지 않으므로 위증죄로 처벌할 수 없는 것이 원칙이다. 다만, 당해 사건에서 '증인 보호에 사실상 장애가 초래되었다고 볼 수 없는 경우'에까지 예외 없이 위증죄의 성립을 부정할 것은 아니다"(위 2008도942 전합).

이를 요약하여 정리하면, "형사소송에서 (증인이 허위의 진술을 하였더라도) 증언거부사유가 있음에도 증인이 증언거부권을 고지받지 못함으로 인하여 그 **증언**

---

1) [형소법 제160조(증언거부권의 고지)] "증인이 제148조(근친자의 형사책임과 증언 거부), 제149조(업무상 비밀과 증언거부)에 해당하는 경우에는, 재판장은 신문 전에 증언을 거부할 수 있음을 설명하여야 한다". "증언거부권 제도는 증인에게 증언의무의 이행을 거절할 수 있는 권리를 부여한 것이고, 형사소송법상 증언거부권의 고지 제도는 증인에게 그러한 권리의 존재를 확인시켜 침묵할 것인지 아니면 진술할 것인지에 관하여 심사숙고할 기회를 충분히 부여함으로써 침묵할 수 있는 권리를 보장하기 위한 것"(위 2008도942 전합).

거부권을 행사함에 '사실상 장애가 초래된' 경우에는, 위증죄의 성립을 부정한다. 다만, 증언거부권을 고지받지 못하였더라도 그 증언거부권의 행사에 '사실상 장애가 초래되지 않은' 경우(예: ㉠ 증인이 증언거부권의 존재를 이미 알고 있었던 경우, ㉡ 증언거부권을 고지받았더라도 허위진술을 하였을 것이라고 볼 만한 정황이 있는 경우 등)에는, 위증죄의 성립을 인정한다"(위 2008도942 전합). 이는 '증언거부권의 불고지'와 '위증(내지 증언거부권의 불행사)' 사이에 '인과관계가 부존재'하는 경우 위증죄의 성립을 인정하는 태도로 볼 수 있다. 그런데 이러한 일은 왜 발생하고 있는가?[1)]

[판례사례: 증언거부권의 불고지와 위증죄 여부] i) [원칙: 무죄 사례(=사실상 장애 초래)] ㉠ 쌍방상해 사건에서 증언거부권을 고지받지 못한 채 종전 주장을 그대로 반복하여 '자신은 상대방을 폭행한 사실이 없다'고 허위로 진술한 경우(위 2008도942 전합), ㉡ 사촌형제의 도박 사실 여부에 관하여 증언거부사유가 발생하게 되었는데도 재판장으로부터 증언거부권을 고지받지 못한 경우(대판 2010.2.25. 2009도13257) 등.

ii) [예외: 유죄 사례(=사실상 장애 없음)] ㉠ 전처가 전남편의 음주운전사건의 증인으로 출석하여 증언거부권을 고지받지 못한 채 공소사실을 부인하는 전 남편의 변명에 부합하는 내용을 적극적으로 허위진술한 경우(대판 2010.2.25. 2007도6273. 전 남편은 그 후 제8회 공판기일에서 '전처가 증언거부권을 고지받았더라도 같은 증언을 하였을 것'이라는 취지로 답변), ㉡ 허위자백한 피고인이 진범과 함께 기소된 후 살인 사건의 제1심 제4회 공판기일 이전에도 법정에서 증언 내용과 동일한 내용으로 '피고인으로서 진술'하였고, 공범인 공동피고인과의 '심리가 분리'(=변론분리)되어 '증인으로 증언'을 하고 난 이후의 공판기일에서도 계속하여 일관되게 동일한 내용으로 진술하였던 점 등에 비추어, 증언거부권을 고지받지 아니하였더라도 이로 인하여 증언거부권 행사에 사실상 장애가 초래되었다고 볼 수 없는 경우(대판 2012.12.13. 2020도10028) 등.

iii) [주의: 증언거부권 고지 제도가 없는 절차(=위증죄 성립)] ㉠ 민사소송절차에서 증언거부권을 고지받지 못한 경우(대판 2011.7.28. 2009도14928),[2)] ㉡ '국회증언감정법'에 따른 절차에서 증언거부권을 고지받지 못한 경우(대판 2012.10.25. 2009도13197)에

1) [형사법관의 형사소송법 부지(不知)] 이는 '형사법관이 형사소송법조차 제대로 알지 못하고 형사재판을 담당한다'거나 또는 '재판장이 그러한 고지를 망각하기도 한다'는 것을 방증한다. 일반인의 '법률의 부지'는 용서받지 못한다고 하면서 형사법관의 '법률의 부지'에 대해서는 어떠한가? '기본권 수호자로서의 형사법관'의 헌법적 책무에 대한 인식의 제고가 요구된다.

2) [민사소송: 위증죄 성립] 반면, "민사소송법은 증언거부권 제도를 두면서도(314내지316) 증언거부권 고지에 관한 규정을 따로 두고 있지 않다. 이는 형사소송절차와 달리 그 목적·적용원리 등의 차이를 염두에 둔 입법적 선택이다. 민사소송절차에서 재판장이 증인에게 증언거부권을 고지하지 아니하였다 하여 절차위반의 위법이 있다고 할 수 없고, 따라서 적법한 선서절차를 마쳤는데도 허위진술을 한 증인에 대해서는 달리 특별한 사정이 없는 한 위증죄가 성립한다"(대판 2011.7.28. 2009도14928).

서는 절차위반의 위법이 없으므로 위증죄가 성립한다.

한편, ㉢ 참고로, 증언거부권이 없는 증인에게 증언거부권을 고지하지 않은 경우에도, 마찬가지로 위증죄가 성립한다. 예컨대, 이미 유죄판결이 확정된 증인이 별건으로 기소된 공범에 대한 피고사건에서 허위의 진술을 한 경우(대판 2011.11.24. 2011도11994)[1)]가 대표적인 예이다.

(2) 행위: 허위의 진술

1) 허위 '허위'의 의미에 대해서는 객관설과 주관설의 대립이 있다. i) 객관설은 허위란 진술의 내용이 '객관적 진실에 반하는 것'이라고 한다(즉 진술과 '진실'의 불일치). 증인의 기억에 반하는 진술이라도 객관적 진실에 부합하는 것이라면 허위가 아니라고 한다. 반면, ii) 주관설은 허위란 진술의 내용이 '증인의 기억에 반하는 것'이라고 한다(즉 진술과 '기억'의 불일치). 증인의 기억에 반하는 진술이라면 객관적 진실에 부합하더라도 허위라고 한다. ii) 부정설이 타당하다. 본죄의 보호법익은 국가의 사법기능인데, 증인에 대해 자신의 기억 이상의 진술을 기대할 수 없고, 증인의 기억에 반하는 진술만으로도 국가의 재판작용·징계작용을 해칠 추상적 위험이 있기 때문이다.[2)]

판례는 주관설의 입장이다. 즉 "위증죄에서 허위란 증인이 자기의 기억에 반하는 사실을 진술하는 것으로서, 그 내용이 객관적 사실과 부합하더라도 위증죄가 성립한다"(대판 1989.1.17. 88도580). 따라서 ㉠ 전해 들은 사실(들어서 알게 된 사실)을 '목격하였다'고 진술한 경우(대판 1984.3.27. 84도48; 1985.10.8. 85도783; 1990.5.8. 90도448), ㉡ 잘 모르는 사실을 '잘 안다'고 진술한 경우(대판 1986.9.9. 86도57), ㉢ 확실한 기억이 없는 사실을 '확실히 기억하고 있다'고 진술한 경우(대판 1971.7.6. 71도815) 등은 모두 '허위'의 진술에 해당한다.

---

1) [이미 유죄판결이 확정된 자] "자신에 대한 유죄판결이 확정된 증인은 공범에 대한 사건에서 증언을 거부할 수 없고, 진실대로 진술할 것을 기대할 수 있는 가능성이 없다고 할 수 없으므로 허위의 진술에 대하여 위증죄 성립을 부정할 수 없다. 한편 자신에 대한 유죄판결이 확정된 증인이 재심을 청구한다 하더라도, 이미 유죄의 확정판결이 있는 사실에 대해서는 일사부재리의 원칙에 의하여 거듭 처벌받지 않는다. 따라서 공범에 대한 피고사건에서 증언할 당시 앞으로 재심을 청구할 예정이라고 하여도, 이를 이유로 증인에게 형사소송법 제148조에 의한 증언거부권이 인정되지는 않는다. 그 증언을 거부할 권리가 없으므로 증언에 앞서 증언거부권을 고지받지 못하였더라도 증인신문절차상 잘못이 없는 이상 위증죄의 성립을 인정할 수 있다"(위 2011도11994).

2) [무고죄의 허위(=객관설)] 무고죄에서의 허위 개념(객관적 허위)과 달라지게 되지만, 이는 무고죄의 보호법익이 국가적 법익 외에 개인적 법익도 함께 보호하는 차이에서 비롯된다.

허위 여부는 (증인의 단편적인 구절에 구애될 것이 아니라) '**증언 전체**를 일체로 파악'하여 판단해야 한다. 즉 "증언의 전체적 취지가 객관적 사실과 일치되고 그것이 기억에 반하는 공술이 아니라면, **사소한 부분**에 관하여 기억과 불일치하더라도, 신문취지의 몰이해 또는 착오에 인한 것이라면 위증이 될 수 없다"(대판 1996.3.12. 95도2864). "증언의 의미가 그 자체로 '불분명'하거나 '다의적'으로 이해될 수 있는 경우에는, 증언의 의미를 명확히 한 다음 허위성을 판단해야 한다"(대판 2001.12.27. 2001도5252).

2) **진술** 진술이란 증인이 경험한 '사실'을 언급하는 것을 말한다. i) [대상: '**사실**'] 진술의 대상은 '**사실**'에 한정되고, 주관적 의견이나 가치판단은 포함되지 않는다. 따라서 "경험한 사실에 대한 '법률적 평가'나 '단순한 의견'은 진술이라 할 수 없다. 증인 나름의 법률적·주관적 평가나 의견을 부연한 부분에 다소의 오류나 모순이 있더라도 위증죄가 성립하는 것은 아니다"(대판 2009.3.12. 2008도11007). 그러나 "자기가 지득하지 아니한 어떤 사실관계를 단순히 **법률적 표현을 써서 진술**한 것이라면, 이는 객관적 사실을 토대로 한 증인 나름의 법률적 견해를 진술한 것과는 다르므로, 위증죄가 성립한다"(대판 1986.6.10. 84도2039). ii) [**증인진술서 제외**] "증인이 법정에서 선서 후 **증인진술서**에 기재된 구체적인 내용에 관하여 진술함이 없이, 단지 그 증인진술서에 기재된 내용이 사실대로라는 취지의 진술만을 한 경우에는, 위증죄가 성립하지 않는다"(대판 2010.5.13. 2007도1397). 이는 "증인진술서는 그 자체로는 서증에 불과하고, 위증죄는 법정에서 구체적으로 이루어진 진술을 그 대상으로 하기 때문이다"(위 2007도1397).[1] 같은 취지에서 "**진술조서에 기재된 내용**이 '상위 없다'고 답변한 경우 진술조서에 기재된 내용을 기억하여 반복 진술한 것이라고 할 수는 없으므로, 그 진술기재 내용을 위증한 것이라고 할 수는 없다"(대판 1989.9.12. 88도1147). iii) [방법] 진술의 방법에는 제한이 없다. 구두·거동·표정에 의한 진술을 불문한다. 전부 또는 일부를 '묵비'함으로써 전체로서의 진술내용이 허위가 되는 경우 부작위에 의한 위증이 될 수 있다(통설). 다만, 단순한 '진술거부'의 경우는 증언거부에 대한 책임을 지는 것은 별론으로 하고 '진술'이라고 할 수 없다. iv) [내용] "진술의 내용이 당해 사건의 '요증사실에 관한 것인지의 여부'나 '판결에 영향을 미친 것인지의 여부'는 위증죄의 성립과 아무런 관계가 없다"(대판 1990.2.23. 89도1212). "증

---

1) [민사소송규칙] 제79조(증인진술서의 제출 등) ① 법원은 효율적인 증인신문을 위하여 필요하다고 인정하는 때에는 증인을 신청한 당사자에게 증인진술서를 제출하게 할 수 있다.

언이 기본적인 사항에 관한 것이 아니고 지엽적인 사항에 관한 진술이라 하더라도 허위의 진술인 이상 위증죄의 성립에는 영향이 없다"(대판 1982.6.6. 81도3069).

3) 기수시기 위증죄의 기수시기는 '증인에 대한 신문절차가 종료한 때'이다. 따라서 "증인이 허위의 진술을 하였더라도 그 신문이 끝나기 전에 이를 철회·시정한 경우에는 위증이 되지 않는다"(대판 2010.9.30. 2010도7525). 본죄는 추상적 위험범이며, 미수는 처벌되지 않는다.

(3) 고의

주관설에 따르면, ㉠ 판사의 신문취지를 오해하거나 착각하고 진술한 경우(대판 1986.7.8. 86도1050), ㉡ 부동산을 매수한지 20여년이 경과하여 잘못 기억하고 증언한 경우(대판 1985.3.26. 84도1098) 등에는 고의가 조각된다.

(4) 공범: 피고인의 자기 사건에 대한 위증 교사

1) 자수범 위증죄는 선서한 증인만이 '정범적격'을 갖는 진정신분범이며, 스스로 허위진술을 한 경우에만 성립하는 '자수범'이다. 따라서 '증인 아닌 자'(비신분자)는 선서한 증인을 도구로 이용하더라도 간접정범이 될 수 없고, 선서한 증인(신분자)과 공동한 경우에도 공동정범이 성립할 수 없다(통설. '정범' 불가). 그러나 '증인 아닌 자'(비신분자)가 증인에게 위증을 교사·방조한 경우에는 형법총칙 규정에 따라 위증교사·방조범은 성립한다.

2) 피고인의 자기사건 위증교사 형사피고인이 자기의 형사사건에 관하여 타인(=선서한 증인)을 교사하여 위증하게 한 경우에, 그 타인(증인)은 물론 본죄의 정범이 성립될 수 있다. 문제는 이를 교사한 피고인 자신의 죄책인데, 본죄의 교사범이 성립하는지 여부가 문제된다. 학설이 대립하고, 판례는 긍정설이지만, 부정설이 타당하다(다수설. 자기비호의 연장에 불과하고 적법행위의 기대가능성이 없으며, 정범적격이 없는 자는 정범은 물론 공범도 될 수 없기 때문). 자세한 것은 앞서 '범인은닉·도피죄' 중 '범인의 자기은닉·도피의 교사' 부분의 설명을 참조할 것.

그런데 판례는, 피고인의 자기사건에 대한 위증의 교사에 대해, 방어권 남용 여부를 기준으로 방어권의 남용으로 볼 수 있는 경우에는 본죄의 교사범의 성립을 인정하고 있다. 즉 "자기의 형사사건에 관하여 타인을 교사하여 위증죄를 범하게 하는 것은 방어권을 남용하는 것이어서 본죄의 교사범이 성립한다"(대판 2004.1.27. 2003도5114). 피고인이 스스로 허위진술하면 본죄가 성립하지 않지만, 피고인이 타인(증인)을 교사하여 피고인 사건에서 위증케 하면 '방어권의 남용'으로 본죄의 교사범이 성립한다는 것이다(그 타인은 본죄의 정범).

(5) 죄수

선서한 증인이 ㉠ "**같은 기일**에 여러 가지 사실을 위증한 경우 (각 진술마다 수 개의 위증죄를 구성하는 것이 아니라) 포괄1죄가 되고"(대판 1998.4.14. 97도3340), 나아가 ㉡ "**같은 심급**에서 변론기일을 달리하여 수차 위증한 경우에도 최초의 선서의 효력을 유지시킨 상태에서 증언한 이상 1개의 위증죄가 된다"(대판 2007.3.15. 2006도9463). 그러나 ㉢ "**별도**의 증인 신청 및 채택 **절차**를 거쳐 그 증인이 다시 신문받는 과정에서 종전 신문절차에서의 진술을 철회·시정하더라도 이미 성립한 위증죄에는 어떠한 영향이 없다"(위 2010도7525). 예컨대, 제9회 공판기일에 증인으로 허위진술하고 증인신문절차가 종료되었는데, 관련 사건의 제21회 공판기일에 다시 출석하여 종전의 허위진술을 철회한 경우 위증죄는 이미 기수이다(위 2010도7525).

(6) 자백·자수의 특례

1) 뜻　위증죄를 범한 자가 그 공술(供述, 즉, 진술)한 사건의 재판 또는 징계처분이 확정되기 전에 자백 또는 자수한 때에는 그 형을 감경 또는 면제한다(153). 위증에 의한 오판을 방지하기 위한 정책적 규정이다.

자백이란 법원이나 수사기관에 자신이 위증한 사실을 고백하는 것을 말한다. 위증임을 고백하면 충분하고 진실인 사실을 진술할 필요는 없다. 자발적인 고백은 물론, 위증사건의 피고인·피의자로서 법원이나 수사기관의 **신문**에 의한 **고백**도 포함된다(대판 1997.2.22. 75도3316). 자수(自首)란 범인이 자발적으로 수사기관에 대하여 자기의 범죄사실을 신고하여 소추를 구하는 의사표시를 말한다.

2) 적용범위　자백과 자수는 증언한 사건의 재판 또는 징계처분이 확정되기 전에 하여야 한다. 법원이나 수사기관이 위증한 사실을 이미 알고 있더라도 상관 없다. 위증사실은 정범뿐만 아니라 교사·방조범으로 한 것이라도 무방하다. 자백·자수의 특례(필요적 감면)는 자백 또는 자수한 본인에게만 적용되고 공범에게는 적용되지 않는다.

2. 모해위증죄

> **제152조(모해위증)** ② 형사사건 또는 징계사건에 관하여 피고인 · 피의자 또는 징계혐의자를 모해할 목적으로 전항의 죄를 범한 때에는 10년 이하의 징역에 처한다.

모해위증죄는 법률에 의하여 선서한 증인이 형사사건 · 징계사건에서 피고인 · 피의자 또는 징계혐의자를 모해할 목적으로 위증하는 범죄이다. 모해목적으로 인하여 불법이 가중되는 가중적 구성요건이다(통설). 모해목적은 주관적 행위요소이므로 본죄는 목적범이며, 신분범은 아니다.

그러나 판례는 모해목적을 '신분'으로 이해하고, 본죄는 신분관계로 인하여 책임이 가중되는 '부진정신분범'이라고 한다(대판 1994.12.23. 93도1002).[1]

(1) 모해할 목적

1) 모해목적 '모해할 목적'이란 "피고인 · 피의자 또는 징계혐의자를 불리하게 할 일체의 목적"을 말한다(대판 2007.12.27. 2006도3575). 목적 달성 여부는 영향이 없다.

2) 적용범위 '형사사건 · 징계사건에만 적용된다. 민사 · 행정 · 가사 · 비송사건 등에서는 모해목적으로 위증하더라도 단순위증죄에 해당한다. 수사단계에서 참고인은 본죄의 주체가 될 수 없지만, 공소제기 전에도 증거보전(형소184), 수사상 증인신문(형소221의2)에서는 증인신문이 가능하다.

(2) 판례: 공범관계

판례는 모해목적을 '신분'으로 보고, 본죄는 단순위증죄에 대해 '신분관계로 인하여 형의 경중이 있는 경우'로서 '부진정신분범'이라는 입장이다. '공범과 신분'(형법33)이 문제된다.

1) 제1유형: 비신분자가 신분자를 교사 · 방조 모해목적 '없는' 자(증인 아닌 자)가 모해목적 있는 자(증인)을 교사하여 위증을 범하게 한 경우이다(이때 모해목

---

1) [모해목적: 가중적 신분] 판례에 따르면, "형법 제152조 제1항과 제2항은 '모해할 목적'이라는 범인의 특수한 상태의 차이에 따라 범인에게 과할 형의 경중을 구별하고 있으므로, 이는 바로 형법 제33조 단서 소정의 "신분관계로 인하여 형의 경중이 있는 경우"에 해당한다"(위 93도1002).
[비판] 그러나, 모해목적은 제33조의 신분이 될 수 없다. 즉, ㉠ 모해목적은 행위자에게 특유한 성질이 아니라 불법에 영향을 미치는 범인의 일시적 심리상태로서 행위관련적 요소일 뿐이다. ㉡ 문법적 해석에 의하더라도 목적과 신분은 같을 수 없다. 목적이 신분이라는 것은 '언어의 가능한 의미'를 넘어서는 '유추'이다.

적 '있는' 증인은 '모해위증죄의 정범'이 성립한다). 문제는 이를 교사한 모해목적 '없는' 자(증인 아닌 자)의 죄책인데, 판례(성립·과형 구별설)에 따르면, 모해목적 '없는' 자(비신분자)는, 제33조 본문에 따라 '모해위증죄의 교사범'이 성립하되, 단서에 따라 '단순위증죄의 교사범의 형'으로 처벌된다(대판 1961.8.2. 4294형상284 등). 방조한 경우도 같다.

2) **제2유형: 신분자가 비신분자를 교사·방조** 특히, 모해목적 '있는' 자(증인 아닌 자)가 모해목적 '없는' 자(증인)를 교사하여 위증을 범하게 한 경우가 문제된다(이때 모해목적 '없는' 증인은 '단순위증죄의 정범'이 성립한다). 그런데 문제는 모해목적 '있는' 교사자(증인 아닌 자)의 죄책인데, '단순위증죄의 교사범'이 성립하는지 또는 '모해위증죄의 교사범'이 성립하는지 여부가 문제된다. 판례에 따르면, "제33조 단서가 제31조 제1항에 우선하여 적용됨으로써 신분자인 교사범이 비신분자인 정범보다 중하게 처벌된다"고 한다. 즉, '**모해목적 있는 교사자**'(신분자)는 '**모해위증죄의 교사범**'이 성립하고, '모해목적 없는 피교사자'(비신분자)는 단순위증죄의 정범이 된다(위 93도1002)고 한다. 방조한 경우도 같다.

3. 허위감정·통역·번역죄

> **제154조(허위의 감정, 통역, 번역)** 법률에 법률에 의하여 선서한 감정인, 통역인 또는 번역인이 허위의 감정, 통역 또는 번역을 한 때에는 전2조의 예에 의한다.

허위감정·통역·번역죄는 법률에 의하여 선서한 감정인·통역인·번역인이 허위의 감정·통역·번역을 하는 범죄이다. 진정신분범이다. 모해목적이 없는 경우에는 단순위증죄의 예에 따르고, 모해목적이 있는 경우에는 모해위증죄의 예에 따른다.

i) [감정인] 감정인이란 특수한 지식·경험을 가진 제3자로서 그 지식·경험에 의하여 알 수 있는 법칙이나 그 법칙을 적용하여 얻은 판단을 법원 또는 법관에게 보고하는 자를 말한다. 따라서 수사기관으로부터 감정을 위촉받은 감정수탁자(형소221)나 감정서의 설명자(형소341)는 법률에 의하여 선서한 감정인에 해당하지 않는다. ii) [허위] 허위의 의미는 위증죄에서와 같고, 판례도 **주관설**의 입장이다(대판 2000.11.28. 2000도1089). 즉, 비록 감정내용이 객관적 사실에 반하더라도, 감정인의 주관적 판단에 반하지 않는 이상, 허위감정죄로 처벌할 수 없다(허위감정에 대한 인식이 없다). iii) [죄수] "하나의 소송사건에서 동일한 선서 하에

이루어진 법원의 감정명령에 따라 감정인이 동일한 감정명령사항에 대하여 수 차례에 걸쳐 허위의 감정보고서를 제출하는 경우 포괄하여 1개의 허위감정죄를 구성한다”(위 2000도1089).

재판 또는 징계처분이 확정되기 전에 자백 또는 자수한 때에는 그 형을 감경 또는 면제한다(153. 자백 · 자수의 특례).

Ⅲ. 증거인멸의 죄

1. (단순)증거인멸죄

> **제155조(증거인멸 등과 친족간의 특례)** ① 타인의 형사사건 또는 징계사건에 관한 증거를 인멸, 은닉, 위조 또는 변조하거나 위조 또는 변조한 증거를 사용한 자는 5년 이하의 징역 또는 700만원 이하의 벌금에 처한다.
> ④ 친족 또는 동거의 가족이 본인을 위하여 본조의 죄를 범한 때에는 처벌하지 아니한다.

증거인멸죄는 타인의 형사사건 또는 징계사건에 관한 증거를 인멸 · 은닉 · 위조 · 변조하거나, 위조 · 변조한 증거를 사용하는 범죄이다. 보호법익은 국가의 사법기능이고, 보호정도는 추상적 위험범이다.

(1) 주체: 범인 이외의 자

1) 범인 이외의 자 ‘범인 자신’은 본죄의 주체가 될 수 없다. 즉 범인 스스로 ‘자기 사건의 증거’를 인멸하는 행위는 본죄가 성립하지 않는데, 이는 본죄의 객체가 ‘타인의 사건에 관한 증거’로 규정되어 있기 때문이다. 여기서 ‘타인’은 ‘범인 이외의 자’를 의미한다. 따라서 범인의 자기사건 증거인멸행위는 구성요건해당성이 없고, 범인 자신은 본죄의 정범이 될 수 없다. 앞서 범인은닉 · 도피죄에서의 설명과 크게 다르지 않다. 2가지 경우가 문제된다.

2) 문제①: 공범자 사건에 대한 증거인멸 공범자 1인이 자기 사건의 증거를 인멸한 경우 다른 공범자에 대한 관계에서 타인 사건의 증거인멸에 해당하는지 여부의 문제이다. i) 긍정설은 자기와 공범자에게 공통된 증거는 타인 사건의 증거이므로 본죄가 성립한다는 견해이고, ii) 부정설은 공범자의 사건은 타인 사건이 아니므로 본죄가 성립하지 않는다는 견해이며, iii) 절충설은 공범자만을 위한 경우에는 본죄가 성립하지만, 자기만을 위하거나 또는 자기와 공범자 모두를 위한 경우에는 자기 사건의 증거가 되므로 본죄가 성립하지 않는다는

견해이다. iv) 공범의 경우 누구의 이익을 위한 것인가 구별하기는 쉽지 않다는 점에서, 부정설이 타당하다고 본다.

판례는 절충설의 입장이다. 즉, "피고인(甲) 자신이 직접 (형사처분·징계처분을 받게 될 것을 두려워한 나머지) 자기의 이익을 위하여 그 증거가 될 자료를 인멸하였다면, 동시에 다른 공범자(乙)의 형사사건이나 징계사건에 관한 증거를 인멸한 결과가 된다고 하더라도, 이를 증거인멸죄로 처벌할 수 없다"(대판 1995.9.29. 94도2608; 2013.11.28. 2011도5329).[1] "이를 타인과 공동하여 은닉하더라도 증거은닉의 '공동정범'도 성립하지 않는다"(대판 2018.10.25. 2015도1000). 자기의 이익을 위한 것이라면 동시에 공범자의 이익이 되더라도 본죄의 성립은 부정되고, 그 공동정범의 성립도 부정된다는 것이다. 범인 자신의 자기증거 인멸행위는 자신의 범행에 대한 방어권행사이기 때문이다.

3) **문제②: 범인의 자기 사건에 대한 증거인멸의 교사** 문제는 범인(乙)이 타인(甲)을 교사하여 자기의 형사사건에 관한 증거를 인멸하게 한 경우에 그 범인(乙) 자신은 본죄의 교사범이 성립하는지 여부이다(정범 甲은 '증거인멸죄'가 성립될 수 있다). 판례는 "범인(乙)이 자신의 형사사건에 관한 증거은닉을 위하여 타인(甲)에게 도움을 요청하는 행위는, 원칙적으로 처벌되지 않는다. 다만, 방어권의 남용으로 볼 수 있는 때에는 교사죄로 처벌할 수 있다"(대판 2016.7.29. 2016도5596)라고 한다. 별도의 항목으로 따로 서술한다.

(2) 객체: 타인의 형사사건 또는 징계사건에 관한 증거

1) **증거** 증거란 "타인의 형사사건 또는 징계사건에 관하여 수사기관이나 법원 또는 징계기관이 국가의 형벌권 또는 징계권의 유무를 확인하는 데 관계있다고 인정되는 '일체의 자료'를 뜻한다. 따라서 범죄 또는 징계사유의 성립 여부, 형 또는 징계의 경중에 관계있는 정상자료까지도 포함된다"(대판 2021.1.28. 2020도2642). 증거방법(증거물·증거서류·증거물인 서면)뿐만 아니라 (증거방법을 조사하여 획득한) 증거자료(증인의 증언·증거물의 존재와 상태·증거서류의 내용)도 포함된다. 타인에게 유리·불리 여부, 증거가치의 유무 및 정도를 불문한다(대판 2007.6.28. 2002도3600). 다만 증인에 대해서는 별도로 증인은닉·도피죄(155②)가 성립하므로, 여기의 증거에서 증인은 제외된다(특별관계).

2) **타인의 사건** 타인은 '범인 이외의 자'를 말한다. 따라서 범인의 경우

---

1) "이러한 법리는 그 행위가 피고인의 공범자가 아닌 자의 형사사건이나 징계사건에 관한 증거를 인멸한 결과가 된다고 하더라도 마찬가지이다"(위 94도2608).

'자기 사건에 관한 증거'는 본죄의 객체가 되지 않는다(대판 1965.12.10. 65도826). 즉 자기증거인멸은 본죄의 구성요건해당성이 없다.

여기에는 ㉠ 공범자 사건이 타인의 사건에 해당하는지, ㉡ 범인의 자기사건 증거인멸교사가 교사죄에 해당하는지 여부가 문제된다.

3) 형사사건 또는 징계사건 증거는 형사사건 또는 징계사건에 관한 것에 한정된다. 민사·행정·가사·비송사건 등에 관한 증거는 여기에 포함되지 않는다. 앞서 범인은닉죄에서와 같이, i) [형사사건] 형사사건에는 피고사건뿐만 아니라 '**피의사건**'도 포함되고, '**수사개시 전의 사건**'도 포함된다. 즉 "**아직 수사절차가 개시되기 전이라도** 장차 형사사건이 될 수 있는 것까지 포함되고, 그 형사사건이 **기소되지 않거나 무죄로 되더라도** 본죄의 성립에 영향이 없다"(대판 2011.2.10. 2010도15986). 소년심판사건, 치료감호사건도 포함된다. ii) [징계사건] 징계사건이란 "**국가의 징계사건**에 한정되고 사인(私人) 간의 징계사건은 포함되지 않는다. (위증죄와 마찬가지로) '**국가**'의 형사사법작용 내지 징계작용을 보호법익으로 하기 때문이다"(대판 2007.11.30. 2007도4191).

(3) 행위: 인멸·은닉·위조·변조하거나 위조·변조한 증거를 사용

1) 인멸·은닉 인멸이란 증거에 대한 물질적 훼손뿐만 아니라 효용을 멸실·감소시키는 일체의 행위를 말한다. 증거의 '현출방해'도 (은닉 아닌) '인멸'에 해당한다(대판 4294형상347). 증거인멸의 고의가 문제된 사례가 있다.[1]

은닉이란 증거의 발견을 불가능하게 하거나 곤란하게 하는 것을 말한다. '증인'의 은닉은 별도로 증인은닉죄가 있다.

2) 위조·변조 위조란 "문서에 관한 죄에서의 위조 개념과는 달리, **새로운 증거의 창조**"를 말한다(대판 2007.6.28. 2002도3600). "존재하지 아니한 증거를 '이전부터 존재하고 있는 것처럼 작출'하는 행위도 증거위조에 해당한다. 증거가 문서의 형식을 갖는 경우 그 작성권한의 유무나 내용의 진실성을 불문한다"(위 2002도3600). 예컨대, ㉠ "수사기관이나 법원에 제출할 의도로 법률행위 당시에는

---

1) [고의범: 증거인멸의 고의 (부정)] 대구지하철공사 사장이 지하철 화재현장의 청소작업 중단을 지시하지 않은 사안에서 증거인멸의 고의를 부정한 사례가 있다. 즉 "대구지하철화재 사고 현장을 수습하기 위한 청소 작업이 한참 진행되고 있는 시간 중에 실종자 유족들로부터 이의제기가 있었음에도 대구지하철공사 사장이 즉각 청소 작업을 중단하도록 지시하지 아니하였고 수사기관과 협의하거나 확인하지 아니하였다고 하여 위 A에게 그러한 청소 작업으로 인하여 증거인멸의 결과가 발생할 가능성을 용인하는 내심의 의사까지 있었다고 단정하기는 어렵다" (대판 2004.5.14. 2004도74).

존재하지 아니하였던 처분문서를 '**사후에 그 작성일을 소급 작성**'하여 만든 문서"(위 2002도3600), ㉡ "참고인이 제3자와 대화를 하면서 허위로 진술하고 그 진술이 담긴 대화내용을 녹음한 '**녹음파일**' 또는 이를 녹취한 녹취록"(대판 2013.12.26. 2013도8085)[1] 등은 '위조' 즉 '창조'에 해당한다. 증거의 위조란 새로운 증거방법(예: 증거물·증거서류) 자체의 창조를 뜻한다. 반면, ㉠ "참고인이 수사기관에서 '**허위의 진술**'을 하거나, 이와 다를 바 없는 '**허위의 사실확인서·진술서**'를 작성·제출하는 것은, 증거위조에 해당하지 않는다"(위 2013도8085). 증거 자체의 창조가 아니기 때문이다. ㉡ "사실의 증명을 위해 작성된 문서가 그 **내용이나 작성명의 등에 아무런 허위가 없는 경우**, 설령 허위 주장의 증거로 제출되어 그 주장을 뒷받침하게 되더라도, '증거위조'에 해당하지 않는다"(대판 2021.1.28. 2020도2642).[2] "그 내용이나 작성명의·작성일자에 아무런 허위가 없는 증거를 위조되었다고 할 수 없고, 제출된 증거방법의 증거가치를 평가하고 사실관계를 확정할 권한과 의무는 법원에 있기 때문이다. '증거의 위조'란 '증거방법의 위조'를 의미하므로, 위조 여부는 증거방법 자체를 기준으로 해야 한다"(위 2020도2642).

변조란 이미 존재하는 증거를 가공하여 증거가치를 변경시키는 것을 말한다. 훔친 자동차를 도색하거나 차량번호판을 바꾸어 단 경우가 그 예이다. 작성권한의 유무나 내용의 진위 여부는 문제되지 않는다.

3) 위조·변조한 증거의 사용 사용이란 위조·변조된 증거를 진정한 증거로 법원이나 수사기관, 징계기관 등에 제출하는 것을 말한다.

(4) 공범: 범인의 자기 사건에 대한 증거인멸의 교사

1) 범인의 자기사건 증거인멸의 교사 범인(乙)이 타인(甲)을 교사하여 자기의 형사사건에 관한 증거를 인멸하게 한 경우에, 그 타인(甲)은 물론 본죄의 정

---

1) [녹음파일: 위조(=창조)] "녹음파일(및 이를 녹취한 녹취록)은 *(참고인의 허위진술 자체 또는 참고인 작성의 허위 사실확인서 등과는 달리)* 그 진술내용만이 증거자료로 되는 것이 아니고 녹음 당시의 ***현장음향*** 및 제3자의 진술 등이 포함되어 있어 그 일체가 증거자료가 된다고 할 것이므로, 이는 증거위조죄에서 말하는 '증거'에 해당한다. 또한 이를 만들어 내는 행위는 무엇보다도 그 녹음의 자연스러움을 뒷받침하는 현장성이 강하여 단순한 허위진술 또는 허위의 사실확인서 등에 비하여 수사기관 등을 그 증거가치를 판단함에 있어 오도할 위험성을 현저히 증대시킨다고 할 것이므로, 이러한 행위는 허위의 증거를 새로이 작출하는 행위로서 증거위조죄에서 말하는 '위조'에도 해당한다"(위 2013도8085).

2) [임금확인증만 발췌 제출: 위조 아님] "피고인이 금원을 송금한 후 다시 되돌려받는 행위를 반복하여 무의미한 입출금 내역을 발생시킨 후, 그 중 송금자료만을 발췌하여 법원에 양형자료로 제출한 경우 그 입금확인증 등은 그 내용이나 작성명의 등에 아무런 허위가 없는 이상 이를 증거의 '위조'에 해당한다고 볼 수 없다"(위 2020도2642).

범이 성립될 수 있다. 문제는 이를 교사한 범인(乙) 자신의 죄책인데, 본죄의 교사범이 성립하는지 여부가 문제된다. 학설이 대립하고, 판례는 긍정설(정확히는 절충설)의 입장이지만, 부정설이 타당하다(다수설. 자기비호의 연장에 불과하고 적법행위의 기대가능성이 없으며, 정범적격이 없는 자는 정범은 물론 공범도 될 수 없기 때문). 앞서 범인은닉·도피죄의 **범인의 자기도피의 교사** 부분에서 설명한 것과 같다.

그런데 판례는 절충설의 입장에서 범인의 자기사건 증거인멸의 교사에 대해, '방어권의 남용 여부'를 기준으로 하여 '방어권의 남용으로 형사사법에 중대한 장애를 초래'한 경우에는 본죄의 교사범 성립을 인정하고 있다. 즉, "범인(乙)이 자신의 형사사건에 관한 증거은닉을 위하여 타인(甲)에게 도움을 요청하는 행위는, 원칙적으로 처벌되지 않는다. 다만, **방어권의 남용**으로 볼 수 있는 때에는 교사죄로 처벌할 수 있다"(대판 2016.7.29. 2016도5596)라고 한다. 이는 자기 자신이 직접 행한 '**통상적인 증거은닉 행위의 범주**'에 속하는 한 처벌되지 않지만, '**방어권의 남용**으로 형사사법에 중대한 장애를 초래'하는 것이라면 처벌된다는 취지이다. 범인이 스스로 증거인멸하면 본죄가 성립하지 않지만, 범인이 타인을 교사하여 범인 사건의 증거를 인멸케 하면 '방어권의 남용'인 경우에 본죄의 교사범이 성립한다는 것이다(그 타인은 본죄의 정범).

i) '방어권의 범위 내', 즉 '통상적인 증거은닉행위의 범주'에 속하는 예로는, 피고인(국회의원)이 기업인으로부터 받은 '**안마의자**'를 수사가 개시되자 오랜 친분이 있는 타인(보좌관들)에게 '보관해 달라'고 부탁하고 '운반을 지시'한 경우(위 2016도5596. 안마의자 은닉교사 사건. 이는 '자기 자신이 한 증거은닉 행위의 범주'에 속하고, '방어권을 남용한 정도에 이르렀다고 단정하기 어렵다') 등이고,

ii) 반면, '방어권의 남용'으로 볼 수 있는 예로는, 피고인(조합장)이 기부금횡령이 문제되자 타인(조합직원)에게 '기부금을 풍어제 관련 식비로 사용하였다는 증거를 만들라'고 지시하여 공문 2장을 그 일자를 소급해서 허위로 작성하게 한 경우(대판 2011.2.10. 2010도15986. 피고인은 증거위조'교사'죄가 성립) 등이다.

2) 공범자간의 증거인멸의 교사 공범자 중 1인(甲)이 다른 공범자(乙)를 교사하여 그(乙)로 하여금 증거인멸을 하게 한 경우에 교사자(甲)는 본죄의 교사범이 성립하는가의 문제이다. 판례는 절충설의 입장이다. 앞서 범인은닉·도피죄의 **범인의 자기도피의 교사** 부분에서 설명한 것과 같다.

즉, "공범 중 1인(乙) 자신이 직접 (형사처분·징계처분을 받게 될 것을 두려워한 나머지) **자기의 이익**을 위하여 그 증거가 될 자료를 인멸하였다면, 동시에 다른 공범

자(甲)의 형사사건이나 징계사건에 관한 증거를 인멸한 결과가 된다고 하더라도, 이를 증거인멸죄로 치벌할 수 없다"(위 94도2608; 2011도5329 이는, 범인 乙 자신의 자기 증거 인멸행위는 **자신의 범행에 대한 방어권행사**이기 때문이다). "이때 피교사자(乙)가 증거인멸죄로 처벌되지 않는 이상, 교사자(甲)에 대하여 공범인 교사범은 물론, 그 간접정범도 성립하지 않는다"(대판 2011.7.14. 2009도13151). 정범인 피교사자(乙)가 증거인멸죄로 처벌되지 않는 이상, 교사자(甲)는 공범종속성 및 제한종속형식에 따라 **교사범**이 성립하지 않고, 나아가 증거인멸죄의 '정범적격'이 없는 교사자(甲)는 그 **간접정범**도 성립하지 않는다는 것이다.

[판례사례: 노조회의록 조작교사 사건(=증거변조교사 사건)] 문서손괴죄의 공범이 다른 공범자로 하여금 노조회의록을 조작하여 수사기관에 제출하게 한 사건이다. 甲(노동조합 지부장)이 업무상횡령 혐의로 조합원들로부터 고발을 당하자 乙과 공동하여 조합 회계서류를 무단 폐기함으로써 양자는 문서손괴죄의 공범관계인데, 그중 1인인 甲이 다른 공범자 乙에게 '폐기에 정당한 근거가 있는 것처럼 조합 회의록을 조작하여 수사기관에 제출하라'고 교사하자, 이에 乙이 증거를 변조하여 제출하였다.

이 경우 "乙의 회의록의 변조·사용은 공범관계에 있는 문서손괴죄 형사사건에 관한 증거를 변조·사용한 것으로 볼 수 있어 乙에 대한 증거변조죄 및 변조증거사용죄가 성립하지 않으며, 피교사자 乙이 증거변조죄 및 변조증거사용죄로 처벌되지 않은 이상 甲에 대하여 공범인 교사범은 물론 그 간접정범도 성립하지 않는다"(위 2009도13151)

※ 교사자 甲은 공범종속성 및 제한종속형식에 따라 교사범이 성립하지 않고, 또한 정범적격이 없는 이상 그 간접정범도 성립하지 않음.

(5) 죄수

증거에 대한 인멸·은닉·위조·변조·사용행위 상호간에는 포괄1죄의 관계에 있으므로, 위조·변조 후 이를 사용하면 증거사용죄의 1죄가 된다.

공무원이 공무수행과정에서 작위범인 증거인멸죄를 범한 경우 **작위범인 증거인멸죄만 성립**하고 부작위범인 직무유기죄는 따로 성립하지 않는다(대판 2006.10.9. 2005도3909 전합). 위증죄는 증거인멸죄에 대해 특별관계에 있으므로, 위증죄가 성립하면 증거인멸죄는 따로 성립하지 않는다.

(6) 친족간의 특례

친족 또는 동거의 가족이 본인을 위하여 본죄를 범한 때에는 처벌하지 아니한다(155④). 친족간의 정의(情宜)를 고려한 **책임조각사유**이다. 특례규정의 의의·적용범위·공범관계는 모두 범인은닉죄에서와 같다. 즉 '친족'이 제3자를 교사·방조하여 본죄를 범하게 한 경우 마찬가지 문제가 발생한다.

2. 증인은닉·도피죄

> **제155조(증거인멸 등과 친족간의 특례)** ② 타인의 형사사건 또는 징계사건에 관한 증인을 은닉 또는 도피하게 한 자도 제1항의 형과 같다.

증인은닉·도피죄는, 타인의 형사사건 또는 징계사건에 관한 **증인**을 은닉 또는 도피하게 하는 범죄이다. 여기의 증인에는 형사소송법상 증인뿐만 아니라 수사기관에서의 참고인도 포함한다(통설).

은닉이란 증인의 발견을 불가능 또는 곤란하게 하는 일체의 행위를 말하고, 도피하게 한다는 것은 증인이 도피하도록 교사·방조하는 일체의 행위를 말한다. 다만, "(참고인이) 단순히 타인의 피의사건에 관하여 수사기관에서 '허위의 진술'을 하거나 이를 '교사'하는 정도의 행위로는 증인을 은닉·도피하게 한 것에 해당하지 않는다"(대판 1977.9.13. 77도997). 또한 "자기의 이익을 위하여 증인을 도피하게 하였다면, 동시에 다른 공범자의 형사사건·징계사건의 증인을 도피하게 한 결과가 되더라도, 증인도피죄로 처벌할 수 없다"(대판 2003.3.14. 2002도6134). 앞서 범인은닉·도피죄에서의 설명과 다르지 않다.

친족 또는 동거의 가족이 본인을 위하여 범한 경우 친족간의 특례가 적용된다(155④).

3. 모해목적 증거인멸죄, 증인은닉·도피죄

> **제155조(증거인멸 등과 친족간의 특례)** ③ 피고인, 피의자 또는 징계혐의자를 모해할 목적으로 전2항의 죄를 범한 자는 10년 이하의 징역에 처한다.

모해목적 증거인멸죄, 증인은닉·도피죄는, 피고인·피의자 또는 징계혐의자를 모해할 목적으로, 증거를 인멸·은닉·위조·변조·사용하거나, 증인을 은닉·도피하게 하는 범죄이다. 친족간의 특례가 적용된다(155④).

앞서 모해위증죄에서 본 바와 같이, 판례는 **모해목적**을 '신분'으로 보고 본죄는 단순범죄에 대해 '신분관계로 인하여 형의 경중이 있는 경우'로서 '**부진정**

신분범'이라고 한다.

제 5 절 무고의 죄

Ⅰ. 총설

1. 의의 및 보호법익

1) 뜻 무고죄는 타인으로 하여금 형사처분 또는 징계처분을 받게 할 목적으로 공무소 또는 공무원에 대하여 허위의 사실을 신고하는 범죄이다.

2) 보호법익 무고죄는 '국가적 법익'에 대한 죄로 규정되어 있지만, 부차적으로 '피무고자 개인의 이익'도 보호한다(절충설. 통설 · 판례). 즉, "무고죄는 **국가의 형사사법권 또는** (국가의) **징계권**의 적정한 행사를 주된 보호법익으로 하고, 개인의 부당하게 처벌 또는 징계받지 아니할 이익을 부수적으로 보호하는 죄이다. 따라서 (주된 보호법익이 '국가적 법익'이라는 점에서) 피무고자의 **승낙이 있더라도** 무고죄의 성립에는 영향이 없다"(대판 2005.9.30. 2005도2712). 이른바 '**승낙무고**'의 경우에도 무고죄가 성립한다는 것이다. 보호정도는 추상적 위험범이다.

2. 구성요건 체계

무고의 죄는 무고죄 하나만 규정되어 있다(미수 불벌). 제153조(자백, 자수)가 준용되어(157), 무고죄를 범한 자가 그 공술한 사건의 재판 또는 징계처분이 확정되기 전에 자백 또는 자수한 때에는 그 형을 감경 또는 면제한다(필요적 감면). 특정범죄가중처벌법에는 무고죄의 가중처벌 규정이 있다.[1)]

---

1) **[특가무고]** 특가법 제14조(무고죄) "이 법에 규정된 죄에 대하여 무고죄를 범한 사람은 3년 이상의 유기징역에 처한다." 주의할 점은, 여기서 '이 법에 규정된 죄'는 '특가법위반죄'에 한정되고, '특가법의 무고죄(제14조)'는 제외된다(대판 2018.4.12. 2017도20241).

예컨대, 甲이 乙을 차로 충격하고도 도주하여 특가법위반(도주치상)죄를 범한 경우에, ① 피해자 乙은 甲을 특가법위반(도주치상)죄로 진실하게 고소하였는데, ② 가해자 甲이 오히려 '乙이 자신을 허위고소(①)하여 특가법위반(무고)죄를 범하였다'고 乙을 허위고소(乙을 특가법상 무고죄로 맞고소)한 사안에서, 가해자 甲의 맞고소(②)(맞고소가 오히려 허위)는 특가법위반(무고)죄가 아니라 형법상 무고죄가 성립할 뿐이라고 한 사례.

※ 만일 피해자 乙의 고소(①)가 허위라면, 乙은 특가법상 특정범죄인 '특가법위반(도주치상)'에 관하여 무고한 것이므로, 특가법위반(무고)죄가 성립한다.

범죄군	개별 구성요건
무고죄 (국가의 심판기능)	기본: 무고죄(156)
	※ 자백 · 자수(157)

Ⅱ. 무고죄

제156조(무고) 타인으로 하여금 형사처분 또는 징계처분을 받게 할 목적으로 공무소 또는 공무원에 대하여 허위의 사실을 신고한 자는 10년 이하의 징역 또는 1천500만원 이하의 벌금에 처한다.

무고죄는 추상적 위험범이다. 즉, 허위내용의 고소장을 제출한 이상 무고죄가 성립하고, 그 후 그 고소장을 되돌려 받았다고 하더라도 무고죄의 성립에 영향이 없다(대판 1985.2.8. 84도2215). 또한 무고죄는 **목적범**이다.

(1) 주체: 제한 없음

주체에는 제한이 없다. 공무원도 주체가 될 수 있다. 고소대리에서는 고소의 의사로 고소행위를 주도한 사람, 즉 **실질적 고소인**이 주체가 된다.[1]

(2) 모해목적: 타인으로 하여금 형사처분 · 징계처분을 받게 할 목적

1) 타인무고 타인이란 '신고인 이외의 자'로서 '**특정된 실재인**(살아 있는 사람)'을 말한다. 특정한 실재인만이 국가의 형사처분 또는 징계처분의 대상이 될 수 있기 때문이다. 따라서 ㉠ 사자(死者)나 허무인에 대한 무고는 성립하지 않는다. 또한 ㉡ "(특정되지 않은) 성명불상자에 대한 무고는 성립하지 않는다. 공무원에게 무익한 수고를 끼치는 일은 있어도 피무고자를 해할 수 없기 때문이다"(대판 2022.9.29. 2020도11754). ㉢ 다만, "피무고자의 성명이 표시되어 있지 않더라도, 그 신고내용에 의하여 객관적으로 피무고자를 특정할 수 있으면 족하다"(대판 2006.6.9. 2006도417). ㉣ 자연인이든 법인이든 불문한다.

2) 자기무고 타인을 무고해야 하므로 자기무고는 성립하지 않는다. **자기무고의 공동정범도 불가능하다**(자기 자신은 무고죄의 정범적격이 없다). 즉, "자기 자신

---

1) [고소대리: 실질적 고소인] "타인 명의의 고소장을 대리하여 작성하고 제출하는 형식으로 고소가 이루어진 경우에, 그 명의자는 고소의 의사가 없이 이름만 빌려준 것에 불과하고 명의자를 대리한 자가 실제 고소의 의사를 가지고 고소행위를 주도한 경우라면 그 명의자를 대리한 자를 신고자로 보아 무고죄의 주체로 인정한다"(대판 2007.3.30. 2006도6017).

을 무고하는 행위는 무고죄의 구성요건에 해당하지 않아 무고죄를 구성하지 않는다. 따라서 자기 자신을 무고하기로 제3자와 공모하고 이에 따라 무고행위에 가담하였더라도, 무고죄의 공동정범으로 처벌할 수 없다"(대판 2017.4.26. 2013도12592).

3) 자기무고의 교사 한편, 판례는 **자기무고의 교사**, 즉 타인을 교사 · 방조하여 자신을 무고하도록 한 경우에, 그 타인은 물론 무고죄의 정범이 성립될 수 있다. 문제는 이를 교사 · 방조한 피고인 자신의 죄책인데, 판례는 이 경우 무고죄의 교사 · 방조범을 인정한다(대판 2008.10.23. 2008도4852).[1] 그 이유는, 그 타인의 행위는 무고죄의 구성요건에 해당하여 무고죄가 성립하기 때문이라고 한다. 피고인이 자신을 무고하면 본죄가 성립하지 않지만, 피고인이 타인을 교사 · 방조하여 피고인 자신을 무고케 하면 본죄의 교사 · 방조범이 성립한다는 것이다(그 타인은 무고죄의 정범).

그러나 이를 부정하는 견해가 타당함은 앞서 범인은닉죄 · 증거인멸죄에서 본 바와 같다(다수설. 정범적격이 없는 자는 정범은 물론 공범도 될 수 없기 때문이다).

그리고 범인 아닌 자가 **범인임을 자처**하고 수사기관에 허위신고한 경우(일종의 자기무고), 무고죄가 아니라 (앞서 본 바와 같이) **범인도피죄**가 성립한다.[2]

4) 형사처분 · 징계처분 형사처분은 형벌 이외에 보안처분 · 보호처분도 포함한다(예: 치료감호법의 치료감호처분, 소년법의 보호처분, 가폭법상 보호처분 등).

징계처분은 "공법상의 감독관계에 의한 제재"만을 말하고(대판 2014.7.24. 2014도6377), 사법적 법률관계에 의한 제재는 포함되지 않는다. **공법상 징계처분만**을 의미하고 사법상 징계처분은 포함되지 않는다. 따라서 "**사립학교 교원**에 대한 학교법인 등의 징계처분은 포함되지 않는다"(위 2014도6377). 예컨대, 사립대학 교수로 하여금 징계처분을 받게 할 목적으로 국민권익위원회에 허위내용의 민원을 제기한 경우에는 무고죄가 성립하지 않는다.

그러나 **변호사**에 대한 징계처분, **법무사**에 대한 징계처분 등과 같이 공법상 징계처분의 성격을 갖는 것은 여기에 포함된다. 예컨대, ㉠ 변호사로 하여금 징계처분을 받게 할 목적으로 '서울지방변호사회의 장'에게 허위내용의 진정서를

---

1) [자기무고의 교사] "피무고자의 교사 · 방조 하에 제3자가 피무고자에 대한 허위의 사실을 신고한 경우에는 제3자의 행위는 무고죄의 구성요건에 해당하여 무고죄를 구성하므로, 제3자를 교사 · 방조한 피무고자도 교사 · 방조범으로서의 죄책을 부담한다"(위 2008도4852).

2) [범인자처: 범인도피죄] "범인 아닌 자가 수사기관에 '범인임을 자처'하고 허위진술을 하여 진범의 체포와 발견에 지장을 초래하게 한 경우 범인도피죄가 성립한다(위 96도1016).

제출한 경우(대판 2010.11.25. 2010도10202),[1] ㉡ 법무사로 하여금 징계처분을 받게 할 목적으로 '지방법원장'에게 허위사실을 신고한 경우에는 무고죄가 성립한다.

5) **미필적 인식** 무고죄는 **목적범**이므로, 목적의 달성 여부는 무고죄의 기수에 영향이 없다. '목적의 인식 정도'와 관련하여, 확정적 인식이 필요하다는 견해와 미필적 인식으로 족하다는 견해가 대립하나, 판례는 후자의 입장이다. 즉, "형사처분 또는 징계처분을 받게 할 목적은 **미필적 인식**으로 족하고, 결과발생을 희망하는 것까지 요하지 않는다"(대판 2006.8.25. 2006도3631). 예컨대, ㉠ (피무고자의 승낙을 받았더라도) 허위내용의 고소장을 수사기관에 제출한 이상, 그 결과발생에 대한 미필적 인식은 인정된다(대판 2005.9.30. 2005도2712). 그러나 ㉡ 단지 혐의사실에 대해 진정한 수사를 하여 '흑백을 가려 달라'고 신고하는 것은 (낭설이나 확인되지 아니한 사실을 다소 과장하여 표현한 점이 있더라도) 무고의 목적이 있다고 단정할 수 없다(대판 1978.8.22. 78도1357).

(3) 상대방: 공무소 또는 공무원에 대하여

허위 신고는 공무소 또는 공무원에게 해야 한다. 그 형사처분 또는 징계처분에 대해 직권을 행사할 수 있는 관서 또는 소속 공무원을 말한다.

1) **형사처분** 허위신고의 상대방인 '형사처분의 직권행사 관서 · 공무원'은, "검사 · 사법경찰관리 등 형사소추나 수사 권한이 있는 관청, 그 감독기관 또는 소속 공무원"이다(대판 2014.12.24. 2012도4531). 다만, '농협중앙회나 그 중앙회장'(대판 1980.2.12. 79도3109)은 여기서의 공무소나 공무원에 해당하지 않는다. 주의할 점은, "권한 있는 자에게 직접 할 필요는 없고, '지휘명령 계통'이나 '수사관할 이첩'을 통해 권한 있는 자에게 '**도달**'하면 무고죄가 성립한다"(위 2012도4531). 예컨대, ㉠ 수사기관을 통할하는 '대통령'(대판 1977.6.28. 77도1445), ㉡ 관내 경찰서장을 지휘 · 감독하는 '도지사'(대판 1982.11.23. 81도2380. 예: 자치경찰), ㉢ 조세범칙행위에 대해 통고처분 · 고발권이 있는 '국세청장'(대판 1991.12.13. 91도2127)도 이에 해당한다.

2) **징계처분** 허위신고의 상대방인 '징계처분의 직권행사 관서 · 공무원'은, "징계권자 또는 징계권 발동을 촉구하는 직권을 가진 자, 그 감독기관 또는 소

---

1) [변호사에 대한 징계처분] "변호사법에 의하면 변호사에 대한 징계가 대한변호사협회 변호사징계위원회를 거쳐 최종적으로 법무부의 변호사징계위원회에서 결정되고 이에 불복하는 경우에는 행정소송을 할 수 있는 점, 변호사의 공익적 지위에 기인하여 공법상의 특별권력관계에 준하여 징계에 관하여도 공법상의 통제를 하려는 의도로 보여지는 점 등을 고려하면, 그 징계개시의 신청권이 있는 지방변호사회의 장은 형법 제156조에서 정한 '공무소 또는 공무원'에 포함된다"(위 2010도10202).

속 구성원"이다(위 2012도4531). 예컨대, ㉠ 공무원 징계를 요구할 권한을 가진 '감사원장'(감사원법32), ㉡ 변호사 징계에서 그 징계 개시의 신청권이 있는 '지방변호사회의 장'도 이에 해당한다(위 2010도10202. 주의). 징계대상자가 반드시 공무원일 필요는 없다.

(4) 행위: 허위의 사실을 신고

1) 허위의 사실 허위란 객관설에 따라 '객관적 진실에 반하는 것'을 말한다. 주관설에 따르는 위증죄의 허위개념(주관적 기억에 반하는 것)과 구별된다. 따라서 ㉠ "신고자가 신고내용을 허위라고 믿었더라도 '**진실한 사실에 부합**'할 때에는 허위사실의 신고에 해당하지 않아 무고죄가 성립하지 않는다"(대판 2019.7.11. 2018도2614). 국가의 심판기능이나 개인의 이익을 침해할 우려가 없기 때문이다(불능미수가 문제될 수 있으나, 무고죄는 미수범처벌 규정이 없다). ㉡ 신고자가 객관적 사실관계를 사실 그대로 신고한 이상, **주관적 법률평가를 잘못**하거나(대판 1985.6.25. 83도3245; 1981.6.23. 80도1049), **죄명을 잘못 기재**하거나(대판 1984.5.29. 83도3125), 또는 '형사책임을 부담할 자'를 잘못 선택한 경우(대판 1982.4.27. 82도2341)에도 무고죄가 성립하지 않는다.[1] 이들 모두 허위'사실'의 신고는 아니기 때문이다. ㉢ 한편, 허위사실이라도 신고자가 이를 진실한 사실로 **오신**하고 신고한 때에는 무고죄가 성립하지 않는다(대판 2002.1.24. 2002도5939). 무고의 고의가 없기 때문이다. ㉣ 반면, "신고사실 자체가 (진실한 사실로) 인정되지 않는 않는 경우에는 설령 무지에 기인한 것이라도 무고죄가 성립한다"(대판 2009.11.12. 2009도8949).[2]

---

1) [법적 평가의 잘못(=무죄)] "고소인이 갑에게 대여하였다가 이미 변제받은 금원과 관련하여, 갑이 이를 수개월간 변제치 않고 있었던 점을 들어 위 금원을 착복하였다는 표현으로 고소장에 기재한 경우에, 이것이 갑으로 부터 아직 변제받지 못한 나머지 금원에 관한 고소내용의 정황을 과장한 것이거나 또는 주관적 법률평가를 잘못하였음에 지나지 아니한 것이라면 '허위사실의 고소'라고 단정할 수는 없다"(대판 1987.6.9. 87도1029).

[죄명 잘못(=무죄)] "절도죄로 고소하였으나 절도가 아닌 권리행사방해죄로 인정되는 경우, 즉 행위자(甲)가 '피고소인이 자신(甲) 소유의 원목을 절취하였다'고 고소하였으나, '피고소인 소유'라서 절도가 아닌 권리행사방해죄를 구성하는 경우에는, 그것은 처벌법규상 다소의 차이를 초래하게 된 문제일 뿐이므로 무고죄를 구성하지 않는다"(위 80도1049).

같은 취지에서, 편취를 횡령으로(대판 1980.5.27. 80도819), 횡령을 절도로(대판 1985.5.25. 81도1737), 권리행사방해를 절도로(대판 1982.5.25. 81도3243) 죄명을 잘못 기재해도, 진실한 사실을 신고한 이상, 무고죄는 성립하지 않는다.

[형사책임부담자 잘못 선택(=무죄)] "버스들이 무단 주차·회차하여 고소인의 업무를 방해한다고 진실한 사실을 고소한 이상, 버스회사의 대표이사가 그 지시를 한 바 없는데도 대표이사를 고소한 것은, 신고된 사실에 대한 형사책임을 부담할 자는 잘못 선택한 것이어서 무고죄가 성립하지 않는다'"(위 81도2341).

2) [신고사실 자체가 허위(=유죄)] ㉠ "피고인이 A로부터 폭행을 당한 사실 자체가 인정되지 않은

신고한 사실의 허위 여부는 **핵심 또는 중요내용**이 허위인가를 기준으로 판단한다. 따라서 ㉠ 신고사실에 **일부 허위**인 내용이 포함되어 있더라도, 단지 신고사실의 **정황을 과장**한 것에 불과한 경우에는, 무고죄가 성립하지 않는다. 그 일부 허위인 부분은 범죄의 성부에 직접 영향을 미치는 중요한 부분이 아니기 때문이다. 즉, "비록 신고내용에 일부 허위 내용이 포함되어 있더라도, 그것이 독립하여 형사처분 등의 대상이 되지 아니하고 단지 신고사실의 **정황을 과장**한 것에 불과하거나, 허위의 일부 사실의 존부가 전체적으로 보아 범죄사실의 성립 여부에 직접 영향을 줄 정도에 이르지 아니하는 내용에 관계되는 것이라면, 무고죄가 성립하지 않는다"(대판1996.5.31. 96도771). 그러나 ㉡ 그 일부 허위인 사실이 신고사실 **전체의 성질을 변경**시키는 경우에는, 무고죄가 성립한다. 그 일부 허위인 부분이 범죄의 성부에 직접 영향을 미치는 중요한 부분이 되기 때문이다. 즉, "그 일부 허위인 사실이 국가의 심판 작용을 그르치거나 부당하게 처벌을 받지 아니할 개인의 법적 안정성을 침해할 우려가 있을 정도로 고소사실 **전체의 성질을 변경**시키는 때에는, 무고죄가 성립한다"(대판 2009.1.30. 2008도8573). 사례를 통해 확인하자.

[판례사례: '정황의 과장' 또는 '전체 성질의 변경' 여부] i) [정황의 과장(=무죄)] 사례로는, ㉠ 구타를 당한 자가 상해를 입었다고 고소한 경우(대판 1973.12.26. 73도2771), ㉡ 허리띠나 옷을 잡고 밀고 당겼던 자가 구타를 당해 상해를 입었다고 고소한 경우(대판 1996.5.31. 96도771), 서로 멱살을 잡고 밀고 당기는 과정에서 스스로 넘어져 입게 된 상처를 상대방의 폭행으로 상해를 입었다고 고소한 경우(대판 1986.7.22. 86도582), ㉢ 강간을 당한 자가 강간으로 입은 것이 아닌 상해까지 포함시켜 고소한 경우(대판 1983.1.18. 82도2170), ㉣ 좌측안면부에 찰과상·좌상을 입은 자가 종전에 입은 비골골절까지 포함시켜 고소한 경우(대판 1984.1.24. 83도3023), ㉤ 상대방과 공범인데도 자신의 범행 가담을 숨기고 상대방만을 고소한 경우, 즉 "상대방의 범행에 공범으로 가담한 사람이 이를 숨긴 채 상대방만을 고소한 경우 고소내용이 상대방의 범

경우 (피고인이 설령 6개월간 치료를 필요하다는 내용의 일반진단서의 의미를 잘 이해하지 못하였고 치근파절이 기왕증이라는 사실을 몰랐다고 하더라도) 고소가 단순한 정황의 과장에 해당하는 것으로 볼 수 없다"(위 2009도8949). ㉡ "영수증을 정당하게 작성·교부하거나 적법하게 백지보충권을 수여하여 그에 따라 백지보충이 이루어졌음에도 당초 예상과는 다른 용도로 사용되자 상대방이 그 영수증을 위조하였다고 신고한 경우에, 정당하게 작성·교부되거나 적법한 보충권의 범위 내에서 백지 부분이 보충된 영수증을 '당초에 예상하고 있던 용도가 아닌 용도로 사용한다는 것'과 '그 영수증을 위조한다는 것'은 단순히 법률적 평가를 넘어서서 사실관계가 전혀 다르므로, '허위사실의 신고'에 해당한다"(대판 2007.6.1. 2007도2299).

행 부분에 관한 한 진실에 부합하므로 이를 허위의 사실로 볼 수 없고, 상대방의 범행에 자신이 공범으로 가담한 사실을 숨겼다고 하여도, 그것이 상대방에 대한 관계에서 독립하여 형사처분 등의 대상이 되지 아니할뿐더러 전체적으로 보아 상대방의 범죄사실의 성립 여부에 직접 영향을 줄 정도에 이르지 아니하는 내용에 관계되는 것이므로 무고죄가 성립하지 않는다"(대판 2008.8.21. 2008도3754) 등은 '정황의 과장'에 불과하다.

ii) 반면, [**전체 성질의 변경**(=유죄)] 사례로는, ㉠ 경찰관이 불법으로 체포한 사실이 없었는데도, 경찰관을 폭행하여 공무집행방해의 현행범으로 체포된 자가 경찰관의 체포업무를 방해한 일이 없다면서 경찰관을 불법체포로 고소한 경우(대판 2009.1.30. 2008도8573. '경찰관의 적법한 체포행위를 방해한 사실이 전혀 없다는 고소내용은, 그 자체로 국가의 심판작용을 그르치거나 부당하게 처벌을 받지 아니할 개인의 법적 안정성을 침해할 우려가 있을 정도로 고소사실 전체의 성질을 변경시키는 것'), ㉡ 고소인이 먼저 '자신을 때려 주면 돈을 주겠다'고 하여 피고소인이 고소인을 때리고 지갑을 교부받아 그 안에 있던 현금을 가지고 간 것임에도, 고소인이 '피고소인이 자신을 폭행하여 돈을 빼앗았다'는 취지로 허위사실을 신고한 경우(대판 2010.4.29. 2010도2745. '그 폭행의 경위에 관한 허위사실만으로도 국가의 심판작용을 그르치거나 부당하게 처벌을 받지 아니할 개인의 법적 안정성을 침해할 우려가 있을 정도로 고소사실 전체의 성질을 변경시킨 것'), ㉢ 고소인과 제3자의 싸움을 피고소인들이 말리려다가 포기하였는데, 고소인이 '피고소인들이 자신의 양팔을 잡고 안면부를 때려 상해를 입었다'고 고소한 경우(대판 1995.2.24. 94도3068. '그 제3자에 대한 관계에서는 신고사실의 정황을 다소 과장한 것에 불과하다고 볼 수도 있겠으나, 피고소인들에 대한 관계에서는 고소내용 전체가 객관적인 진실에 반하는 허위의 사실을 신고한 것으로서 그것이 단지 신고사실의 정황을 과장하는 데 불과하다고 볼 수는 없다') 등은 단지 정황의 과장에 불과한 것이 아니라, 고소사실 '전체의 질적 변경'에 해당한다.

문제는, '차용금' 관련하여 대여인(고소인)이 실제와 달리 그 '용도'를 속여 고소한 경우 무고죄의 성립 여부이다. 요컨대, **용도사기**는 그 '용도'가 차용인의 사기죄 성립 여부에 중요부분이므로, 피고소인을 용도사기로 고소하면서 그 용도를 속여 허위로 고소하면 **무고죄가 성립**하나(예: 고소인이 차용인을 '용도사기'로 고소하면서, 금전의 용도에 대해 '도박자금으로 대여'하였음에도, (차용인이) "'사고가 나서' 금전을 빌려주면 다음날 현금서비스를 받아 갚아 주겠다"고 거짓말하여 편취당했다'고 허위로 고소한 경우. 대판 2004.1.16. 2003도7178), 단순한 **차용사기**는 그 용도가 차용인의 사기죄 성립 여부에 중요부분이 아니므로, 피고소인을 차용사기로 고소하면서 그 용도를 속여 허위로 고소해도 **무고죄가 성립하지 않는다**(예: 고소인이 차용인을 '차용사기'로 고소하면서, 금전의 용도에 대해 '도박자금으로 사용'하는 것을 알고 있었음에도, 그 사실을 숨긴 채 '네비게이션 구입에 필요한 자금'으로 빌려주었다고 허위로 고소한 경우. 대판 2011.9.8. 2011도3489).[1] 차용사기에서는 '차용인의 변제의사나 능력의 유무'이 중요할 뿐 '용도'는 별로 중요하지 않기 때문이다.

한편, 범죄성립을 조각하는 사유, 예컨대 **위법성조각사유**가 있음을 알면서도 이를 **숨기고** 신고한 경우에도, 허위의 사실을 신고한 것에 해당한다(대판 1998.3.24. 97도2956). 또한, 1통의 고소장으로 수개의 사실을 고소하였는데, 그 중 일부는 진실이나 다른 일부는 허위인 경우에도, "그 허위사실 부분만이 독립하여 무고죄를 구성한다"(대판 1989.9.26. 88도1533).

그 밖에, 주의할 점이 있다. ㉠ **허위사실의 적시 정도**는 형사처분 또는 징계처분의 원인이 될 수 있는 것임을 요한다. 즉, "해당 관청의 **직권 발동을 촉구하는 정도**이면 충분하다. 반드시 범죄구성요건 사실이나 징계요건 사실을 구체적으로 명시해야 하는 것은 아니다"(대판 2006.5.25. 2005도4642). "그 사실이 해당될 죄명 등 법률적 평가까지 명시해야 하는 것도 아니다"(대판 1987.3.24. 87도231).

또한, ㉡ **증명의 방법**과 관련하여, "신고한 사실이 '허위'라는 요건은 '**적극적 증명**'이 있어야 한다. 신고사실의 진실성을 인정할 수 없다는 소극적 증명만으로는 무고죄의 성립을 인정할 수 없다"(대판 2019.7.11. 2018도2614). 예컨대, "(고소인이 피고소인으로부터) 성폭행 등의 피해를 입었다는 신고사실에 관하여 (피고소인에 대해) 불기소처분 내지 무죄판결이 내려졌다고 하여, 그 자체를 무고를 하였다는 적극적인 근거로 삼아 (고소인의) 신고내용을 허위라고 단정하여서는 안 된

---

1) [차용금 사기와 용도의 허위신고] ㉠ [용도사기(=무고죄) "금원을 대여한 고소인이 차용금을 갚지 않는 차용인을 사기죄로 고소함에 있어서, 피고소인이 차용금의 용도를 사실대로 이야기하였더라면 금원을 대여하지 않았을 것인데 차용금의 용도를 속이는 바람에 대여하였다고 주장하는 사안이라면 그 차용금의 실제용도는 사기죄의 성부에 영향을 미치는 것으로서 고소사실의 중요한 부분이 되고 따라서 그 실제용도에 관하여 고소인이 허위로 신고를 할 경우에는 그것만으로도 무고죄에서의 허위의 사실을 신고한 경우에 해당한다"(대판 2004.12.9. 2004도2212).

㉡ [차용사기(=무고 아님)] "단순히 차용인이 변제의사와 능력의 유무에 관하여 기망하였다는 내용으로 고소한 경우에는 차용금의 용도와 무관하게 다른 자료만으로도 충분히 차용인의 변제의사나 능력의 유무에 관한 기망사실을 인정할 수 있는 경우도 있을 것이므로, 그 차용금의 실제 용도에 관하여 사실과 달리 신고하였다 하더라도 그것만으로는 범죄사실의 성부에 영향을 줄 정도의 중요한 부분을 허위로 신고하였다고 할 수 없는 것이다. 이는 고소인이 차용사기로 고소함에 있어서 묵비하거나 사실과 달리 신고한 차용금의 실제 용도가 도박자금이었다고 하더라도 달리 볼 것은 아니다"(위 2004도2212).

다"(대판 2019.7.11. 2018도2614).

2) 신고 신고란 자발적으로 사실을 고지하는 것을 말한다.

첫째, '자발성'이 요건이다. 즉 "신고는 자발적이어야 하고 수사기관 등의 추문에 대해 허위의 진술을 하는 것은 무고죄를 구성하지 않는다"(대판 1996.2.9. 95도2652).

둘째, '신고의 방법'에는 제한이 없다. 일반적으로 고소·고발의 방식으로 이루어진다. 그러나 서면·구두, 자기명의·타인명의·익명 어느 방법이든 상관 없다. 서면의 경우 고소장·고발장·진정서 등 명칭을 불문한다(대판 1985.12.10. 84도2380). 타인명의로 대리 신고한 경우 주도자가 신고인이 된다(위 2006도6017).

[판례사례: '자발성' 여부] i) [자발성 부정(=무죄)] 사례로는, ㉠ "공동피고인 중 1인이 사법경찰관 및 검사의 심문에 따라 다른 공동피고인의 범죄사실을 (허위로) 진술한 경우"(대결 1985.7.26.자 85모14), ㉡ 정보원이 수사기관의 요청에 응하여 (허위의) 정보를 제공한 경우에는 무고라고 할 수 없다.

ii) [자발성 긍정(=유죄)] 사례로는, ㉠ "당초 고소장에 기재하지 않은 사실을 수사기관에서 고소보충조서를 받을 때 '자진하여 진술'하였다면 이 진술 부분까지 (자발적으로) 신고한 것으로 본다"(위 95도2652). ㉡ "(수표발행인이 은행에 지급제시된 수표가 위조되었다는 내용의 허위의 신고를 하여, 그 정을 모르는 은행 직원이 수사기관에 고발을 함에 따라 수사가 개시되고) 수표발행인이 경찰에 출석하여 위조자로 특정인을 지목하는 진술을 한 경우 무고가 인정된다"(대판 2005.12.22. 2005도3203. 고소인이 부정수표단속법 제7조의 고발의무 있는 은행원을 도구로 이용하여 고발하게 한 사안).

(5) 법리무죄: 추상적 위험의 부존재

무고죄의 성립에는, "그 신고한 사실로 인하여 상대방이 형사처분·징계처분 등을 받게 될 위험이 있어야 한다"(위 96도771). 만일 국가의 심판작용을 그르치게 할 **추상적 위험조차 부존재**하는 경우라면, 설령 허위사실의 신고라고 해도, 무고죄는 성립하지 않는다. 수사기관에 의한 **조사가 전혀 필요없음이 객관적으로 명백**한 경우이기 때문이다. 판례는 이를 "국가기관의 직무를 그르치게 할 위험이 없는 경우"라고 표현한다. 그 대표적인 예로, ㉠ 신고내용 자체가 **범죄를 구성하지 않는** 경우, ㉡ 신고내용이 친고죄로서 **고소기간이 경과**한 경우, ㉢ 신고한 범죄의 **공소시효가 완성**된 경우, ㉣ 신고한 범죄가 일반사면된 경우 등이 있다.

1) 범죄불구성 "신고 당시 그 사실 자체가 형사범죄를 구성하지 않는 경

우"(대판 2007.4.13. 2006도558), "벌칙조항이 없어 범죄가 되지 않는 경우"(대판 1976. 10.26. 75도1657)에는 무고죄가 될 수 없다.[1] 당해 국가기관의 직무를 그르치게 할 위험이 없기 때문이다. 다만, "신고 당시 형사처분의 대상이 될 수 있었던 경우에는 무고죄는 기수에 이르고, 이후 형사범죄가 되지 않는 것으로 **판례가 변경**되었더라도, 이미 성립한 무고죄에는 영향을 미치지 않는다"(대판 2017.5.30. 2015도15398). **신고 당시를 기준**으로 보면, "'국가의 형사사법권의 적정한 행사를 그르치게 할 위험'과 '부당하게 처벌받지 않을 개인의 법적 안정성이 침해될 위험'이 이미 발생하였기 때문이다"(위 판례).[2]

2) 친고죄의 고소기간 경과 "그 사실이 **친고죄**로서 **고소기간이 경과**하여 공소를 제기할 수 없음이 그 신고내용 자체에 의하여 분명한 때에는, 당해 국가기관의 직무를 그르치게 할 위험이 없으므로, 무고죄는 성립하지 않는다"(대판 1998.4.14. 98도150).

3) 공소시효 완성 "신고한 사실에 대한 **공소시효가 완성**되었음이 신고 내용 자체에 의하여 분명한 경우에는, 형사처분의 대상이 되지 않는 것이므로, 무고죄가 성립하지 아니한다"(대판 1994.2.8. 93도3445). 공소시효 완성 여부의 판단시점은 **신고시를 기준**으로 판단한다(대판 2008.3.27. 2007도11153).

반면, 공소시효가 완성되었는데도 '**마치 공소시효가 완성되지 않은 것처럼 고소**'한 경우에는, **무고죄가 성립**한다. 즉, "객관적으로 고소사실에 대한 공소시효가 완성되었더라도 고소를 제기하면서 '마치 공소시효가 완성되지 아니한 것처럼 고소'한 경우에는, **국가기관의 직무를 그르칠 염려**가 있으므로 무고죄를 구성한다"(대판 1995.12.5. 95도1908). 다만, "(처음에는) 범행일시를 특정하지 않은 고소장을 제출한 후, '고소보충진술시'에 범죄사실의 공소시효가 아직 완성되지 않은 것으로 진술한 경우에는, **고소보충진술시**에 무고죄가 성립한다"(위 2007도11153. "그 이후 검찰이나 제1심 법정에서 다시 범죄의 공소시효가 완성된 것으로 정정 진술하였더라도,

---

1) **[범죄불구성(=무죄)]** 고소인이 ㉠ "피고소인이 송이의 채취권을 이중으로 양도하여 손해를 입었으니 엄벌하여 달라"는 내용으로 고소한 경우 그 고소사실이 횡령죄나 배임죄 기타 형사범죄를 구성하지 않는 내용의 신고에 불과하여, 그 신고 내용이 허위라고 하더라도 무고죄가 성립하지 않는다(위 2006도558). ㉡ "매매대금 수령 전에 등기를 넘겨받은 매수인이 대금을 지급하지 않은 채 타에 처분하였으니 처벌해 달라"는 내용으로 고소한 경우 역시, 그 고소사실이 횡령죄·배임죄 기타 범죄에 해당하지 않는 내용이므로 무고죄가 성립하지 않는다(대판 1992.10.13. 92도1799).

2) **[형사미성년자에 대한 무고(=불벌)]** 형사미성년자에 대해 무고하더라도 무고죄는 원칙적으로 성립하지 않는다. 불능미수가 문제될 여지는 있으나, 무고죄는 미수범처벌 규정이 없다.

이미 성립한 무고죄가 사후적으로 부정되는 것은 아니다").

4) 사면 "그 사실이 사면되어 공소권이 소멸된 것이 분명한 때에는, 무고죄는 성립되지 않는다"(대판 1970.3.24. 69도2330). 일반사면을 의미한다. 이는 형사소송법상 면소판결의 사유가 된다(형소326ii).

(6) 기수시기

허위사실의 신고가 공무소 또는 공무원에게 '도달'한 때에 기수가 된다(추상적 위험범). 문서로 발송한 경우 그 문서가 도달하였을 때에 기수가 되고, 도달하지 아니하면 본죄는 성립하지 않는다(미수 불벌). 일단 도달한 이상 수사에 착수하였지 그 문서를 되돌려 받은 경우에도 기수가 된다(대판 1985.2.8. 84도2215). 그 신고를 받은 공무원이 수사에 착수하였는지의 여부는 그 범죄의 성립에 영향이 없다(대판 1983.9.27. 83도1975).

(7) 고의

1) 미필적 고의 본죄가 성립하려면 허위의 사실을 신고한다는 점에 대한 고의가 필요하다. 그 허위성에 대한 인식이 없다면 고의가 부정된다.

인식의 정도와 관련하여, 확정적 인식이 필요하다는 견해와 미필적 인식으로 족하다는 견해가 대립하나, 판례는 후자의 입장이다. 즉 "반드시 확정적 고의임을 요하지 아니하고 **미필적 고의**로도 족하다. 신고자가 '진실하다는 확신 없는 사실'을 신고함으로써 성립하고, 그 신고사실이 허위라는 것을 확신할 필요가 없다"(대판 1997.3.28. 96도2417). 신고사실이 '허위일 가능성이 있다'고 인식하면서도 신고한 경우라면, 미필적 고의가 인정된다.

[판례사례: 미필적 고의 여부] i) 미필적 고의 **긍정**(=유죄) 사례로는, ㉠ 피고소인의 승낙을 받아 허위 내용의 고소장을 제출한 다음 수사기관의 출석요구에 불응함으로써, 그 고소사건이 각하될 것으로 의도한 경우(대판 2006.8.25. 2006도3631), ㉡ 고소한 목적이 피고소인들의 처벌에 있지 않고 회사 장부상 비리를 밝혀 정당한 정산을 구함에 있거나(대판 1991.5.10. 90도2601), 시비를 가려달라는 것에 있는 경우(위 94도3271), ㉢ 고소를 당한 사람이 고소인에 대하여 '고소당한 죄의 혐의가 없는 것으로 인정된다면 고소인이 자신을 무고한 것에 해당하므로 고소인을 처벌해 달라'는 내용의 고소장을 제출하였는데, 고소당한 범죄가 유죄로 인정된 경우(대판 2007.3.15. 2006도9453), ㉣ 이미 여러 차례 고소 또는 진정을 하였으나 당국에서 조사한 결과 혐의없는 것으로 종결되었음에도 또 다시 거듭 고소를 제기한 경우(대판 1988.2.9. 87도2366) 등.

ii) 반면, 미필적 고의 **부정**(=무죄) 사례로는, ㉠ 고소인이 피고소인의 주관적 의사에 관하여 갖게 된 의심을 일반인의 입장에서 볼 때 충분히 합리적인 근거가 있는 경우(대판 1996.3.26. 95도2998), ㉡ 고소사실이 객관적 사실에 반하는 허위의 것이지만 위조한 것으로 생각할 만한 충분한 이유가 있어 그 허위성에 대한 인식이 없는 경우(대판 2000.11.24. 99도822) 등.

2) 진실 확신 신고자가 진실이라고 확신한 경우, 즉 "객관적 사실과 일치하지 않는 것이라도 신고자가 진실이라고 확신하고 신고하였을 때에는 (무고의 고의가 없으므로) 무고죄가 성립하지 않는다"(대판 2000.7.4. 2000도1908).

다만, "여기에서 '진실이라고 확신한다' 함은 신고자가 알고 있는 객관적인 사실관계에 의하더라도 신고사실이 허위라거나 또는 **허위일 가능성이 있다는 인식을 하지 못하는 경우**를 말하는 것이지, 신고자가 알고 있는 객관적 사실관계에 의하여 신고사실이 허위라거나 '허위일 가능성이 있다는 인식을 하면서도 이를 무시한 채' 무조건 자신의 주장이 옳다고 생각하는 경우까지 포함되는 것은 아니다"(위 2000도1908).

(8) 죄수: 피무고자의 수

무고죄의 죄수는 '**피무고자의 수**'를 기준으로 한다. 국가의 심판기능은 '**사람**'에 따라 별도로 발생하기 때문이다. 예컨대, 국가형벌권은 행위의 범죄 성립을 매개로 하여 궁극적으로 행위자라는 '사람'에 대해 형벌을 부과하는 국가작용이다. 따라서 ㉠ 1인에 대해 수회에 걸쳐 무고한 경우에는 국가형벌권의 대상이 1인인 이상 포괄1죄가 성립한다. ㉡ 1개의 고소장으로 수인에 대해 무고한 경우에는 **상상적 경합**이 된다.

(9) 자백 · 자수의 특례

1) 뜻 무고죄를 범한 자가 그 공술(供述, 즉 진술)한 사건의 재판 또는 징계처분이 확정되기 전에 자백 또는 자수한 때에는 그 형을 감경 또는 면제한다(157·153). 국가의 사법기능 · 징계기능의 침해를 미연에 방지하기 위한 정책적 규정인데, 위증죄에서와 같은 취지로 도입된 것이다.

자백이란 법원이나 수사기관에 자신이 무고한 사실을 고백하는 것을 말한다. 즉, "자신의 범죄사실(무고하였음)을 자인하는 것을 말하고, 단순히 그 신고한 내용이 객관적 사실에 반한다고 인정함에 불과한 것(예: '단지 착오였다'는 주장 등)은

이에 해당하지 않는다"(대판 1995.9.5. 94도755).[1] 자수(自首)란 범인이 자발적으로 수사기관에 대하여 무고한 사실을 신고하여 소추를 구하는 의사표시를 말한다.

2) **시간적 한계** 자백·자수는 '그 신고한 사건(=피무고사건)의 재판 또는 징계처분이 확정되기 전'이라야 한다. '재판이 **확정되기 전**'에는 "고소인이 무고죄로 기소되고 (그 재판이 확정되기 전이라면) '피고소인에 대해 불기소결정이 내려져 재판절차가 개시되지 않은 경우'도 포함된다"(대판 2018.8.1. 2018도7293; 2024.9.12. 2024도7400). 예컨대, 피고소인에 대해 불기소결정이 있는 경우 고소인이 무고죄로 기소되어 **항소심**에서 무고임을 인정해도, 여기서의 '자백'에 해당한다(필요적 감면). 무고죄는 국가적 법익에 대한 죄임을 다시금 상기할 필요가 있다.

3) **적용범위** 자백의 절차에 관해서는 아무런 법령상 제한이 없다. '피무고자의 절차'이든 '무고자 자신의 절차'이든 상관 없다. 즉, "무고죄를 범한 자가 그 신고한 사건(=무고범죄 사건)의 재판 또는 징계처분이 확정되기 전에 자백 또는 자수한 때에는, [㉠] 그가 (허위) **신고한 사건**(=피고소사건)을 다루는 (수사)기관에 대한 고백이나, 그 사건을 다루는 재판부(=법원)에 '증인'으로 다시 출석하여 무고였음을 고백하는 것은 물론, [㉡] **무고범죄 사건**(=무고 피고사건)의 피고인 또는 피의자로서 법원이나 수사기관에서의 (신문에 의한) 고백 또한 자백의 개념에 포함된다"(대판 2018.8.1. 2018도7293). 자백·자수의 특례는 자백·자수한 본인에게만 적용되고 공범에게는 적용되지 않는다.

---

1) [자백 아님] "피고인이 '타인을 고소한 것이 착오로 인한 것이어서 그 고소내용에 대한 수사개시 전에 이를 취소하였다'는 주장은 무고의 범의를 부인하는 주장에 불과하고, 자백 또는 자수의 주장이 포함되어 있다고 볼 수 없다"(위 94도755).

판례색인

사항색인

저자약력

이주원(李柱元). 柳泉

서울대학교 법과대학 사법학과 졸업
고려대학교 대학원 법학과 졸업(법학석사)
독일 Frankfurt a. M. 대학 Visiting Scholar
일본 北海道大學 객원연구원
제31회 사법시험 합격, 사법연수원 제21기 수료
청주, 수원, 인천 각 지방법원 판사, 서울고등법원 판사
대법원 재판연구관(판사), 광주지방법원 부장판사
광주광역시 광산구선거관리위원회 위원장
고려대학교 법과대학 부교수
고려대학교 법학전문대학원 학생부원장
고려대학교 교원윤리위원회 위원장
근로복지공단 정책자문위원회 위원
대법원 양형위원회 위원
고위공직자범죄수사처 자문위원회 위원
법무부 검찰인사위원회 위원
사법연수원 법원실무제요[형사] 발간위원회 위원
한국법학교수회 부회장 겸 형사법연구위원회 위원장
대법원 형사실무연구회 부회장
한국형사법학회 회장(제44대)
고려대학교 법학연구원 원장
대법원 양형연구회 회장
대법원 국선변호정책심의위원회 위원장
법무부 형사법개정특별위원회 위원
現在 고려대학교 법학전문대학원 교수
(형법 및 형사소송법 담당)

주요 저서

형법총론, 박영사, 2022-2026(총4판)
형법각칙[Ⅳ]-국가, 박영사, 2026
특별형법, 홍문사, 2011-2025(총11판)
형사소송법, 박영사, 2019-2026(총7판)
주석 형법총칙(공저), 한국사법행정학회, 2020
형법주해[Ⅱ] 총칙(2)(공저), 박영사, 2024
특별형법 판례 100선(공편저), 박영사, 2022

형법각칙[Ⅳ]-국가

초판 발행 2026년 1월 20일

지은이 이주원
펴낸이 안종만 · 안상준

편 집 김선민
기획/마케팅 조성호
표지디자인 벤스토리
제 작 고철민 · 김원표

펴낸곳 (주) 박영사
서울특별시 금천구 가산디지털2로 53, 210호(가산동, 한라시그마밸리)
등록 1959. 3. 11. 제300-1959-1호(倫)
전 화 02)733-6771
f a x 02)736-4818
e-mail pys@pybook.co.kr
homepage www.pybook.co.kr
ISBN 979-11-303-9916-4 93360

정 가 17,000원